KB244354

가계저축론, 그 실체를 밝힌다

가계저주론, 그 실체를 밝힌다

지은이 · 김홍기
초판 1쇄 찍은날 · 2003년 8월 27일
초판 1쇄 펴낸날 · 2003년 9월 7일
펴낸이 · 김승태
출판사업본부장 · 김춘태
등록번호 · 제2-1349호(1992. 3. 31)
펴낸곳 · 예영커뮤니케이션
　　　　110-616 서울시 광화문 우체국 사서함 1661
　　　　출판유통사업부 T. (02)766-7912 F. (02)766-8934 E-mail: jeyoungsales@chol.com
　　　　출판사업부 T. (02)766-8931 F. (02)766-8934 E-mail: jeyoungedit@chol.com
　　　　E-mail: jeyoung@chol.com

ⓒ 2003, 김홍기
ISBN 89-8350-284-3　　　03230

값 10,000원

■ 잘못 만들어진 책은 언제든지 교환해 드립니다

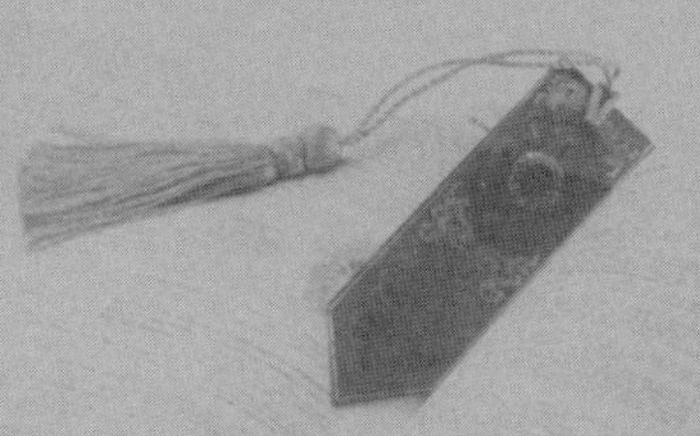

가계저주론, 그 실체를 밝힌다

김진홍, 옥한흠, 홍정길 추천 | 김홍기 지음

예영커뮤니케이션

오늘의 나를 만드신 하나님의 은혜
그 은혜의 가장 중요한 도구로 쓰임 받으시고
그 은혜의 섭리를 따라 자신을 온전하게 헌신하심으로
하나님의 나라를 위해서 귀하게 쓰임을 받으신
사랑하는 나의 어머님께 이 책을 바칩니다.

　얼마 전 가계저주론에 대한 글을 읽었습니다. 제목이 특이하기에 읽었더니 읽는 중에 나와는 생각이 많이 다른 부분이 있기에 도중에 책을 덮은 적이 있습니다. 그 책에 담긴 내용을 따라 믿고 살아가게 된다면 용서하시는 하나님 은혜의 복음은 설자리가 없어지게 되는 것이 아닐까 하는 생각이 들었습니다.

　그런데 이번에 미국에서 수준 높은 신학 공부를 하시면서 21세기 한국 교회가 어떤 내용과 방향으로 나아가야 할 것인가를 늘 고민하시고 연구하시는 김홍기 목사님께서 가계저주론에 담긴 그릇된 관점을 바로 잡아 주는 글을 써서 출판케 되었기에 흔쾌한 마음으로 추천합니다. 김 목사님은 이 책에서 단순히 가계저주론에 대한 반박을 전개하고 있는 것이 아니라 평소의 주장과 신념을 따라 진리를 바르게 세우는 일과 고난당하는 자들을 하나님의 말씀으로 위로하며 치유하는 일과 복음을 바르게 선포하는 일을 펼치고 있습니다.

내가 평소에 한국 교회를 염려하는 부분은 뜨겁기는 한데 바르지
못한 점과 열심은 있는데 깊이가 결여되어 있다는 점입니다. 김홍기
목사님은 앞으로 한국 교회에서 이 점을 채워 나가는 일에 크게 쓰임
을 받을 일꾼입니다. 바라기는 하루 속히 미국에서의 공부를 마치고
귀국하여 한국 교회를 바르게 하고 뜨겁게 하는 일에 쓰임받게 되기
를 바랍니다. 바쁜 학업 중에서도 이런 깊이 있는 글을 쓰신 노력에
대하여 거듭 감사드리며, 보다 많은 분들이 이 글을 읽고 바른 신앙으
로 나아가게 되기를 거듭 바라며 추천사에 대신합니다.

두레마을 대표
김진홍

중세의 영적 어두움이 전통을 성경보다 더 중시한 것에서 비롯되었다면, 오늘날의 영적 혼돈은 사람의 지식과 경험을 성경보다 더 중시하는 것 때문에 왔다고 볼 수 있다. 이런 시대에 '오직 성경으로'(Sola Scriptura) 돌아가서 하나님의 참된 뜻을 찾으려는 시도는 그래서 더욱 값지고 중요한 것이다.

이 책에서 다루고 있는 죄의 책임과 죄의 결과에 대한 논의도 바로 성경에 대한 절대적인 신뢰를 바탕으로 한 것이다. 저자는 사람이 당하는 여러 가지 고난이 죄의 책임에서만 비롯되는 것이 아니라, 죄의 결과 혹은 죄와는 전혀 상관이 없는 하나님의 은혜의 섭리의 결과임을 지적하며, 고난에 관한 성경적 가르침을 균형 있게 다루고 있다.

이를 위해서 저자는 종교개혁자 칼빈을 비롯한 다양한 시대의 여러 지도적인 신학자들의 관점을 비교적 공정하게 해석하면서 본서의 주제를 다루고 있다. 이것은 성경의 권위뿐만 아니라 성경 해석의 역사성을 존중하려는 저자의 진지한 자세를 잘 보여주고 있다.

이 책은 신학자나 목회자나 신학도뿐 아니라 일반 성도와 심지어는 아직 복음을 깨닫지 못한 사람도 읽고 유익을 얻을 수 있다. 특별히 고난과 죄의 관계에 대해서 혼란을 겪고 있거나 이 주제를 좀 더 깊이 이해하고자 하는 목회자와 평신도들에게 많은 도움을 줄 것으로 확신한다.

사랑의교회 담임목사

옥한흠

요즘 많은 책들이 쏟아져 나옵니다. 사사기를 보면 하나님의 저주의 시대를 말씀이 희귀한 시대라고 규정하고 있습니다. 그 말씀은 오늘 이 시대에도 해당되는 말씀입니다. 교회가 계속 수적인 부흥을 했고, 이제 한국 교회는 전도의 맥이 차서 더 이상 전도할 대상이 없는 것처럼 여겨지고 있는 시대입니다.

그래서인지 하나님의 말씀을 직접적으로 증거하고 전파하는 교회의 숫자가 줄어들고 있습니다. 대신, 이미 나오는 교인들에게 편하고 듣기 쉽게 전하는 말씀이 유행하고 있습니다. 거기에는 하나님의 말씀이 없습니다. 요즘 베스트셀러를 보면 성경을 읽은 뒤의 쉬운 감상 정도가 대부분이고, 또 성경보다 더 위대하고 멋있는 말씀을 만들려는 노력으로 꽉 찬 것들이 많습니다. 이런 책들이 인기를 더해가고 있습니다. 그래서 많은 사람들이 성경을 읽는 대신 깊이 묵상을 한다든지, 성경의 이해를 돕는 많은 자료를 통해 성경과 비슷한 논리적인 전개를 찾기에만 급급해하고 있습니다.

이러한 현상은 어느 때에서든지 비극입니다. 이러한 결과는 사람의 심령이 하나님 앞에서 바로 자라는 것을 도와주지 못하기 때문에 기독교 문화인을 만드는 데는 도움이 될지 모르겠으나 , 하나님의 자녀로서 당당하게 살아가고 양육되어야 할 성도들에게는 이런 것들이 하나님 말씀을 대신하는 일환이 될 수 없습니다. 영혼은 하나님의 말씀을 먹어야 자랍니다. 멋있는 얘기에는 감동할 수 있습니다. 멋있고 아름다운 예화들은 사람들에게 쉽게 다가가고 푸근하게 이해를 도와줍니다. 그렇지만 그 영혼이 자라는 것과는 별개입니다 .

요즈음 일어나는 또 하나의 현상은 하나님의 말씀에 대한 왜곡입니다. 성경의 몇몇 구절을 뽑아 자신의 경험을 중심으로 극단적인 해석을 하는 경우가 있습니다. 그들의 특징은 처음부터 끝까지 성경을 인용한다는 것입니다. 그러나 그 인용을 자세히 보면 개인적인 경험을 바탕으로 하나님의 말씀을 재편집하려는 경향이 있습니다. 그 중, 성경적인 것 같지만 전혀 아닌 것이 '가계저주론' 입니다.

이 이론의 한 마디 한 마디에는 성경이 뒷받침되었습니다. 그러나 그것이 곧 성경적이지 않을 수도 있다는 사실에 주의해야 합니다. 성경 본문 가운데 "헛되고 헛되며 헛되고 헛되니 모든 것이 헛되도다 사람이 해 아래서 수고하는 모든 수고가 자기에게 무엇이 유익한고"(전 1:2~3), "그러므로 모든 육체는 풀과 같고 그 모든 영광이 풀의 꽃과 같으니 풀은 마르고 꽃은 떨어지되"(벧전 1:24)라는 말씀이 있습니다. 이런 말씀을 모아 놓으면 불교의 금강경과 다를 바가 전혀 없습니다. 그래서 어떤 관점에서 성경을 조직하느냐에 따라 그것은 성경적일 수 있고 심지어는 반 성경적일 수도 있습니다.

사탄도 우리 주님 유혹할 때에 하나님의 말씀을 빙자해서 유혹했기 때문입니다. 하나님께서 한 인격을 향해서 어떤 사랑을 베푸신다는 성경 전체의 영감을 놓친 채 성경의 몇 부분만을 모자이크해서 자신이 말하고자 하는 성경을 새롭게 만들어낸 것이 가계저주론의 모습입니다.

　하나님은 한 인격을 한 인격으로 대하십니다. 누구도 그 사이에 끼울 수 없습니다.특별히 예수 그리스도를 구세주와 주님으로 영접해서 하나님의 자녀가 된 사람은 하나님께서 아버지 되시고 성도는 그 아들 됩니다. 이보다 더 큰 축복과 은혜는 없습니다. 그 둘 사이를 어떤 것도 위협할 수 없습니다. 예수 그리스도의 구속의 십자가의 대가를 지불한 하나님의 자녀의 영광을 아무도 ,그 누구도 빼앗아 갈 수 없습니다.

　이런 대 전제 하에서 악인들이 유전적으로 그 악을 물려받는 모습과 죄와 죄의 영향력을 계속 전달하는 모습의 성경적인 표현을, 마치 가계의 저주가 예수 믿는 사람들 삶 속에 흐른다는 괴상한 논리로 만들어내 사람들을 현혹하고 심지어는 그 심령들을 협박하고 있습니다. 그래서 '내가 잘못된 것은 가계 때문'이라고 절망하도록 만듭니다.

한 영혼이 하나님 앞에 바로 서면 동이 서에서 먼 것처럼 그 죄는 사라집니다. 빽빽한 구름의 사라짐같이, 안개의 사라짐같이 그 죄는 도말됩니다. 우리의 죄를 발로 밟아 바다 속 깊은 곳에 던졌습니다. 그리스도 안에 있으면 누구나 새로운 창조물입니다. 이것이 복음입니다. 그런데 복음을 훼손하는 성경적인 논거들을 만들어내는 것은 하나님의 구원 사역에 대한 정면 도전입니다.

이런 어지러운 시대에 하나님의 말씀을 붙잡고 이 문제와 정정 당당하게 대면해서 책으로 편찬한 김홍기 목사님의 노고에 중심으로 감사드립니다. 많은 성도들이 이 책을 읽으면서 하나님의 그 놀라운 사랑을 더 깊이 만날 줄로 믿습니다. 이 책을 통해서 어두움 가운데 있는 심령들이 밝은 빛으로 나오는 역사가 있을 줄로 생각됩니다.

이제까지 가계저주론을 주장한 사람들이 인용하고 있는 성경의 잘못이 무엇인지를 하나하나 지적해 주어서 성경이 성경되게 한 그의 노고는 우리 한국 교회사에 기억되어야 한다고 생각합니다. 많은 성도들에게 참으로 유익을 주는 책인 것을 확신하면서 권합니다.

남서울은혜교회 담임목사

홍정길

서 문

1963년 여름, 동독에 둘러싸여 망망대해 위에 홀로 떠있는 섬과 같던 베를린은 극도의 긴장감으로 가득 차 있었다. 당시의 붉은 제국 소비에트 연방은 베를린을 동과 서로 나누는 벽을 쌓아 올리고, 서베를린을 서독으로부터 고립시키면서 무섭게 압박하고 있었다. 당시 소련의 목표는 서베를린을 동독으로 흡수 통합하는 것이었다.

이러한 절체절명의 시기에 당시 자유 세계를 대표하던 미국의 제35대 대통령 존 에프 케네디는 서베를린을 방문해 베를린 장벽 근처에서 서베를린 시민들을 격려하는 연설을 하게 된다. 케네디는 연설 도중 독일어로 "Ich bin ein Berliner!(나는 베를린 시민입니다!)"라고 발언함으로 서베를린 시민들을 열광시켰다. 그러면 왜 미국 대통령이 자신을 베를린 시민이라고 표현했을까? 또한 서베를린 시민들은 이 말에 왜 그토록 환호하며 열광했을까? 그 이유는 자명하다. 즉, 당시 자유 세계를 대표하는 미국의 대통령이 자유 세계에 속해 있던 서

베를린과 자유 세계를 동일시했기 때문이다. 달리 말하면 '나는 베를린 시민입니다' 라는 케네디의 말에는 '베를린 시민은 자유인입니다' 라는 뜻이 담겨 있는 것이다. 자유 세계의 도움을 담보하는 케네디의 이 한 마디는 엄청난 정치적 · 군사적 압력에 시달리던 서베를린 사람들에게 커다란 격려가 되었을 것이다. 이런 역사적 상황에 비추어 볼 때 케네디의 '나는 베를린 시민입니다' 라는 표현은 커다란 의미를 내포하고 있다.

그러나 이와 비교할 수 없이 의미심장한 말이 있는데, 바로 '나는 그리스도인입니다' 라는 말이다. 당시 '서베를린 시민' 이라는 표현이 '정치적 자유인' 을 의미했다면, '그리스도인' 이라는 말은 영원한 '영적 자유인' 을 뜻하는 것이다. 사도 바울은 그리스도인들의 영광스러운 자유를 선포한 영적인 마그나카르타(Magna Carta)를 이렇게 표현하고 있다.

> "그리스도께서 우리로 자유케 하려고 자유를 주셨으니 그러므로 굳세게 서서 다시는 종의 멍에를 메지 말라"(갈 5:1)

사도 바울은 이 영광스러운 자유의 향유와 보존을 교회에 강력히 당부했다. 갈라디아서는 율법이 정죄와 저주로부터의 자유를 논하고 있는데, 이 논점은 우리가 이 책에서 다루고자 하는 주제를 포함하고 있다. 왜냐하면 가계저주론이란 결국 율법의 저주를 교묘한 방법으로 변형시켜 그리스도인들에게 부과해서 종의 멍에를 메도록 한 것이기 때문이다.

가계저주론은 갈보리 산에서의 십자가 은혜는 시내 산의 율법의 저주를 상쇄하지 못했다고 가르친다. 이 그릇된 신학의 이론가들이 창안해 낸 은혜와 저주의 이분법(위치적/실제적)은 해결의 실마리를 제 공하기는커녕, 도리어 혼돈과 오류 및 이단 사상-필자는 이 책에서 이단 사상을 성경과 역사적인 기독교 신앙의 관점에 비추어 해석할 때 본질적으로 분명히 다른 것으로 입증된 것을 지칭할 때 사용하며, 또한 근본적이고 치명적일 뿐만 아니라 의도적이고 지속적인 성경 적·신학적 오류에만 한정해서 사용한다-의 온상을 제공하고 있다. 이 책은 이러한 문제를 철저하게 파헤쳐서 가계저주론의 실체를 밝히 드러낼 뿐 아니라 가계저주론이 훼손한 그리스도인의 자유를 회복시 키고 보존하기 위해서 저술되었다.

이 책은 매우 논쟁적인(controversial) 책이다. 기독교 문학의 장 르에 있어서 이러한 유형은 논쟁적인 저술(polemical writing)의 부 류에 속한다. 우리는 이러한 논쟁적인 형태의 글과 사역을 2,000년 기독교 역사 속에서 자주 보게 되는데, 먼저는 예수 그리스도의 삶과 사역에서 여실히 찾아볼 수 있다. 또한 기독교의 가장 권위 있는 사도 로 일컬어지는 사도 바울과 지난 2,000년 교회사에서 명멸했던 당대 최고의 설교자들과 신학자들의 사역에서도 찾아볼 수 있다. 교부시대 의 아타나시우스나 어거스틴, 중세의 존 위클리프나 요하네스 후스, 종교개혁 시대의 루터와 칼빈, 근세의 찰스 스펄전이나 B. B. 워필드 같은 경우가 그 대표적인 예이다.

논쟁적 형태의 가르침과 사역이 기독교 역사 가운데 필수 불가결한 교회사적 전통이 된 이유는 성경의 가르침을 바르게 이해하고 순종할 뿐 아니라 후대에 전수하는 일은 기독교 생명력의 본질이기 때문이 다. 따라서 바른 교리에 대한 논쟁과 이에 따른 교리적 정통성에 관한 시비는 기독교 신앙의 본질적인 한 부분이다. 기독교는 이러한 자체적인 여과 장치를 통해서 바른 교리를 정립해 왔고, 또한 기독교 교리의 정통성과 순수성을 지켜왔다. 그러므로 이러한 교회의 본질적인 기능과 목회가 활성화되어 자정 능력을 충분히 발휘함으로써 교회가 바른 방향으로 계속 발전하도록 해야 할 것이다.

진리를 소홀히 여기면서 외적인 일치나 성장만 추구하는 것은 마치 말 앞에 마차를 두는 것과 같다. 이는 비성경적이며 건강하지 못한 기독교의 모습이고, 결국에는 교회의 약화와 쇠퇴를 가져오게 될 것이다. 21세기의 여명기에 놓여 있는 한국 교회가 뜨겁고 역동적인 모습에만 그치는 것이 아니라 신학적인 정통성과 깊이 및 균형 감각을 갖추고 더욱 고양된 도덕적 수준과 혁신적이며 상황과 시대에 민감한 실천력을 겸비하여 세계 교회 앞에 성숙하고 균형 잡힌 리더로 우뚝 서기를 기대해 본다. 그리고 이러한 새 시대를 열기 위해서 수준 높은 논쟁적 설교와 강의 및 저술의 르네상스를 기대해 본다. 바라기는 이 시대에 제2의 스펄전, 제3의 워필드 같은 경건하고 사려 깊을 뿐 아니라 논지가 뛰어난 설교가와 탁월한 저술가들이 한국 교회의 강단과 문단에 나타나 한국 교회의 주역들이 되어 한국 교회를 세계적 수준의 교회로 끌어올릴 수 있기를 기대해 본다.

이 책은 그릇된 교리를 학문적으로 철저하게 비판하고 있지만, 분명한 목회적 관점과 관심을 가지고 쓰여졌다. 이 책은 고난에 대한 하나님의 목적을 설명함으로써 고난당하는 사람들이 하나님의 관점에서 자신들의 고난을 이해하고, 또한 그 고난을 극복하도록 격려하려는 분명한 목표를 가지고 있다. 평생을 걸쳐 깊고 큰 고난을 경험했던 사도 바울은 고린도후서 12장 9-10절에서 '나의 여러 약한 것'들을 자랑하고 기뻐한다는 의미심장한 말씀을 던진다. '나의 여러 약한 것들’이라는 표현 속에는 바울이 지니고 있던 ‘육신의 가시’ 외에도 다른 약한 것들이 많이 있었음을 보여준다. 또한 바울은 자신이 겪는 여러 가지 어려움과 고난 역시 자랑하고 기뻐할 이유가 된다는 매우 이해하기 어려운 역설적인 주장을 하고 있다. 고린도후서 12장 10절에서 “내가 그리스도를 위하여 약한 것들과 능욕과 궁핍과 핍박과 곤란을 기뻐하노니 이는 내가 약할 그때에 곧 강함이니라”고 주장하는 것이다.

그런데 바울의 이러한 주장은 당시 스토아 철학의 영향에서 비롯된 것도 아니고, 심리학에 근거한 적극적인 사고방식의 결과도 아니었다. 이러한 역설적 확신은 오직 하나님의 말씀의 계시를 통해서 주어진 것이다. ‘그리스도를 위하여’라는 분명한 목적의식과 “하나님의 능력으로 내게 머물게 하려 함이라”는 자신의 고난에 대한 하나님의 관점이 바울에게 계시로 알려졌을 때 바울은 고난에 함몰되지 않고 오히려 고난을 압도하는 삶을 살게 된 것이다. 이처럼 고난에 대한 하나님의 관점은 바울이 크고 많은 자신의 고난을 이길 수 있는 결정적인 신앙적·신학적 기초를 제공해 주었다.

그러나 고난에 대한 이런 의미심장한 성경적 관점을 얄팍하고 편협하며 인본주의적인 가계저주론에서는 전혀 찾아볼 수 없다. 가계저주론과 같은 비성경적인 신학 이론은 결국 고난당하는 사람들에게 고난에서 벗어나든지, 아니면 고난의 굴레 속에서 저주받은 삶을 살아가든지 양자 택일을 강요하고 있다. 그래서 사도 바울과 같이 고난 속에서 하나님께 영광을 돌리도록 부르심을 받은 성도들을 저주의 굴레 속에 집어넣고 심적 고통을 강요하는 것이다. 이 얼마나 비성경적이며 무책임하고 몰인정한 것인가! 두 말 할 나위 없이 이것이 바로 사단이 성도들을 괴롭히고 패배시킬 때 사용하는 간교한 술책인 것이다!

이 책을 쓰는 동안 계속 필자의 가슴 깊은 곳에는 고난당하는 사람들에 대한 깊은 연민과 사랑이 자리잡고 있었다. 타고난 정신적·신체적 장애로 매일 어려움을 겪으며 살고 있는 이웃들, 선조들로부터 물려받은 불행한 유산 때문에 남모르는 고통을 감내해야 하는 사람들, 가난이나 질병이나 예기치 않은 사고로 말미암아 고난을 당하는 이웃들, 어쩔 수 없는 주위의 정치적·사회적·가정적 상황으로 말미암아 어려움을 겪는 사람들, 그리고 가계저주론이라는 그릇된 신학 이론의 희생자가 되어 고난의 짐보따리에 무거운 심적 고통까지 얹어서 짊어지고 가야 하는 심히 고단한 이웃들을 도와야 한다는 강력한 책임의식과 열망이 이 책의 저술을 재촉케 한 큰 동인이 되었다.

이 책에는 선조들로부터 물려받은 불행한 유산이나 남다른 고난을 믿음으로 이기고 승리한 8명의 위대한 신앙인들의 전기가 실려 있다. 이들의 실제적인 삶의 이야기는 가계저주론이 거짓된 것임을 드러낼 뿐 아니라 고난에 대한 성경적 의미를 신학적으로 설명할 수 있는 구체적인 자료로 쓰이고 있다. 그러므로 독자들은 고난을 극복한 삶의 이야기들을 통해 큰 영감과 격려를 얻게 되고, 성경적인 고난의 신학을 바르게 정립함으로써 자신의 고난을 맹목적인 믿음이 아닌 의미심장한 확신으로 극복할 수 있는 든든한 신앙의 토대를 구축하게 될 것이다.

이 책에 나와 있는 성도들의 이야기는 하나님의 무궁한 사랑의 향기를 전하는 이슬 맺힌 붉은 장미요, 하나님의 끝없는 은혜를 표현한 웅장한 교향곡이자 하나님의 위대한 용서를 반향하는 그랜드캐니언(Grand Canyon)과 같다. 필자는 이 책을 저술하는 동안 고난당하는 사람들이 이 책을 읽고 비할 데 없는 하나님의 사랑을 깨닫고, 성령의 도우심으로 새로운 용기와 힘을 얻어 고난을 이기고 승리하게 될 것이라는 확신과 기대감에 설레이며, 때로 성령의 감동을 따라 감격의 눈물을 흘리곤 했었다. 간절히 바라기는 하나님의 성령께서 이 책을 통해 고난 중에 있는 이웃들을 크게 격려해 주시고, 성경적인 고난의 신학 위에 이들을 굳건하게 세워 주셔서 승리의 삶을 살 수 있도록 도우시기를 기도한다.

이 책은 하나님의 강권적인 인도하심에 의해서 쓰여졌다. 그렇지 않고서는 결코 이 시점에 이 책이 출판될 수 없었을 것이다. 하나님께서는 필자의 계획과 시간표를 뜻하신 대로 바꾸셨을 뿐 아니라 탁월한 하나님의 사람 세 분으로 하여금 이 책을 추천하도록 인도해 주셨다. 이 책을 추천해 주신 세 분의 영적 지도자에게는 뚜렷하고 공통된 특징이 있는데, 세 분 모두 교회의 갱신과 사회의 개혁을 어느 누구보다 앞장서서 추구해 오신 이 시대의 뛰어난 선각자이자 선지자들이라는 것이다. 또한 고난을 당한 사람들을 향한 특별한 사랑으로 그들을 위해서 희생적이며 독보적인 사역을 해오신 분들이다. 하나님께서 한국 교회의 기둥과 같은 세 분 영적 거인들의 마음을 움직이시고 이 책을 추천토록 인도하신 일 속에서 필자는 하나님의 특별하신 은혜를 깨닫고 무한한 감사를 드린다. 또한 이 책을 추천해 주신 세 분 목사님께 깊이 고개 숙여 감사를 드린다.

그리고 성경의 진리를 위해 담대히 일어나 싸우며, 약하고 고난받는 자들 편에 서서 사역하는 것을 탁월한 삶과 목회로 가르쳐 주신 제리 팔웰(Dr. Jerry Falwell) 목사님께 감사를 드린다. 리버티 대학의 설립자이신 팔웰 목사님은 참된 영적 사표로서 필자의 영적 순례의

길에 한결같이 선하고 능력 있는 길잡이가 되어 주셨다. 또한 필자가
이러한 책을 쓸 수 있도록 필자의 삶에 선한 영향력을 끼쳐 주신 모든
분들께 깊이 고개 숙여 감사를 드린다. 더불어 이 책의 조속한 출판을
위해 힘써 주신 김승태 사장님과 예영커뮤니케이션 직원들의 노고에
도 감사를 드린다. 마지막으로 이 책의 출판에 가장 큰 힘과 격려를
보내 준 사랑하는 가족 모두에게 무한한 감사와 사랑을 바친다.

2003년 8월

김홍기

차 례

서 론

콜로라도 주 록키 산중에 위치한 세계적 휴양지인 아스펜에서 마이클 케네디 (Michael Kennedy)가 가족과 스키 미식 축구를 함께 즐기다가 나무를 들이받고 사망했을 때 케네디 가문의 비극이 1998년 1월의 《뉴스위크》지의 표제로 등장했다. 그 표지에서 시사 주간지 《뉴스위크》는 그 사건을 "케네디 가문의 저주"라고 칭했다. "캐밀롯의 저주"(The Camelot Curse; 캐밀롯은 아더 왕의 궁궐이 있었다는 전설의 마을을 의미함-필자 주)라는 제목을 붙인 기사에서 기자는 "새해에 바비의 불행한 아들인 마이클이 스키 사고로 죽었다는 소식을 접했을 때 대부분의 미국인들은 케네디 가문에 저주가 있다고 느꼈을지 모른다"라고 썼다.[1]

그 사건이 일어나고 1년 반이 지난 후 케네디 주니어(John F. Kennedy Jr.)가 케이프코드(Cape Cod)에서 있을 가족의 결혼식에 참석하기 위해서 직접 비행기를 조종해서 가다가 마서스 빈야드

(Martha's Vineyard) 인근 바다에 추락했다. 이 때 케네디 가문의
또 다른 비극이 《뉴스위크》의 표제로 떠올랐다. 《뉴스위크》는 다시금
케네디 가문에 관한 특별보고서를 "매혹적이지만 저주 받은"
(Charmed Yet Cursed)[2]이라는 제목으로 게재했다. 이 사건은 미국
인들에게 '비행기 추락과 암살, 전복된 차들과 약물 남용, 총격 사망
과 익사 등과 같은 불행으로 얼룩진 가장 극적인 역사'[3]를 기억나게
해주었다. 뉴스위크에 게재된 기사의 제목들과 큰 표제들은 미국의
대중매체가 케네디 가문에 저주가 내렸다는 것을 믿는 듯한 인상을
준다. 그러나 사실 그 기사들을 자세히 분석해 보면 주간지나 잡지의
기자들과 편집자들이 독자들에게 미신적인 생각을 주입하려는 것이
아니라 비극적인 사건들에 대한 지적인 분석과 평가를 해주고 있다는
것을 알게 된다. 기사 제목들과 큰 표제들은 상업주의적인 미국의 대
중매체들의 단순한 선정주의적 보도 행위에 불과한 것이다.

그러나 케네디 가문에 닥치는 연속적인 불행은 우리의 마음속에 다
음과 같은 질문들을 떠오르게 한다. 케네디 가문은 정말 하나님께 저
주를 받은 것인가? 케네디 가문에 저주가 있는가? 아마 어떤 사람들
은 케네디 가문에 저주가 놓여 있을 가능성에 대해서 심각하게 상상
해 보았음에 틀림없다. 왜냐하면 그들은 소위 '가계에 흐르는 저주'
라는 것을 믿고 있기 때문이다.

이러한 종류의 믿음에 대해서 가계저주론자인 프랜시스 맥너트는
다음과 같이 주장한다. "가계에 흐르는 저주는 두 가지 결과를 유발
한다. … 둘째로, 때로는 복합적인 재앙들이 어떤 가정을 겨냥하는
것처럼 보인다(여러 세대에 걸쳐서 괴로움을 끼치는 불행을 생각할
때 당신의 마음에는 즉시로 미국의 여러 유명한 가문들이 생각날 것

이다)."[4]

하나님은 이전의 세대가 범한 죄들 때문에 그 후손들을 심판하실까? 하나님은 이전의 세대의 죄로 인해서 야기된 저주 때문에 그 후손들을 저주하시는가? 이러한 질문들은 단순하고 한가하게 제기할 수 있는 신학적 질문이나 성경적 윤리의 문제들이 아니라 진리에 대해 진지하지만 혼동하고 있는 많은 신자들에게 곤혹스러우면서도 그들의 삶에 매우 밀접하게 연관된 질문들이다.

실례로 필자는 2001년 가을 미주의 《크리스찬 투데이》라는 신문을 통해서 가계저주론을 주장하는 이윤호 목사와 지상 토론을 벌인 후에 한 성도로부터 전화를 받았다. 자신을 K권사라고 밝힌 그 분은 필자 내외와의 만남에서 자신이 이윤호 목사가 쓴 가계에 흐르는 저주에 관한 책들을 읽으면서 매우 갈등을 많이 느꼈는데, 《크리스찬 투데이》에 실린 필자의 글을 읽으면서 이 문제에 관해 바른 신앙과 관점을 정립할 수 있게 되어 감사하다는 말을 해주었다.

조상의 죄 때문에 그 후손들이 저주를 받는다는 사상은 실로 신실하게 살아가는 많은 신자들의 마음에 견디기 힘들고 이해할 수 없을 뿐 아니라 불필요하며 비성경적인 심적 부담을 가중시킨다. 조상의 죄 때문에 그 후손들이 저주를 받는다는 생각은 사실 불신자들과 세속적인 사람들의 마음에 별 영향을 미치지 않는다. 그들은 자신들의 죄로 말미암아 엄청난 대가를 지불해야 한다는 것을 믿지 않기 때문이다. 또한 조상들의 죄 때문에 그 후손들에게 저주가 임한다는 주장을 무시해 버리기 때문이다. 그러나 만약 이러한 사상을 잘못 이해하면 성경의 주장을 진지하게 받아들이는 사람들에게는 심각한 영적·심리적·정서적 타격을 입힐 수 있다. 진지한 신자들은 성경이 죄와 죄의 결과를 매우 심각하게 다루고 있음을 알고 있다. 그러므로 조상의 죄 때문에 후손이 저주를 받고 그 저주 속에서 고통당하며 살아야 하는가 하는 질문은 진지한 신자들에게 있어서 매우 곤혹스러우면서도 밀접한 질문이다.

이 질문은 또한 성경적 윤리의 관점에서 의심스러운 문제를 수반하고 있다. 즉, 하나님께서 어떤 사람(조상)의 죄에 대한 책임을 단순히 혈통에 따른 관계가 있다고 해서(다시 말해, 단순히 가족이라는 사실 때문에) 전혀 죄의 책임이 없는 사람(후손)에게 물으시는 것이 성경적 윤리의 관점에서 용납될 수 있는가 하는 것이다. 이 질문을 가족 관계에 적용해 보면 더 이해가 쉬워진다. 예를 들어 어떤 가정의 아버지나 어머니가 살인을 했고, 그 살인 행위가 법정에서 명백히 입증되었다고 하자. 그러면 부모의 살인죄 때문에 아무 잘못도 없는 그 자녀들에게 형벌을 준다는 것이 법적으로나 윤리적으로 가능한 것인가?

이 문제를 다른 각도에서 조명해 보자. 부모가 살인이라는 극악무도한 죄를 범할 때 자녀들은 여행이나 사업차 외국에 체류하고 있었으며 이 사건에 관해서 들은 바가 전혀 없다고 하자. 그런데 그들이 아무 것도 모른 채 귀국해서 인천공항에 도착하자마자 경찰이 체포해서 부모의 살인죄에 대한 책임을 묻는다면 이것이 과연 법적으로나 윤리적으로 용납될 수 있는가? 게다가 부모가 살인을 해도 가장 잔혹한 방법으로 사람을 죽인 후 자살을 했을 때, 남은 자녀들이 그 책임을 지되 부모의 죄질이 나쁜 만큼 무거운 형을 받아서 평생토록 사면 가능성도 없이 독방에서 감옥 생활을 하도록 법정이 언도한다면 과연 그것이 법적으로 윤리적으로 용납될 수 있는가? 두 말 할 나위 없이 오늘날 세계 어느 나라의 법정을 막론하고 이런 판결을 내리는 곳은 없을 것이다. '법은 상식'이라고 정의한 전 헌법재판소장 김용준 판사의 주장처럼, 부모의 죄와는 아무 상관이 없고 따라서 아무 잘못도 범하지 않은 자녀에게 죄의 책임을 지운다는 것은 상식에 어긋나는 일이기 때문이다.

현직 목회자이면서 동시에 변호사이기도 한 주명수 목사는 그의 책 『복음을 지켜라』에서 우리 나라의 상속법 하나를 소개한다. 이 법에 의하면 아버지가 부채를 지고 사망했을 경우 아들이 그 부채를 고스란히 떠맡을 수가 있다는 것이다. 저자의 말을 직접 인용해 보도록 하자.

> "즉, 아버지가 부채를 지고 사망하였을 경우 상속자인 자녀는 3개월 이내에 재산상속포기신고를 하지 않으면 자녀는 아버지가 가지고 있던 부채를 고스란히 떠맡아야 됩니다. … 그런데 빚을 상속받지 않으려면 3개월 이내에 상속포기신고를 해야 한다는 사실을 아는 사람들은 그리 많지 않습니다. 결국 대부분의 상속자들이 자기도 모르는 부채를 떠맡게 된다는 것입니다. 자기도 살아가기가 힘든데 아버지의 부채를 떠안고 살아가려니 얼마나 힘들겠습니까? 평생에 걸쳐 이 빚을 갚느라 고생했던 예도 있습니다."[5]

이 법의 특징 중 하나는 부친의 재산과 부채를 함께 받을 것인가 아니면 그 재산과 부채를 모두 포기할 것인가를 선택할 자유가 있다는 것이다. 즉, 부채를 떠맡는 일은 타의에 의한 강제적이며 절대적 운명이 아니라, 자신의 자발적이며 상대적 선택이라는 것이다. 그러나 이렇게 선택할 수 있는 법마저도 타당치 않다고 해서 이 법이 개정된 것이다. 이에 관한 주명수 목사의 말을 계속 인용해 보도록 한다.

"그래서 이와 같은 법 규정이 부당하다는 지적이 많이 있었습니다. 최근에는 이 민법 규정은 위헌이라는 헌법재판소의 결정이 나오기도 했었습니다. 아버지가 진 빚을 상속인이 떠맡는다는 것은 헌법에 보장된 행복추구권을 침해한다는 데 기인한 결정입니다. 늦었지만 다행한 결정이라고 생각됩니다. … 이제는 아버지가 사망한 지 3개월 내에 상속포기신고를 하지 않더라도 아버지가 진 빚을 고스란히 떠안는 일은 없을 것으로 보여집니다."[6]

이 세상의 법정도 부모의 부채를 자식이 알지도 못하고 떠맡는 일은 법 상식에 합당치 않다고 해서 위헌 결정을 내린 것이다. 하물며 하나님의 법정에서 부모의 죄에 대한 책임을 아무 잘못도 없고 알지도 못하는 후손에게 강제적이고 운명적으로 지운다는 것이 과연 합당한 일인가? 그런데 이러한 주장이 합당하며 성경적이라고 강변하는 것이 바로 가계저주론이다.

아마 개중에는 하나님은 의로우신 분이기 때문에 그분이 하시는 모든 일이 의롭다고 주장하는 목소리도 있을 것이다. 그러나 하나님은 의로우시기 때문에 거짓말을 해도 의롭다고 주장할 사람은 없다. 하나님은 의로우시기 때문에 거짓말을 하실 수 없기 때문이다. 마찬가지로 하나님은 의로우시기 때문에 그분 자신이 하신 말씀을 부정하실 수 없는 것이다.

예를 들어 신명기 24장 16절에서 하나님은 "아비는 그 자식들을 인하여 죽임을 당치 않을 것이요 자식들은 그 아비를 인하여 죽임을 당치 않을 것이라 각 사람은 자기 죄에 죽임을 당할 것이니라"고 말씀하셨다. 이에 반해 신명기 28장 15~18절은 "네가 만일 네 하나님 여호와의 말씀을 순종하지 아니하여 내가 오늘날 네게 명하는 그 모든 명령과 규례를 지켜 행하지 아니하면 이 모든 저주가 네게 임하고 네게 미칠 것이니 … 또 네 광주리와 떡반죽 그릇이 저주를 받을 것이요 네 몸의 소생과 … 저주를 받을 것이며"라고 말씀하셨다. 그렇다면 언뜻 상반되어 보이는 이 말씀들은 하나님이 모순된 분이시라는 것을 증명하는가? 물론 천부당만부당한 생각이다. 그러나 성경 비평가들은 여기서 성경에 나타난 하나님의 자기 모순을 발견했다고 주장할 것이다.

한편 가계저주론자들은 후자의 말씀(신 28:15~18)만을 강조하며 자신들의 교리를 옹호하려 한다. 가계저주론자들의 주장이 담긴 책들을 보면 대부분 전자의 말씀(신 24:16)을 전혀 언급하지 않든지, 혹은 언급한다 해도 말씀의 의미를 상대적으로 평가 절하해 버린다. 예를 들어 신명기 24장 16절의 말씀에 "자식들은 그 아비를 인하여 죽음을 당치 않을 것이요 각 사람은 자기 죄에 죽임을 당할 것이니라"는 말씀을 가계저주론자들은 "자식들은 그 아비를 인하여 죽음을 당할 수도 있으며 각 사람은 자기 죄뿐 아니라 조상의 죄 때문에도 죽임을 당한다"라고 해석한다(이러한 유형의 실례에 대해서는 이 책의 뒷부분에서 다루게 될 것이다). 즉, 가계저주론자들은 성경의 일부를 교리화하기 위해서 성경의 다른 부분을 무시하거나 왜곡하는 잘못을 범하고 있는 것이다. 다시 말해서 그들은 성경을 편법으로 해석하고 있는 것이다. 성경의 일부가 다른 부분과 비교해 볼 때 서로 모순된 것처럼 보이면 그 양쪽의 말씀들을 동등하게 놓고 조화와 통일을 시도해야 한다. 로울리는 『이스라엘의 믿음』이라는 책에서 이것을 잘 지적하고 있다.

"한 단어 혹은 한 사건은 진리의 한 면을 다른 면보다 더 나타낼 수 있다. 그러나 성경의 사상과 가르침에 관한 그 어떤 연구든지 양쪽 면이 다 기억되어야 한다."[7]

이에 반해 일부 말씀을 교리화하기 위해서 다른 부분을 아예 언급조차 하지 않는 태도나 다른 부분을 상대화하고 평가 절하하는 식의 편법 해석은 반드시 부작용을 초래하게 된다. 가계저주론은 바로 이런 편법적 성경 해석과 이에 따른 부작용의 대표적인 실례이다.

신명기 24장 16절의 말씀은 하나님께서 조상의 죄의 책임을 자손에게 지우지 않는다는 점을 두 번에 걸쳐 명백히 했다. 첫째는 "자식들은 그 아비를 인하여 죽음을 당치 않을 것이요"라는 말씀과 "각 사람은 자기 죄에 죽임을 당할 것이니라"는 말씀이다. 그렇다면 신명기 28장 15~18절에서 주장하는 바 하나님께서 불순종하는 이스라엘에게 경고하신 저주가 불순종하는 자들과 그들의 산업과 자손에게 미칠 것이라는 말씀을 어떻게 해석해야 할까?

우리는 이 책에서 이 문제를 상세하게 다루겠지만, 먼저 요점을 정리한다면 다음과 같다. 첫째, 신명기 24장 16절의 말씀을 근거로 볼 때 하나님께서 죄를 심판하시는 기준은 개인적인 것이다. 둘째, 만약 하나님의 심판이 집단적인 것-가족, 부족, 나라, 세계 등-으로 나타날 때는 그 소속 집단 전체가 범한 집단적 죄를 심판하는 것이다. 셋째, 만약 하나님의 집단적 (혹은 연대적) 심판이 임하는 그 집단 속에 집단적 죄에 연루되어 있지 않은 죄 없는 사람들이 심판의 고통을 당하고 있다면 그들은 그 집단의 일부-보통 대표성을 가진 사람들-가 받는 심판의 결과나 영향력으로 인해 고통을 받는 것이다. 세계적인 구약학자인 월터 카이저 교수는 이 세 번째 개념을 집단적 연대(Corporate Solidarity)라고 부른다.[8]

신명기 28장 15~18절 본문의 경우 하나님을 불순종하는 부모가 저주를 받을 때 그 저주가 산업과 자손에게 미치는 현상은 위에 언급한 세 가지 원리를 적용해 볼 때 다음과 같이 해석할 수 있다. 첫째, 불순종하는 조상이 받는 저주는 그들 자신에게 국한된다. 둘째, 불순종하는 조상과 함께 그 후손이 조상의 죄를 모방해서 함께 불순종할 때 그 조상과 후손 모두에게 저주가 임한다. 셋째, 조상의 불순종에 대해서 전혀 관련이 없거나 오히려 하나님께 순종하는 후손에게 조상이 받은 저주와 관련된 고통이나 재난이 따를 경우에는 순전히 조상이 받은 심판의 결과와 영향력에서 기인하는 것이다.

예를 들면, 이라크의 후세인 정권이 계속 대량 살상 무기를 보유하려고 했고 또한 이것을 알 카에다와 같은 테러 집단에 공급함으로 전 세계에 테러 위험을 가중시켰던 것이 원인이 되어 미국과 이라크 사이에 전쟁이 벌어지게 되었다. 이로 말미암아 현재 이라크 국민들은 전란과 패전의 큰 희생과 고통을 감수하고 있다. 이 전쟁에서 후세인 정권을 지지하지 않았던 이라크 국민들도 후세인 정권이나 그 정권의 지지자들과 동일한 운명 공동체에 속해서 같이 전란의 고통과 후유증을 감내하고 있다. 이들은 후세인 정권의 잘못에 대해 아무런 책임이 없지만, 그들과 공동 운명체에 속해 있기 때문에 후세인 정권이 저질러 놓은 일의 결과와 영향력을 피할 수 없었다. 물론 가계에 흐르는 저주를 국가적 차원의 악과 고통에 비교하는 것은 다소 무리가 있다. 그러나 비교를 통한 개념 이해에는 도움이 되며, 이런 의미에서 이 예는 나름대로 정당성을 가지고 있다고 본다.

조상의 저주를 그 후손이 운명적이고 절대적으로 대물림 받게 된다는 이론은 1972년 케니스 맥콜이라는 미국의 한 정신과 의사에 의해서 시작되어, 1986년 제이 헴프쉬라는 사람에 의해 신학적 이론으로 만들어져 발전된 것으로 그 역사가 불과 약 30년 밖에 되지 않는다.[9] 그러나 이 교리는 급속하게 전 세계로 파급되어 가고 있다. 가계 저주론의 발생지인 미국은 말할 것도 없고 남미, 한국 및 아프리카 등지로 빠르고 광범위하게 퍼져나가고 있다. 특히 한국이나 아프리카처럼 조상 숭배와 정령 숭배가 강하고 집단성이 강조되며 정치적·경제적 위기와 불안이 고조된 지역에서 더욱 쉽고 효과적으로 세력을 넓혀가고 있다.

가계저주론의 신봉자들은 가정치유사역이라는 이름으로 자신들의 교리를 전파하고 자신들의 사역에 적용할 뿐만 아니라 진지하지만 충분한 지식이 없는 수많은 신자들을 혼동시키며 불안케 하고 있다. 그들은 사람들을 치료하기 위해서 처방을 하는 것이라고 말하면서 자신들의 일을 합리화시키려 한다. 그러나 죽음의 의사로 일컬어지는 커보키안도 사람들이 편히 세상을 떠나도록 돕는다는 미명 아래 사람들을 독살하며 그 행동을 정당화하고 있지 않은가? 하나님의 말씀을 왜곡하거나 그릇된 성경 해석을 통해 영적 진단과 처방을 해준다면 기대했던 영적 치유가 아닌 영적 질병이 발생하게 된다.

필자는 이 책을 통해 가계저주론이 왜 잘못된 영적 처방인지를 명백하게 밝혀내고 성경의 바른 해석을 통해서 가계저주론 때문에 영혼의 불안과 갈등을 겪고 있는 사람들을 푸른 초장과 쉴만한 물가로 인도하고자 한다. 또한 그릇된 가계저주론 교리를 비판하며 바른 가르침을 베푸는 모든 분들의 손에 필요한 장비와 무기를 제공하고자

한다. 진리의 성령께서 친히 우리의 심령과 마음을 인도해 주셔서 독
자 각자의 필요를 채워 주시도록 기도하며 이 책을 정독해 주시기 바
란다.

주:

1) Evan Thomas, "The Camelot Curse," *Newsweek Magazine*, 12 January 1998, 25.

2) Kenneth Auchincloss, "Charmed Yet Cursed," *Newsweek Magazine*, 26 July 1999, 31.

3) Richard Lacayo, "Fortune and Misfortune," *Time Magazine*, 20 July 1999, 44.

4) Francis MacNutt, *Deliverance from Evil Spirits* (Grand Rapids: Chosen Books, 1995), 109.

5) 주명수, 『복음을 지켜라』 (서울: 도서출판 서로사랑, 1999), 203.

6) Ibid., 203-4.

7) Harold Henry Rowley, *The Faith of Israel* (London: SCM, 1956), 106.

8) Walter Kaiser, *Toward the Old Testament Ethics* (Grand Rapid: Academie Books, 1983), 67-70.

9) 이윤호, 『가계의 복과 저주 전쟁에서 승리하라』 (서울: 베다니출판사, 2001), 198.

1장 고대판 숙명론적 가계저주론

　　　　　하나님께서 조상들의 죄 때문에 그 후손들을 벌하신다는 생각은 사실 새로운 것이 아니다. 유대인들이 바벨론에 포로로 잡혀갔을 때 고대판 가계저주론이 유대인들의 마음을 사로잡았다. 그들은 자신들의 불행한 처지가 조상들의 죄 때문에 비롯되었다고 생각하면서 한탄과 자조가 짙게 배인 언어로 어리석은 책임 전가를 하고 있었다. "너희가 이스라엘 땅에 대한 속담에 이르기를 아비가 신 포도를 먹었으므로 아들의 이가 시다 함은 어찜이뇨"(겔 18:2)라는 에스겔서의 말씀은 포로가 된 유대인들이 가지고 있던 하나님의 심판에 관한 숙명론적 관점을 잘 보여주고 있다.

　유대인들은 "아비가 신 포도를 먹었으므로 아들의 이가 시다"라는 당시 이스라엘 사람들 가운데 편만했던 속담을 인용해서 자신들이 고통을 받고 있는 것은 조상들이 과거에 저지른 죄 때문이라는 생각을 표현하고 있다. 그렇게 생각한 이유는 오래 전에 기록된 율법인 출애

굽기에서 "그것들에게 절하지 말며 그것들을 섬기지 말라 나 여호와
너의 하나님은 질투하는 하나님인즉 나를 미워하는 자의 죄를 갚되
아비로부터 아들에게로 삼, 사대까지 이르게 하거니와"(출 20:5)라는
말씀이 불행하게도 자신들의 삶에서 이루어졌다고 판단했기 때문이
다.

물론 유대인들이 이렇게 하나님의 심판에 대한 숙명론적 판단을 하
게 된 것은 출애굽기 20장 5절의 말씀을 오해했기 때문이다. 에스겔
18장 2절에서 조상의 죄 때문에 자신들이 심판을 받고 있다고 주장하
는 이 그릇된 숙명론적 견해에 대해 에스겔 18장 3절에서 하나님께서
는 "나 주 여호와가 말하노라 내가 나의 삶을 두고 맹세하노니 너희가
이스라엘 가운데서 다시는 이 속담을 쓰지 못하게 되리라 모든 영혼
이 다 내게 속한지라 아비의 영혼이 내게 속함같이 아들의 영혼도 내
게 속하였나니 범죄하는 그 영혼이 죽으리라"라고 말씀하시며 분명하
게 잘못을 교정해 주신다. 이 같은 하나님의 분명하고 강력한 말씀은
조상의 죄로 인해 그 후손이 속수무책으로 피해자가 된다는 숙명론적
인 믿음이 포로가 된 유대인들 사이에 매우 강력하고 해로운 영향력
을 끼치고 있었음을 보여준다.

그런데 이러한 종류의 믿음은 에스겔 시대의 사람들뿐 아니라 삶의
여러 가지 고통을 겪으며 어찌할 바를 모르는 사람들 모두에게 강력
한 영향력을 미친다. 사실 현대 생활 가운데 점증하는 스트레스의 횡
포, 족보에 대한 지대한 관심과 악령의 세계를 포함한 초자연적인 세
계에 대한 열성적 추구로 특징지어지는 포스트모던 시대에 이러한 종
류의 믿음이 다시금 강력하게 사람들의 주의를 끌고 있다.

종종 가계저주론의 토대로 사용되어지는 출애굽기 20장 5절의 말

씀을 해석하는 일은 그리 쉽지 않다. 왜냐하면 이 말씀에는 조화를 필요로 하는 다른 개념들이 포함되어 있기 때문이다. 예를 들어 죄인을 구원하고 그들의 죄를 용서하기를 간절히 바라시는 하나님께서 조상의 죄로 인해 그 죄와는 무관한 후손들을 왜 심판하셔야만 하는가라는 문제이다. 또한 구속의 하나님과 보복의 하나님을 조화시키는 일 또한 매우 어렵다. 종교개혁자 칼빈은 이러한 어려움을 다음과 같이 토로했다.

"하나님께서 조상들의 죄로 말미암아 그 자녀들과 손자 손녀들을 심판하신다는 것이 과연 모순된 일이 아닌가를 묻지 않을 수 없다. 죄 없는 사람과 죄 있는 사람이 같은 심판을 받아야 한다는 것처럼 부당한 일은 없다."[1]

이처럼 많은 신학자와 설교자 및 사려 깊은 그리스도인들이 이 문제에 관해서 오랫동안 고민해 왔다. 심지어 가계저주론의 열렬한 대변자인 찰스 크래프트도 이 문제에 관한 그의 고민을 정직하게 다음과 같이 토로했다.

"내주하는 악령들에 의해서 심하게 깨어진 사람들을 대할 때 이 문제가 끊임없이 나를 괴롭혀 왔다. 우리는 한 아기가 귀신들려서 이 세상에 태어나는 것을 공평하지 않은 것이라고 생각할 것이다. 그러나 이것이 바로 내가 직면하는 문제이다. 이러한 사람들을 위해서 사역하는 우리들은 끊임없이 우리의 질문들과 혼동과 분노를 주님께 드려야만 한다"[2]

다음에 계속되는 논의에서 우리는 지나간 시대의 신학자들이 이 문제를 놓고 어떻게 씨름을 했는지, 또 그들이 어떻게 하나님의 집단적인 심판 대 개별적인 심판 혹은 구속의 하나님 대 보복의 하나님이라는 두 가지 상반되어 보이는 시각을 조화시키려 했는지를 보게 될 것이다. 그리고 포스트모던 시대의 극단적인 가계저주론을 옹호하는 대변인들이 이 문제를 어떻게 부적절하게 다루고 있는지를 선명하게 보게 될 것이다. 또한 이 문제를 놓고 정직하게 고민했던 신학자들과 과격한 가계저주론자들의 견해가 어떻게 다른지도 논하게 될 것이다. 먼저 극단적 가계저주론부터 분석하기로 하자.

주:

1) John Calvin, *Commentaries on the Four Last Books of Moses Arranged in the Form of Harmony*, vol. 2 (Grand Rapids: WM. B. Publishing Company, 1950), 113.

2) Charles H. Kraft with Ellen Kearney and Mark H. White, *Deep Wounds, Deep Healing* (Ann Arbor: Michigan, 1993), 263.

2장 현대판 극단주의적 가계저주론

극단적 가계저주론은 유대인들이 주장했던 고대판 가계저주론에 비해서 더욱 과격하고 해로운 것이다. 현대판 가계저주론을 주장하는 사람들은 조상의 죄에 의해 발생한 특정한 죄나 저주들은 후손에게 대물림된다고 주장한다. 그들은 후손들이 자신의 선조의 같은 죄와 죄책 그리고 하나님의 심판과 저주들을 대물림해서 그 죄들을 반복하며, 따라서 그에 따르는 죄책과 저주들을 되풀이하면서 고통 속에서 산다고 주장한다. 이 교리의 주요 대변인인 찰스 크래프트는 『깊은 상처, 깊은 치유』(*Deep Wounds, Deep Healing*)라는 그의 책에서 가계를 통해 대물림되는 저주에 대해 다음과 같이 주장하고 있다.

"불행하게도 우주의 법칙 중 하나는 악령이 대물림될 수 있다는 것이다. 출애굽기 20장 5절은 선조들의 죄가 그들의 후대에 대물림된

다고 말씀하고 있다. 아기가 귀신이 들린 채 이 세상에 태어나는 것
은 공평하지 않은 것처럼 보이지만, 이것이 우리가 경험하는 것이
다.”[1]

여기에서 크래프트는 선조들의 죄와 그에 따른 죄책과 저주-이 경
우에는 귀신들림-가 그 후손들에게 유전된다고 주장한다. 달리 말하
면 가계저주론은 하나님께서 선조들의 죄와 죄로 야기된 저주 때문에
그 후손들을 벌하시고 저주하신다는 것이다. 즉 이 교리는 혈육 관계
로 인해서 후손들이 선조들이 범한 죄와 그에 따른 저주를 어쩔 수 없
이 받아야 할 운명에 처한 무기력한 존재들이라고 가르치는 숙명론적
인 사상이다.

크래프트는 선조의 죄를 후손이 물려받는다는 개념을 우주의 법칙
과 동일시한다. 그는 인생에서 가계를 통해서 대물림되는 저주가 작
용하는 것은 중력의 법칙이 물리적 세계에서 작용하는 것과 똑같은
이치라고 주장한다. 크래프트는 같은 책에서 이렇게 말하고 있다.

“마귀는 어떤 사람 안에 거주하기 위해서 법적 권리를 소유할 필요
가 있다. 그 권리는 그 사람의 현재나 과거의 삶에 귀신이 들러붙을
수 있는 그 무엇이 있을 때 주어진다.”[2]

크래프트는 가계에 흐르는 저주의 숙명론적 특성을 강조하기 위해
서 ‘우주의 법칙’이라는 용어 외에 또 다른 용어, 즉 ‘법적 권리’라는
용어를 추가한다. 이제 가계에 흐르는 저주가 법적 권리에 의해 하나
님의 법정에서 엄격하게 재가되었으며, 귀신들이 이것을 근거로 죄
많은 선조의 후손들을 맘대로 통치할 수 있게 되었다. 그래서 크래프

트는 가계에 흐르는 저주는 죄 많은 조상의 후손들의 삶에서 **자동적으로, 운명적으로, 법적**으로 역사하고 있다고 주장한다. 결국 가계저주론은 수많은 사람들의 마음에 유독한 영향을 끼치게 된다. 왜냐하면 당신의 조상들이 독—죄들과 이에 따른 저주들—을 마셨으므로 당신은 그 독기운—조상들의 죄와 이에 따른 저주—으로 인해서 그들의 죄와는 무관하지만 **자동적으로, 필연적으로, 법적**으로 고통을 받게 되기 때문이라고 가르치기 때문이다.

위와 같은 가르침에 더해서 가계저주론자들은 가계에 흐르는 저주가 취소되지 않으면 그 피해자들은 계속되는 실패, 좌절, 질병, 탄압, 전적 패망, 조기 죽음을 비롯한 각종의 불행으로 고통을 받는다고 가르친다. 가계저주론의 가장 유명한 주창자 중 한 사람인 데렉 프린스는 『축복이냐 저주냐 당신이 선택할 수 있다』(*Blessing or Curse You Can Choose*)라는 그의 책에서 자신의 관찰과 경험을 토대로 수립한 하나님의 저주를 알리는 7가지 징후에 관해서 언급하고 있다. 그 7가지 징후란 정신적이며 정서적인 쇠약, 반복되며 고질적인 질병들(특히 유전되는 병), 임신 불능, 유산하는 경향과 그에 관련된 여성들만이 갖는 문제들, 결혼의 와해와 가족간의 알력과 반목, 지속되는 재정적 부족, 사고가 빈번한 것, 자살에 관한 내력 및 비자연적이며 때 아닌 죽음 등을 포함한다.[3]

이 교리에 따르면 그리스도인들도 가계에 흐르는 저주에서 제외되지 않는다고 한다. 이 점에 관해서 이윤호 목사는 다음과 같이 완고하게 주장한다.

"어떤 면에서 보든지 예수님이 '율법의 저주'를 포함한 '모든 죄에 대한 저주'에서 우리 신자들을 속량했기 때문에 우리 신자들은 더 이상 실제적으로 저주 아래 살지 않게 되었는가? 그 대답은 결단코 아니다!"[4]

현대판 극단주의적 가계저주론에 따르면 신자들이 그리스도의 십자가의 공로를 통해서 구원을 받았지만 실제로는 아직도 그들의 조상의 죄로 말미암은 저주 아래에서 살아가고 있다고 한다. 그리스도의 십자가의 공로가 저주와 어떻게 관계되었는지를 설명하면서 프린스는 "예수님은 십자가에 못박히심으로 말미암아 당신 위에 임할 수 있는 모든 저주를 지시고 저주가 되심으로 당신이 모든 저주에서 **해방될 수 있도록**(might be released) 또한 하나님의 축복을 받을 수 있도록 하셨다"라고 말한다.[5]

여기서 프린스가 사용한 동사 'might'는 허가나 불확실한 추측을 나타내는 조동사로서 그리스도의 십자가의 구속이 불확실하며 완성되지 않은 특성을 나타낸다. 그것은 저주와 관계하여 그리스도의 구속의 역사를 실제가 아닌 위치상으로만 적용했기 때문이다. 그러므로 극단주의적 가계저주론자들은 그리스도인들이 구원받지 못한 사람들과 다른 것은 단지 위치상의 문제이며, 실제로는 신자나 불신자나 동일하게 숙명론적인 저주로 가득찬 동일한 삶을 살고 있다고 가르친다.

결국 극단적 가계저주론은 그리스도의 십자가의 구속하신 공로로 인해서 죄와 심판에서 벗어난 그리스도인들을 다시금 죄와 저주의 속박으로 몰고 간다. 또한 이 교리는 그리스도인들이 그들의 삶에 역사하고 있는 저주들을 취소하지 않으면 불신자들과 똑같이 처참하게 실패하고 저주로 찌든 운명이 될 것이라고 가르친다. 그래서 이 교리는 그리스도인들이 그들의 삶 가운데 역사하는 하나님의 저주를 취소하는 권리를 행사하도록 명령을 받았다고 한다. 같은 맥락으로 찰스 크래프트는 이렇게 주장한다.

> "원수가 사람들 위에 가지고 있는 권리는 대물림을 통해서 온다. 그러므로 신자들은 이러한 권리들을 취소할 권위를 가지고 있다. … 우리 조상들이 취한 선택을 통해서 출입문들이 종종 우리의 핏줄 속으로 열리게 되었으며, 이로 인해서 원수들이 대를 물리며 해를 끼치고 그의 대리인들을 집어넣을 수 있게 허용되었다."[6]

가계저주론은 저주의 영향력과 관계하여 그리스도께서 십자가 상에서 이루신 구속의 역사의 본질적 의미를 변질시켰다. 가계저주론자들에게 있어서 주님의 십자가의 역사는 실제적이 아닌 위치적인 의미에 불과하다. 이러한 방법으로 현대의 극단적 가계저주론자들은 그리스도의 구속의 온전한 의미를 희석시키고 있으며, 신자들을 하나님의 저주에서 구속하시는 그리스도의 역사의 영향력을 박탈하고 있는 것이다. **현대판 극단적 가계저주론은 그리스도의 복음의 본질적 의미를 교묘하게 변질시키며 부패시키고 있다.** 이와 같은 맥락에서 총신대학원의 정훈택 교수는 바르고 담대하게 그의 견해를 밝힌다.

> 바울 사도가 일생을 헌신하며 외친 '하나뿐인 복음'에 상처를 내고 신약성경이 알려 주는 '예수님을 믿음으로 주어지는 구원'에 제한을 가하는 것이다. 한국에서도 수많은 영혼을 구한 '하나님의 지혜'를 세상의 지혜, 미신적 사고와 결합하는 것이다. 우리는 이것을 기독교의 미신화 내지 미신의 기독교화라고 말할 수 있다. … 이 결론은 비

숫한 제목이나 비슷한 내용의 다른 책, 다른 논문에도 적용된다. 즉 메릴린 히키의 『가계에 흐르는 저주를 끊어야 산다』(서울: 베다니, 1997)나 데렉 프린스의 『축복이냐 저주냐 당신이 선택하라』(서울: 베다니 1999)도 이윤호의 책과 같은 '다른 복음' 을 소개하고 있다.[7]

주:

1) Charles H. Kraft with Ellen Kearney and Mark H. White, *Deep Wounds, Deep Healing* (Ann Arbor: Michigan, 1993), 262-3.

2) Ibid,. 45.

3) Derek Prince, *Blessing or Curse You Can Choose* (Grand Rapids: Chosen Books, 2000), 194.

4) 이윤호, 『가계의 복과 저주전쟁에서 승리하라』 (서울: 베다니출판사, 2001), 215.

5) Prince, 45.

6) Charles H. Kraft, *I Give You Authority* (Grand Rapids: Chosen Books, 1997), 164.

7) 정훈택, "이윤호의 가계 저주/치유론 비판," 《교회와 신앙》 (1999년 10월). 이 글은 《교회와 신앙》의 웹사이트에 게재된 것을 인용한 것으로, 이 웹사이트에는 페이지 구분이 없으며, 현재 www.churchgrowth21.com에서 찾아볼 수 있다.

3장 가계저주론을 다룬 신학자들

앨런 맥네일 (A. H. McNeile)

출애굽기 20장 5절은 성경 해석자들에게 몇 가지 어려운 질문들을 제시한다. 예를 들어 하나님의 거룩하심은 조상의 죄와 상관이 없는 후손으로 하여금 조상의 죄로 인해 발생한 저주를 상속케 하고, 조상의 죄에 대한 책임을 죄 없는 후손에게 요구하셔야만 하는가와 같은 문제이다. 만약 이 가르침이 옳다면 죄에 대한 개인적인 책임을 말씀하고 있는 에스겔 18장의 명백한 가르침과 어떻게 조화를 이룰 수 있는가 하는 것도 어려운 문제이다. 만약 성경이 심판의 집단적 성격에 관해서 말씀한다면 과연 어떠한 종류의 성격을 의미하는가? 미국 웨스트민스터 신학교 교수였던 맥네일은 출애굽기 20장 5절에 관해서 해석하면서 지난 시대의 유명한 두 신학자가 어떻게 이 문제를 해결하기 위해서 고민을 했는지 보여준다.

"지난 시대에 이 구절이 제기한 어려움은 다음과 같은 해석에서 찾아볼 수 있다. 오리겐(Origen)은 '자녀들' 은 '죄 많은 자들' 을, '아비들' 은 '마귀' 를 의미한다고 했다. 이는 마귀가 죄 많은 자들의 아비이며(요 8:44) 하나님은 선한 자들의 아버지(요일 3:9)이시기 때문이라고 했다. 또한 테오도렛 (Theodoret)은 '주 하나님의 위협이 심판보다 더 큰 것이다' 라는 말로 이 문제를 간단히 처리해 버리고 있다."[1]

분명히 오리겐과 테오도렛의 해석에서도 출애굽기 20장 5절의 해석에 내재된 어려움 때문에 그들 자신도 역시 골치를 앓고 있었음을 보여주고 있다. 이들의 해석은 문제의 핵심을 회피하고 있으며, 매우 불만족스러운 답변을 제시하고 있다. 그러나 그들의 해석은 가계저주론을 반영하지는 않았다. 오리겐이나 테오도렛의 애매한 해석에 반해서 맥네일은 출애굽기 20장 5절에 관한 균형 잡힌 해석을 제시한다.

자연 과학에 관한 연구는 하나님께서 자연 법칙에 의해서, 또한 그 법칙 안에서 역사하고 계심을 분명히 인식시켜 준다. 조상의 죄 때문에 후손들이 고통을 받는다는 것은 끊임없이 경험하는 현상이다. 그러나 히브리 기자에게는 이 말씀이 오직 죄의 외적인 결과들을 의미하는 것이지, 죄 없이 고통당하는 후손을 향한 하나님 편의 분노의 감정이 아니라는 것을 기억해야만 한다. 그러나 최후의 수단으로서, 이 말씀이 주는 어려움을 경감시키는데 있어서 그 어떤 견해도 하나님께서 모든 고통을 가치 있는 것이 되게 하실 만큼 위대한 목적을 가지고 계시다는 것을 확신하는 믿음보다 더 좋은 것은 없다.[2]

맥네일은 여기서 이 복잡한 문제에 관한 성경적인 해답을 제시한다. 그는 후손들이 조상들의 죄의 결과 때문에 고통을 당한다는 사실을 기꺼이 인정한다. 그러나 **그는 후손들의 고통은 죄 없는 후손들을 향한 하나님의 진노가 아니라 단지 외적인 결과라는 것을 말함으로써 조상들의 죄의 책임이 필연적으로 후손들에게 상속된다는 생각을 단호히 거부한다.** 맥네일은 (조상의 죄와 관계된) 죄 없는 후손의 고통을 자연 법칙에 비교하는데 반해서 크래프트는 죄 없는 후손의 고통을 법률상의 법에 비교하고 있다. 그러므로 맥네일은 (조상의 죄와 관계된) 죄 없는 후손의 고통이 조상의 죄로 인한 자연적인 결과로 보는 반면에, 크래프트는 죄 없는 후손의 고통을 그 조상의 죄로 인한 의무적이며, 법적이며, 숙명적인 결과로 보고 있는 것이다.

맥네일은 죄의 결과 혹은 영향과 죄의 책임을 구분하고 있다. 반면 크래프트는 두 가지의 다르면서도 매우 중요한 개념을 구분하지 않고 있다. 맥네일에게 있어서는 (조상의 죄와 관계된) 죄 없는 후손의 고통은 고통 자체일 뿐이지 하나님의 심판이나 저주가 결코 아닌 것이다. 그에게 있어서 이러한 고통은 죄의 무서운 결과를 의미하는 것이지, 결코 죄 많은 조상을 둔 죄 없는 후손들-조상의 특정한 죄들과 관계가 없는 후손들-을 향한 하나님의 진노가 아닌 것이다. 이에 반해 크래프트는 죄 없는 후손의 고통이 조상의 죄로 인해 후손에게 임하는 심판이나 저주라고 주장하고 있다.

맥네일의 견해는 출애굽기 20장 5절에 있는 심판의 집단적 성격과 에스겔 18장에 있는 심판의 개인적 성격을 조화롭게 해석해야 하는 어려운 작업을 위한 유일한 해결책이다. 이 말씀은 사실상 죄의 개인적인 책임과 집단적 영향이나 결과를 동시에 가르치고 있다. 더구나 맥네일은 "하나님을 사랑하는 자 곧 그 뜻대로 부르심을 입은 자들에게는 모든 것이 합력하여 선을 이루느니라"는 로마서 8장 28절의 영광스러운 약속을 적용함으로써 사람이 겪는 고통에 관해서 심오한 성경적 의미를 부여하고 있다. 심지어 후손들이 그 조상들의 죄로 말미암아 고통을 겪는다 해도 하나님의 은혜로 말미암아 그들이 겪고 있는 고통의 경험이 결국엔 최대의 축복으로 변할 수 있을 것이라고 말하고 있다.

종종 역사상 가장 위대한 성도들이 고통 속에서 하나님께 영광을 돌리도록 하나님의 부르심을 받는 경우가 있다. 20세기 최고의 전도자 중 한 사람이었던 빌리 그래함(Billy Graham) 목사가 지난 수년 동안 파킨슨병으로 고통을 감내하면서 80대 중반의 나이에도 불구하고 설교를 계속하고 있다는 사실과, 20세기 최고의 선교전략가요 활동가였던 CCC의 창시자 빌 브라이트(Bill Bright) 박사가 지난 수년간 폐섬유증(Pulmonary fibrosis; 호흡하는 능력을 점진적으로 손상시켜 치유할 수 없는 폐의 상태—필자 주)으로 고통스러운 투병 생활을 계속하면서도 주님의 부르심을 받을 때까지 선교의 일을 지속했던 경우가 그러하다.[3]

2001년 10월 《크리스쳐니티 투데이》(*Christianity Today*)와의 인터뷰 당시 브라이트 박사는 자신의 병에 관한 한 치료 방법이 전혀 없다는 사실을 안 후에 자신이 주님과의 새로운 관계에 들어갔으며, 그 관계는 더욱 놀랍게 친밀한 관계(But since it was announced to me that there is not cure for the disease, I've entered into a different relationship and a more wonderful intimacy with the Lord)라고 증언했다.[4] 그러나 가계저주론자들은 대부분 고

통을 악한 것으로 간주하고 하나님이 부여하신 권세로 취소해야 한다고 믿고 있다. 이러한 종류의 믿음은 성경에 있는 가장 심오하고 영광스러운 약속들을 인정하지 않는 믿음이다. 달리 말해서 가계저주론에는 성경적인 고난의 신학이 결여되어 있는 것이다.

반면 맥네일은 하나님의 측량할 수 없는 주권과 총체적 주권을 배경으로 해서 인간의 고통에 심오한 성경적 의미를 부여하고 있다. 2,000년 교회 역사상 가장 위대한 성도들 중 일부는 호되고 지속적인 고통 중에서도 승리하는 삶을 살도록 부르심을 받아왔다는 사실을 결코 간과해서는 안 될 것이다. 아래의 도표는 맥네일과 가계저주론의 차이점을 요약해서 비교해 보여주고 있다.

맥네일	가계저주론
후손들이 조상들의 **죄의 자연적인 결과로** 인해서 고통을 받는다.	후손들이 조상들의 죄 때문에 야기된 **상속된 저주로** 인해서 고통을 받는다.
후손들이 조상들의 **죄의 결과나 영향으로** 인해서 고통을 받는다.	후손들이 조상들의 **죄의 책임을** 떠맡고 고통을 받는다.
(조상의 특정한 죄와 관련해서) 죄 없는 후손들이 받는 고통은 조상들의 **죄의 자연스러운 결과**이다.	(조상의 특정한 죄와 관련해서) 죄 없는 후손들이 받는 고통은 조상들의 죄의 **의무적이며, 법적이며, 숙명적인 결과**이다.
하나님은 하나님의 뜻대로 부르심을 입은 (조상의 특정한 죄와 관련해서) 죄 없는 후손들—성도들—의 고통마저 **합력하여 선을 이루게 하실 것**이다(롬 8:28).	로마서 8장 28절에 나타나 있는 하나님의 영광스러운 약속에 관해서 **전혀 언급이 없다.**

〈표 3.1〉 맥네일과 가계저주론의 차이점 비교

게르하르트 폰 라드(Gerhard Von Rad)

신명기 24장 16절은 죄에 대한 개인적인 책임의 원리를 가르치고 있는 성경 구절들 가운데 하나이다. 이 말씀은 "아비는 그 자식들을 인하여 죽임을 당치 않을 것이요 자식들은 그 아비를 인하여 죽임을 당치 않을 것이라 각 사람은 자기 죄에 죽임을 당할 것이니라"고 가르친다. 독일의 저명한 신학자인 게르하르트 폰 라드는 신명기 24장 16절을 해석하면서 이스라엘의 초기 역사에 존재했던 개인적인 책임의 원리에 관해 흥미로운 역사적 지식을 전해준다. 라드는 "아비는 그 자식들을 인하여 죽임을 당치 않을 것이요 자식들은 그 아비를 인하여 죽임을 당치 않을 것이라는 원칙은 초기 이스라엘의 법 집행에 있어서 상당히 혁명적인 혁신을 포함한 것 같다"[5]라고 말한다.

라드는 이스라엘의 초기 역사에 있어서 개인적인 책임의 원리가 집단적인 책임의 법칙과 더불어 존재했다고 주장한다. 그는 "초기에는 범죄한 사람에게 임하는 재앙에 온 가족이 포함되는 집단적 책임의 법칙에 따라서 법 집행이 이루어진 것으로 보고되었다(수 7:24; 삼하 3:29)"[6]라고 말한다. 라드가 지적하는 바와 같이 개인적인 책임을 가르치고 있는 신명기의 저작 시기(주전 약 1,500년 경)가 집단적인 책임에 관한 법률적인 경우를 기록하고 있는 여호수아(주전 약 1,400년 경)나 사무엘하(주전 약 550년 경)보다 앞서 있다는 사실은 이스라엘 초기 역사에 있어서 개인적인 책임의 원리가 집단적 책임의 법칙과 더불어 존재했다는 것을 확증한다.

라드는 또한 열왕기하에 기록된 개인적인 책임에 관한 주목할 만한 경우를 지적하고 있다. 라드는 "그러나 아마샤 왕은 일반적인 관습과는 다르게 그의 아버지를 죽인 자들을 심판할 때에 이 원리(개인적인 책임의 원리)에 의해 인도를 받았다"[7]라고 말한다. 라드가 인용한 열왕기하 14장 6절은 "왕을 죽인 자의 자녀들은 죽이지 아니하였으니 이는 모세의 율법책에 기록된 대로 함이라 곧 여호와께서 명하여 이르시기를 자녀로 인하여 아비를 죽이지 말 것이요 아비로 인하여 자녀를 죽이지 말 것이라 오직 사람마다 자기의 죄로 인하여 죽을 것이니라 하셨더라"고 기록하고 있다. 다시금 라드는 이스라엘의 초기 역사에 있어서 개인적인 책임의 원리가 집단적인 책임의 법칙과 더불어 존재했음을 보여주고 있다. 또한 이스라엘의 법률적인 역사에 있어 개인적인 책임의 법칙의 시행이 신명기 시대보다 더 앞선 시대에 존재할 수 있었음을 다음과 같이 주장하고 있다.

> "고대 이스라엘의 법률 시행에서 나타난 이러한 혁명적인 변화가 신명기의 역사적 계획 안에서 발견되는 이러한 설명으로 해석될 수 있을 것인지는 의문스럽다. 이스라엘 주변 국가를 포함해서 초기 역사의 법률에 관한 철저한 연구는 집단적 책임에서 개인적 책임으로 발전했다는 개념이 잘못되었음을 보여주었다. 개인적인 책임의 원리가 초기에는 알려지지 않았다는 말은 매우 잘못된 것이다. 언약서에는 가족 안에 존재하는 집단적 책임에 관해서 전혀 알 수 있는 근거가 없다. 그러므로 신명기에 있는 법규는 이전에 추측하던 것보다 훨씬 오래 전에 존재했을 것이라는 가능성을 가지고 있다고 봐야 한다.[8]

라드는 여기서 **집단적 책임의 법규를 소위 가계의 저주가 아닌 이스라엘의 초기 역사에 있었던 법적 제도와 연관을 짓는다.** 즉 개인적인 책임의 원리와 집단적 책임의 법규가 이스라엘 초기 역사에서 법률적 제도의 한 부분이었음을 보여 주고 있다. 그는 당시 이스라엘과 주위 나라들에서 시행되던 집단적 책임의 법규를 가계의 저주로 동일시한 적이 없다.

이제 다른 신학자의 견해를 살펴보기 전에 한 가지 명백하게 할 것이 있는데, 집단적 책임이라는 용어가 독자들 사이에 오해를 불러일으킬 소지가 있기 때문이다. 즉, 이 용어가 조상이 저지른 죄의 책임을 그 후손이 담당하는 법적인 책임의 이전으로 오해될 수 있다는 것이다. 이러한 오해를 덜기 위해서 더 나은 용어를 취한다면 아마 세계적인 구약학자인 월터 카이저 교수에 의해서 만들어진 '집단적 유대'(corporate solidarity)라는 용어가 적합할 듯하다. 이 용어는 집단적 심판에 관한 성경적인 개념을 적절하게 시사하고 있다고 보여진다. 우리는 이 개념을 다음 부분에서 살펴보게 될 것이다. 아래의 도표는 라드와 가계저주론과의 차이점을 분명하게 보여주고 있다.

라 드	가계저주론
집단적 책임은 이스라엘 역사의 초기와 당시 주변 국가에 존재했던 **법률적 제도**의 하나였다.	집단적 책임은 **가계의 대물림 교리**를 지지한다.
집단적 책임을 가계의 저주와 **결코 동일시하지 않는다.**	집단적 책임을 가계에 대물림 되는 저주와 **동일시한다.**
언약서 어디에도 가족 안에 존재하는 이러한 집단적 책임에 관해 **전혀 언급되어 있지 않다.**	언약서 전체에 걸쳐 이러한 집단적 책임이 **전혀 언급되지 않고 있다는 사실을 결코 말하지 않는다.**

〈표 3.2〉 라드와 가계저주론의 차이점 비교

얼 캘런드 (Earl S. Kalland)

웨스턴 침례신학대학원의 전 학장인 캘런드는 신명기 24장 16절이 가르치는 개인적인 책임의 법규를 해석하는데 있어서 우리에게 값진 통찰력을 제공해 주고 있다. 캘런드에 의하면 개인적인 책임의 법칙은 오직 범죄자 자신만이 그가 저지른 범죄에 대한 심판을 받을 것을 요구한다. 그러나 개인적인 책임의 법칙은 조상의 죄 때문에 그 후손들이 받게 되는 죄의 자연적인 결과들을 배제하지 않는다. 이러한 맥락에서 캘런드는 다음과 같이 말하고 있다.

> "법정이 심판을 선고할 때 기준이 되는 개인적인 책임의 법칙은 오직 범죄자에게만 적용한다. 비록 하나님의 통치하심에 따라 범죄에 따른 수치와 다른 결과들이 그 범죄자의 가족들이나 후손들에게 자연스럽게 따르게 된다 해도 어떤 범죄에 따른 심판은 오직 죄를 범한 당사자에게만 국한된다. 7장 10절의 말씀과 같이 '그가 그를 미워하는 자들의 면전에 갚으실 것이다.' 그러므로 이스라엘은 하나의 공동체로서 자녀들의 죄 때문에 아비를 죽여서는 안 될 것이며, 오히려 '각인은 자신의 죄로 말미암아 죽어야 한다.'"[9]

조상들의 죄로 인한 자연적인 결과들은 조상들의 죄와 상관이 없는 죄 없는 후손들에게 고통을 가져온다. 또한 그 죄 없는 후손들은 조상들이 범한 죄들에 대해서 책임이 있기 때문이 아니라, 조상들과 연대적으로 관계를 맺고 있기 때문에 여러 수준의 고통을 감내하게 된다. 캘런드는 이 중요한 개념을 월터 카이저가 만들어낸 '집단적 연대'(corporate solidarity)라는 용어를 사용해서 다음과 같이 설명한다.

> "우리는 구약성경이 카이저가 집단적 연대라고 칭하는 경험과 직면하도록 우리를 인도하고 있음을 인정해야만 한다. 이러한 상황 속에서 한 그룹이 전체로서 연루되며, 또한 이 그룹 안에서 개인들이 그룹과 함께 심판을 받거나 그룹과 하나가 됨으로써 혜택을 받기도 한다. 예를 들면, 다윗이 밧세바와 더불어 죄를 범한 후에 '내가 여호와께 죄를 범하였노라'(삼하 12:13)고 말했다. 다윗은 자신이 죄를 범한 것을 인정했으나 하나님께서는 칼이 다윗에게서 뿐 아니라 그의 집안에서 떠나지 않을 것이라고 말씀하셨다(삼하 12:10).[10]

캘런드가 지적한 바와 같이 다윗의 후손들은 칼로 인해 고통을 당할 운명에 처하게 되었다. 그러나 그것은 그들이 다윗의 죄에 대해서 책임이 있기 때문이 아니라, 다윗과 집단적으로 관련되어 있었기 때문이다. 사람들은 자신의 범죄로 말미암아 고통을 당할 뿐 아니라 다른 가족들과의 관계 때문에도 고통을 당한다. 캘런드에 따르면 **사람들은 소위 가계에 대물림 되는 저주 때문이 아니라 한 그룹에 소속되어서 다른 사람들과 관계를 맺고 있음으로 인해 고통을 당한다.** 카이저와 같이 캘런드도 이 운명적인 관계를 '집단적 유대'라고 부르고 있다. 그런데 이 '집단적 유대'라는 개념은 다른 관계들에서도 동일하게 적용되어질 수 있다. 실로 사람들은 그들의 조상들의 죄 때문만이 아니라 정치 지도자들이나 동업자들 혹은 남편과 아내나 자녀들 그리고 여러 종류의 다른 사람들의 죄와 잘못 때문에 고통을 당하기도 한다. 이러한 맥락에서 '집단적 유대'라는 용어는 왜 죄 없는 후손들이 그들의 조상들의 죄 때문에 고통을 당해야 하는지에 대한 성경적인 관점을 효과적으로 표현해 준다.

캘런드	가계저주론
하나님은 **개인적인 책임**의 원리를 따라 후손들을 심판하신다.	하나님은 **집단적인 책임**의 원리를 따라 후손들을 심판하신다.
후손들은 조상들의 **죄의 자연스러운 결과**로 인해서 고통을 받는다.	후손들은 조상들의 죄 때문에 야기되어 **대물림 된 저주**로 인해서 고통을 받는다.

〈표 3.3〉 캘런드와 가계저주론의 차이점 비교

존 칼빈(John Calvin)

하나님께서 조상의 죄로 인해서 그 후손들을 심판하시는가? 종교 개혁자 칼빈은 이 질문에 대해 예와 아니오 모두의 대답을 하고 있다. 예라고 할 때는 조상들이 지었던 죄와 같은 죄를 후손들이 되풀이할 때이며, 아니오라고 할 때는 조상들의 죄를 후손들이 되풀이 하지 않는 경우이다. 칼빈은 하나님께서 죄 없는 사람들을 심판하신다는 생각을 부정한다.

> "이것은 가장 진실한 말이다. 하나님께서는 결코 죄 없는 자를 비난하지 않으신다. 세상이 하나님의 심판에 대해서 무어라고 불평을 하든 하나님은 이 사람이나 저 사람을 정죄하실 때 항상 흠이 없으실 것이다."[11]

그러므로 칼빈은 **하나님께서 비록 자신이 죄를 범한 일이 없어도 그들의 조상들의 죄로 인해서 죄 없는 후손들을 저주하신다는 가계저**

주론의 주장을 단호하게 거부한다. 가계저주론자들의 주장을 한 예로 들어보자. 이윤호 목사는 조상들의 죄 때문에 어떤 갓난아이들이 귀신이 들려서 이 세상에 태어난다고 주장한다.

> "축사 사역자의 대부분은 악한 영들이 조상으로부터 후손에게 전래되었다고 주장한다. 나는 왜 하나님이 이것을 허락해 주었는지 정확하게 이해할 수 없지만, 악한 영들은 부모들의 죄를 통해 많은 신생아들에게 침입한다. 따라서 그들은 나면서부터 귀신에 들린 자들이 되었다. 성경에서 '어릴 때부터' 귀신들린 아이가 이 경우에 해당된다(마 17:14~21; 막 9:7~29; 눅 9:37~43)."[12]

여기서 이윤호 목사가 함부로 주장하고 있는 나면서부터 귀신에 들린 자들은 조상의 죄와는 무관한 죄 없는 아이들이다. 그러나 이윤호 목사는 죄 없는 아이들이 귀신에 들리게 된 것은 그 부모들의 죄 때문이라고 주장한다. 따라서 가계저주론은 죄 없는 아이들이 그 부모들의 죄 때문에 하나님으로부터 심판을 받고 저주를 받는다는 것이다. 반면에 칼빈은 하나님께서 부모들의 죄 때문에 죄 없는 자식들을 심판하신다는 생각을 거부한다. 칼빈은 다음과 같이 주장한다.

> "그러나 하나님께서 아비의 죄를 그 아들에게서 갚으실 것이라는 말씀을 하셨을 때 그것은 하나님께서 결코 그러한 심판을 받을 이유가 없는 불쌍한 자에게 보복하실 것이라는 것을 뜻하지는 않는다."[13]

그러므로 전형적인 가계저주론의 옹호자들과는 달리 칼빈은 주의 깊게 에스겔 18장에 있는 개인적인 책임의 원리와 출애굽기 20장 5절-사실상 이 말씀은 개인적인 책임의 원리와 집단적 연대를 동시에 가르치고 있음-에 있는 집단적인 책임의 원리를 관련지으며, 이 양자를 조화시키려고 시도하고 있다. 반면 가계저주론자들은 개인적인 책임의 원리와 집단적인 책임의 원리라는 두 개념의 조화를 무시하거나 왜곡 또는 훼손한다. 후에 이 부분에 관해 가계저주론자들에 의해서 사용되어지는 실례들을 보면서 충분히 생각해 보게 될 것이다.

그렇다면 하나님께서 조상의 죄로 말미암아 후손을 심판하신다는 것을 칼빈이 믿었다는 사실은 마치 칼빈이 극단적인 가계저주론의 견해를 지지하는 것 같이 보인다. 정말 그러한가? 물론 결코 아니다. 이유는 칼빈은 **하나님께서는 오직 후손들이 조상들의 범죄를 답습해서 같은 죄를 반복할 때에만 그 조상들의 죄로 말미암아 후손들을 심판하신다고 주장**했기 때문이다. 칼빈은 다음과 같이 주장한다.

> "후손들이 조상들의 범죄를 모방하는 자들이 됨으로써 그들 역시 공의롭게 심판을 받을 수 있다는 조건 속에서 하나님께서 아비들의 죄를 그 자녀들 및 후손들에게 자유롭게 갚으실 수 있는 것이다."[14]

다른 한편, 가계저주론은 하나님께서 비록 후손들이 죄가 없다 할지라도 조상들의 죄로 인해서 후손들을 저주하신다고 주장한다. 이러한 맥락에서 맥너트는 "비극적인 실제는 저주들이 우리 편에서 아무 잘못이 없어도 우리 위에 임할 수 있다는 것이다"[15]라고 주장한다. 그리고 같은 맥락에서 이윤호 목사는 다음과 같이 주장한다.

> "'공평'이란 세상의 개념은 불행스럽게도 현실적으로 설명하기 매우 어렵다. 실제로 많은 경우 부모의 죄로 인해 수많은 자녀들이 피해를 본다. … 이와 같이 이혼한 부모, 자녀들을 성적으로나 폭력으로 학

대한 부모, 알코올이나 도박이나 담배 등에 대한 중독증이 있는 부모
의 자녀들은 그렇지 않은 부모를 둔 자녀들에 비해 **부모의 죄값을 더
많이 지불해야 할 것이다.**"[16]

칼빈에게 있어서는 후손들이 조상들의 죄로 인해 하나님의 심판을
받는 것은 조상들의 죄를 답습해서 함께 범죄자가 됨으로써 심판을 받
기에 합당하기 때문이다. 그러나 가계저주론자들은 후손들이 조상들의
죄를 답습해서 같은 죄를 범하지 않고 있음에도 불구하고 조상들의 죄
로 인해 하나님의 저주를 받는다고 주장을 한다. 그래서 필자는 2001
년 10월 미주의 《크리스찬 투데이》를 통해서 이윤호 목사와 더불어 지
상 논쟁을 벌일 때 칼빈의 사상에서 가계저주론을 추출해 내는 것은 미
국 헌법에서 공산주의 사상을 뽑아내려는 것과 마찬가지이며, 천당에
서 마귀를 찾으려는 노력과 흡사한 것이라고 반박을 했던 것이다.[17]

칼빈은 사악한 조상들의 후손들에게 임하는 하나님의 응보에 관한
그의 주석에서조차 하나님의 심판의 배경을 주의깊게 설명하면서 '저
주'와 같은 극단적이며 선정적이고 자극적인 용어를 결코 사용하지
않았다. 예를 들어 하나님께서 왜 가나안 사람들을 멸망시키셨는가에
관해서 설명할 때에 칼빈은 선조들의 죄가 400년 간 축적되어 왔음을
주된 이유로 지적했다. 이와 동시에 멸망받은 후손들의 사악함을 지
적하는 것을 소홀히 하지 않았는데, 이로 말미암아 칼빈은 죄에 대한
개인적인 심판의 원리를 강조한 것이다. 이와 같은 주장은 의인들과
선지자들의 피를 흘리는 일에 있어서 책임이 있었던 사람들과, 또한
그 사람들과 동일하게 책임이 있는 그들의 조상의 경우에 동일하게
적용된다. 칼빈은 이에 대해 다음과 같이 말한다.

"하나님께서 가나안 족속을 멸망시키라고 명하셨을 때, 그 당시에 살고 있던 가나안인들은 심판을 받기에 합당한 자들이었음에 틀림없다. 그럼에도 불구하고 하나님께서 그들의 죄악이 아직 충분하지 않다고 예고하셨으므로 하나님께서 400년 간 지체하셨던 심판을 그들 위에 가하셨다고 미루어 짐작할 수 있다. 이러한 근거에서 그리스도께서는 당시의 유대인들이 아벨의 피로부터 바라갸의 아들 사가랴의 피까지 그 동안 흘려진 모든 피에 대해서 책임이 있다고 선언하신 것이다(마 23:35)."[18]

가나안 족속의 후손들에게 임한 마지막 심판은 수백 년간 지체된 것이었다. 예수님 당시의 유대인 후손들에게 임한 심판도 역시 수천 년간 지체된 것이었다. 그렇다면 이러한 계획에 포함된 세대는 열 혹은 그 이상의 세대들로 확대될 수 있는 것이다. 이에 반해서 출애굽기 20장 5절은 하나님의 심판의 연장을 삼, 사대까지로 언급하고 있다. 이에 더해서 최종적인 심판을 받을 당시 가나안과 이스라엘은 그저 하나의 가족 그룹이 아니라 구별된 종족으로서 매우 큰 무리를 이루었다. 그러므로 그들에 대한 심판은 가족적인 심판이 아니라 국가적인 심판으로 간주되어야만 한다.

따라서 칼빈은 이러한 예증들 가운데에서도 한 가계 안에서 저주의 대물림을 주장하는 가계저주론을 지지하지 않는다(가계저주론의 가장 큰 문제 중 하나는 가계에 대한 정의가 분명치 않다는 것이다. 가계저주론자들은 한 가계 혹은 가문을 한 국가의 범위까지 확대하는 논리적 오류에 종종 빠지곤 한다). 그런데 칼빈이 하나님의 심판의 섭리 속에서 개인적인 책임의 원리와 집단적인 심판의 원리를 동시에 보려고 했을 때 당혹스러운 감정을 피할 수 없었다. 그래서 칼빈은 이러한 맥락에서 다음과 같이 기록하고 있다.

"하나님께서 각인이 응분의 벌을 받도록 하셔야만 한다는 것과 동시에 조상의 죄를 후손들에게서 요구하신다는 사실을 기꺼이 동의하는 것이 어렵다면 하나님의 심판은 심오한 깊이를 가지고 있다는 것을 기억해야만 한다. 그러므로 하나님의 처분을 이해할 수 없다고 할지라도 우리는 진지함과 경외감을 가지고 하나님의 처분에 고개를 숙여야만 한다."[19]

개인적인 책임의 원리와 집단적 책임의 원리라는 두 개념은 성격상 상반되는 것이기 때문에 칼빈이 이러한 결론에 도달하게 된 것은 불가피한 것이다. 칼빈은 출애굽기 20장 5절은 하나님께서 한 죄인을 집단적 책임의 원리를 따라 심판하신다는 것을 가르치고, 에스겔 18장은 하나님께서 한 죄인을 개인적인 책임의 원리에 따라서 심판하신다는 것을 가르치고 있다고 믿었다. 칼빈은 두 원리를 다 보았지만 서로 상반되는 두 개념을 조화시킬 수 없었다. 그래서 그는 하나님의 심판에 관한 이해할 수 없는 섭리를 있는 그대로 놓아 둔 것이다. 칼빈은 현대의 성경 주석가들처럼 죄의 결과와 죄의 책임을 구별하지 않았다. 결국 이 문제를 '진지함과 경외심'을 가지고 이해할 수 없는 신비의 자리에 놓아둔 것이다.

그렇다면 무엇이 칼빈과 가계저주론자들을 구별시키는가? 칼빈은 하나님께서 비록 집단적 책임의 원리를 따라 범죄한 조상의 후손을 심판하실 때에라도 범죄한 조상의 죄를 모방하지 않는 죄 없는 후손을 심판하시지 않는다고 이해했다. 그 대신 하나님은 조상의 죄들을 모방하고 답습하며 되풀이해서 같은 죄를 짓는 사람들, 즉 심판을 받기에 합당한 자들을 심판하신다고 보았다. 하나님께서 사람들을 집단적 책임의 원리를 따라 심판하실 때에도 개인적인 책임의 원리를 제쳐두지 않으신다는 것이다.

반면에 가계저주론자들은 하나님께서 집단적 책임의 원리를 따라 범죄한 조상의 죄를 그들의 후손에게 갚으실 때에 조상의 죄와는 무관한 죄 없는 후손마저 벌하신다고 보았다. 그러므로 하나님께서 집단적 책임의 원리를 따라 사람들을 심판하실 때에 하나님은 개인적인 책임의 원리를 무시하신다는 말이다. 따라서 가계저주론은 집단적 책임의 원리를 강조하기 위해서 개인적인 책임의 원리를 부정한다. 부모의 죄를 답습해서 반복할 여유가 전혀 없는 갓난아이가 부모의 죄 때문에 귀신이 들려서 태어난다는 가계저주론자들의 주장은 이러한 과오에 대한 대표적인 예가 된다. 바로 이것이 가계저주론의 실체인 것이다.

가계저주론자들은 그들이 애호하는 견해를 강조하기 위해서 하나님의 말씀의 확실한 원리들을 무시하거나 왜곡하거나 파괴한다. 이것은 매우 잘못된 것이다! 한편, 칼빈은 자신이 충분히 이해할 수는 없어도 성경의 두 가지 다른 원리들을 붙들고 '진지함과 경외감' 속에 고개를 숙인다. 이러한 점이 칼빈을 가계저주론자들로부터 구별되게 하는 것이다. 그리고 이러한 차이는 매우 극명한 것이다.

그런데 하나님께서 죄 없는 사람들을 심판하신다는 생각을 칼빈이 거부하는 반면, 가계저주론자들은 옳다고 주장한다는 사실은 필연적으로 다음의 논거로 이끌어간다. 즉, 칼빈에게 있어서는 하나님께서 심판을 받기에 합당한 자들을 심판하시기 때문에 하나님의 심판에 대해서 사람들이 하나님을 비난할 수 없다는 것이다. 다른 한편, 가계저주론자들에게 있어서는 하나님께서 다른 사람들의 죄 때문에 무죄한 사람들을 심판하시기 때문에 하나님의 심판에 대해서 사람들이 비난할 수 있다는 것이다(그들은 감히 이런 주장을 하지는 않지만 그들의 허구적인 논리는 필연적으로 이렇게 귀결될 수밖에 없다). 그러나 칼빈은 에스겔 18장 1~4절까지의 주석에서 이 문제를 논하면서 왜 하나님의 심판에 대해서 사람들이 비난할 수 없는지에 관해 다음과 같이 주의 깊게 근거를 세우고 있다.

> "그러므로 한두 세대가 아니라 네다섯 세대에 이르기까지 너희의 고집이 하나님의 선하심과 더불어 싸움을 계속했음으로 하나님께서 더 이상 너희를 용서하실 수 없다. 이렇게 선지자들이 경멸을 뿌린 불경건한 그들 조상들의 죄악들을 한 데 모았으므로 우리가 우리 조상의 죄값을 갚아야만 한다. 그들이 하나님을 진노케 하였다. 그러나 우리가 그들이 받아야 할 심판을 받는 것이다. 그 선지자는 이제 이러한 불공평함에 관해서 그들에게 확신을 시켜 주며 그들이 자신들의 잘못을 다른 사람들에게 미루고 자신들로부터 도피할 이유가 없다는 것을 보여 준다. 그 이유는 하나님께서 그들을 심판하실 때 의로우시기 때문이다.[20]

칼빈은 여기서 하나님은 심판을 받기에 합당한 사람들을 심판하시기 때문에 사람들이 하나님을 비난할 수 없음을 강력히 논하고 있다. 죄 많은 조상을 둔 후손 위에 임하는 하나님의 심판이 불공평하다고 사람들이 비난할 근거가 전혀 없다고 말하고 있다. 조상의 죄를 답습해서 같은 죄를 범하는 사람들만이 비난을 받아야만 한다는 것이다.

한편 가계저주론자들은 하나님을 비난한다. 물론 그들이 공개적으로 하나님을 비난하지는 않지만 하나님의 심판의 불공평함을 은밀하고 실제적으로 비난하고 있다. 예를 들어 크래프트는 '내주하는 악령에 의해서 심히 손상된 사람들'을 돌보면서 솔직하지만 우회적으로 하나님과 자신과 사람들과 사단에 대한 자신의 감정을 다음과 같이 드러낸다.

> "내가 '악령을 대물림 받은' 사람들을 대할 때 그것은 내게 **지속적이고 개인적 갈등**이었다. 갓난아이가 이미 귀신이 들린 채로 세상에 태어나는 것이 **불공평한 것 같이 보이지만,** 이것이 바로 우리가 직면하는 것이다. 이러한 사람들을 돌보는 우리들은 끊임없이 우리의 **질문들과 혼돈과 분노**를 주님께 맡겨야만 한다."[21]

크래프트는 여기에서 사람들을 향한 부드럽고 따뜻한 마음을 보여주는데, 이것은 칭찬할 만하다. 그러나 크래프트는 '질문들과 혼돈과 분노' 가운데 하나님의 뜻을 이해하는 데 있어 자신의 개인적인 갈등을 은밀하고 무의식적으로 드러내고 있다. 그는 공개적으로 하나님의 불공평한 심판을 비난하지 않는다. 그러나 그는 은밀하게 하나님의 심판의 동기에 관해서 의문을 제기하고 있는데, 이것은 하나님의 심판의 적합성에 대한 의문을 실제적으로 제기하고 있는 것이다. 이것은 단순히 피할 수 없는 결론을 회피하는 한 방도에 지나지 않는다.

사실상 개인적인 책임의 원리를 무시하는 크래프트의 신학적 입장은 조상의 죄로 인해서 죄 없는 후손을 심판하시는 하나님을 비난하도록 자신을 이끌어간다. 크래프트의 견해는 에스겔서 18장 2절에서 "아비가 신 포도를 먹었으므로 아들의 이가 시다"라고 주장한 이스라엘 사람들의 잘못된 신학적 견해를 그대로 반영하고 있다. 이러한 잘못된 견해에 관한 하나님의 반응은 준엄하고 분명했다. 하나님은 이스라엘 사람들이 이러한 잘못된 속담을 사용하는 것을 중단하라고 명하셨다. 찰스 파인버그가 정확하게 지적을 한 바와 같이, 하나님께서 이렇게 명하신 이유는 바로 이러한 잘못된 속담을 사용하는 것 자체가 하나님께서 공정하지 않으시다는 것을 포함하고 있기 때문이다.[22]

칼빈을 현대의 극단적 가계저주론자들과 구별시켜 주는 또 다른 점은 심판이나 저주의 주체에 관한 개념의 차이에서 찾아볼 수 있다. 칼빈은 하나님만이 심판이나 저주를 내릴 수 있다고 믿었다. 그는 출애굽기 20장 5절을 해석하면서 하나님께서 죄 많은 조상의 후손을 어떻게 심판하시는가에 관해 두 가지로 설명한다. 한 가지는 이미 이전의 인용에서 설명한 바와 같이 하나님께서 심판을 직접 그들 위에 내리시는 것이다. 또 다른 방법은 하나님께서 그들이 자신들의 사악한 길 가운데 행하도록 방치하시고 또 자신들의 죄악 속에서 멸망하도록 내버려두시는 것이다. 이에 대해 칼빈은 다음과 같이 말하고 있다.

> "경건치 않은 자의 후손의 눈을 멀도록 하실 때마다 하나님은 그들을 배척의 상태(*conjicit in sensum reprobum*)에 던져버리시며 미침과 어리석음의 영으로 그들을 치신다. 그렇게 해서 그들이 더러운 욕망에 자신을 방임하게 하고 그들의 멸망을 촉진시키신다. 이러한 방법으로 조상의 죄를 그 후손에게 갚으시는 것이다."[23]

다시 말해 칼빈은 하나님은 심판의 유일한 주체로서 직접적인 심판과 방임을 통해서 악한 자들을 심판하신다고 믿었다. 그리고 심판이나 저주는 하나님께서 이 세상을 통치하시는 일에 있어서 그가 사용하시는 도구 중 하나이다. 그래서 칼빈은 하나님이 주권을 행사하심에 있어서 저주를 하나님의 고유 사역으로 설명한다. 한편 가계저주론자들은 심판이나 저주를 '능력'이라는 개념과 동일시하려고 한다. 에드 머피는 『영적 전쟁을 위한 핸드북』이라는 그의 책에서 "구약성경에 있는 저주는 능력 개념으로서 저주받은 대상이나 사람이나 장소를 향해서 부정적인 영적 능력을 풀어놓는 것이다. 이것은 하나님께서 저주하실 때에라도 그러하다. … 저주는 하나님의 심판의 능력을 풀어놓는 것이다. 그렇기 때문에 저주가 하나님에 의해서 활성화될 때에라도 나는 그것을 부정적인 영적 능력이라고 부른다"[24]라고 했다. 그러나 머피는 '부정적인 영적 능력'으로서의 저주는 네 가지 출처를 가지고 있다고 주장한다.

> "저주는 네 가지 출처에서 오는데, 즉 하나님과 하나님의 종과 영적 세계와 사탄이 종과 같이 부리는 사람이다. 이러한 네 가지 출처 모두가 저주받은 사람이나 대상을 향해서 영적인 에너지를 풀어놓는다"[25]

이 말은 '부정적인 영적 능력'으로서의 저주는 사단이나 그가 부리는 인간 하수인들에 의해서 임의로 조작되고 지배될 수 있다는 것이다. 그렇다면 우리기 시는 세상은 얼마나 위험한 곳이 되어 버리는기! 만약 이것이 사실이라면 사람들은 파괴적이며 강력한 어둠의 세력과 끊임없이 저주의 혈투를 벌이며 사는 전쟁터에 내던져진 존재와 같아진다. 이 얼마나 불안한 세계관을 반영하고 있는가! 머피의 다음 설명은 이러한 세계관을 잘 반영하고 있다.

> "아프리카로 간 어떤 선교사가 이상하게 아프기 시작하더니 무서운

속도로 체중을 잃어가고 있었다. 의사들은 어쩔 줄을 몰랐다. 그녀는 음식을 더 많이 먹어 보았지만 그녀의 몸은 취한 음식에서 영양분을 흡수하지를 못했다. 마침내 그녀는 치료를 받기 위해 그녀의 고향인 캐나다로 보내졌다. 치료는 도움이 되지 않았다. 그녀는 점점 더 나빠졌다. … 그녀는 존 화이트 박사와 론 불루가 목회하던 교회의 모임에 참석하기 시작했다. 그리고 하나님께서는 그녀의 문제의 근원이 신체적인 것이 아니라 영적인 것임을 보여주셨다. 기도하는 중에 저주가 그녀에게 놓여 있음을 발견하게 되었다. 저주가 깨어졌을 때 그녀의 몸은 정상적으로 기능할 수 있었다. 그녀는 치유된 것이다.[26]

이 얼마나 두려운 이야기인가! 이 여자 선교사는 '부정적인 영적 능력'으로서의 저주로 말미암아 고통을 당했다. 머피는 이 저주가 악령에 의해 조작되었는지 혹은 하나님에 의해서 주어진 것이었는지에 관해서는 말하지 않았기 때문에 그 출처에 관해서는 아무도 모른다. 아마 크래프트가 이 시점에 도움이 될 수 있을지 모른다. 이윤호 목사가 자신의 책에 첨부한 크래프트의 글에서 "사단이 신자들에게 저주를 보낼 수 있는 능력이 있는가? 불행하게도 답은 '그렇다'이다. 나는 저주의 표적이 된 이후 많은 선교사들이 끔찍한 일들을 당했다는 말을 들어왔다"[27]라고 말한다. 아마도 머피는 크래프트가 말한 동일한 것을 말하려고 했던 것 같다. 즉, 사단이 그 여자 선교사를 저주했다는 것이다. 머피의 이야기에 의하면 그 여자 선교사는 저주가 깨어지지 않았다면 아마 죽었을지 모른다고 했다. 이것은 매우 두려운 생각이다.

그런데 여자 선교사의 이야기에는 수많은 수수께끼와 의문점들이 있다. 왜 그 여자 선교사는 이상하게 아프기 시작했을까? 그녀의 영혼에 어떤 영적인 문제와 죄가 있었을까? 누가 그녀를 저주했는가? 악령이 그리스도인들을 저주하도록 하나님께서 허락하신다는 이 주장은 과연 성경적인가? 왜 저주는 깨어져야만 했는가? 그 저주가 영적 세계나 혹은 사단이 부리는 사람들에 의해서 주어졌기 때문에 깨어져야만 했는가? 만약 악령에 의해서 그녀에게 주어진 저주가 깨어져야 치유가 된다면 왜 사단에 의해서 욥에게 주어진 저주-필자는 여기서 가계저주론자들이 쓰는 용어를 빌어 사용하고 있으며, 필자 개인적으로는 '저주'라는 용어 대신 '사단의 공격이나 시험'이라는 용어가 더 타당하다고 여긴다-가 깨어져서 그가 저주에서 풀려났다고 하는 성경적 설명을 찾아볼 수 없는가?

머피의 이야기에는 여러 가지 이상하고 이교도적이며 비성경적인 개념들이 포함되어 있다. 그러나 한 가지 분명한 것이 있는데, '부정적인 영적 능력'으로서의 저주가 악령이나 사단이 부리는 인간 하수인들에 의해서 조작되고 조종될 수 있다고 주장하는 것이다. 크래프트는 "만약 어떤 사람이 자신을 저주했다면 그는 자신에게 놓여진 그 저주를 취소해야만 한다"[28]고 말함으로써 머피의 견해를 확증해 주고 있다. 또한 크래프트는 축복과 저주가 그것을 사용하는 사람들의 소유물이며, 그것은 법치이라고 주장함으로써 그의 이론을 한층 합리화시키고 있다.[29]

물론 그는 하나님께서 저주를 허락하신다고 인정하지만, 그의 총체적인 주장은 하나님께서 악령과 악한 인간들에게 저주할 수 있는 권세를 허락하셔서 그들이 자기 멋대로 이러한 권세를 사용하고 있으며, 또한 사람들이 하나님께 도움을 호소하거나 혹은 저주를 깨뜨리는 권세를 사용할 때까지 혼돈 속에서 침묵을 지키고 계시는 분으로 묘사하고 있다.[30] 실로 머피나 크래프트는 사단이나 그가 부리는 하수인들이 자기 멋대로 사람들의 삶에 저주를 쏟아 부을 수 있다고 주장함으로써 이 세상을 불안전하고 어지러운 거대한 혼돈의 세계로 묘사하고 있다. 이들은 영적 전쟁의 치열함과 대적의 능력을 부각시키기 위해서 궁극적으로 영적 전쟁을 통제하시며 신자의 편에 가까이 서 계셔서 도우시는 하나님의 은혜와 능력과 주권에 대한 관심과 강조를 소홀히 하고 있다. 가계저주론자들의 이러한 시도는 영적 전쟁에 관한 성경적 가르침을 깨뜨리고 심히 손상시키고 있다.

한편 칼빈은 저주가 하나님께서 그의 세계를 통치하시는 한 방편으로서 오직 하나님께만 귀속되는 권한 안에 있음을 말하고 있다. 그렇기 때문에 이 세상이 질서와 안전과 목적을 지닌 하나님의 주권에 의해서 통치되고 있다는 것을 명백히 한다. 이러한 세상에서 하나님은 보좌에 앉아 계시며, 시험과 고난의 한계를 정하시며, 악한 대리인들을 철저히 통제하고 계시며, 원하시는 대로 이 세상을 주장하고 계시는 것이다. 이러한 맥락에서 총신대학의 정훈택 교수는 《목회와 신학》에 기고한 글에서 다음과 같이 쓰고 있다.

> "그러나 효과면에서 보면 사람의 축복이나 저주는 어느 것 하나 그 자체로 이루어지는 것이 없다. 성경은 처음부터 세상과 우주를 다스리시는 분은 하나님이시라고 가르쳐 왔다. 하나님이 세상을 창조하시고 모든 법칙을 주셨으며 언제나 친히 자신의 피조계를 다스리신다고 믿도록 요구해 왔다. 인생의 생로병사 등 모든 것을 주시고 거두어 가시는 분은 여호와 하나님뿐이라는 사실은 기독교 신앙의 출발점이다. … 따라서 축복이나 저주는 궁극적으로 사람들을 다스리

시는 하나님의 일을 지시하는 용어이다. 사람을 향한 사람의 축복이나 저주는 하나님께서 그것을 들어 주실 때 현실로 나타나고 축복의 말, 저주의 말에 상응하는 결과로 나타난다. 하나님께서 사람들의 말을 들어 주지 않으시는 한 사람을 향한 사람의 축복, 사람을 향한 사람의 저주는 무심코 내뱉는 한 마디 덕담이나 한 마디 욕설에 지나지 않는다.[31]

저주의 주체와 원인에 대한 칼빈의 신학적 관점과 가계저주론자들의 견해의 차이는 실로 크다고 할 수 있다. 칼빈은 오직 하나님께서만 후손들을 저주하실 수 있는데, 조상들의 죄가 채워지고 그 후손들이 조상들의 죄를 답습해서 같은 죄를 반복할 때에만 그렇게 하신다고 주장한다. 달리 말하면 오직 하나님만이 저주의 주체가 되시며, 하나님이 저주하시는 이유는 선조들과 그 후손들 모두의 죄 때문인 것이다. 이에 반해 가계저주론자들은 저주의 주체가 여럿이며 후손들의 삶에 임하는 저주의 원인도 다양하다고 가르친다.

예를 들어 출애굽기 20장 5절을 해석하면서 맥너트는 가계에 흐르는 저주의 원인들을 우상숭배나 죄뿐만 아니라 다른 사람들의 저주에서도 찾아낸다. 그는 "가계에 흐르는 저주의 주요한 원인들은 다음과 같다. … 2) 만약 어떤 가족이 다른 사람에 의해서 저주를 받았다면"[32]이라고 주장한다. 그러나 출애굽기에서는 후손에게 임하는 고통이 다른 사람의 저주 때문이 아니라, 하나님을 미워하는 사람들–조상과 후손을 모두 포함해서–의 죄 때문이라고 말하고 있다. 그러므로 이것은 성경 본문에 자신의 생각을 함부로 집어넣은 의도적인 행위인 것이다. 다른 한편, 이윤호 목사는 저주의 원인들을 다음과 같이 나열하고 있다.

1. 제사, 점 및 푸닥거리 등의 우상 숭배 및 사술, 비술에 참여
2. 도덕적, 윤리적 죄-성적 범죄, 학대, 부모에게 불효하거나 불공경
3. 사탄과의 맹세, 계약, 헌신 혹은 자녀들의 이름을 절에 올리거나
   타인 혹은 바다 등에 판 경우
4. 불교, 유교 등 다른 종교에 심취, 기독교 이단 혹은 사교 집단, 조
   상 중 박수, 무당, 점쟁이의 존재 여부, 조상 중 타종교의 지도자
5. 전쟁, 대형 화재, 홍수, 기근, 전염병 및 지진 등 자연 재해 등 조
   상이 당한 참혹하고 끔찍한 재앙, 전쟁, 참혹한 일을 경험한 조상,
   이로 인한 두려움이나 충격이 후손에게 전수됨
6. 조상이 자신들 및 후손에 대한 저주 혹은 타인에 의한 저주
7. 하나님 외에 다른 신들의 도움, 힘, 유익, 권리를 받거나, 조상 혹
   은 본인의 신비함 경험을 얻은 경우-(기)치료, 물질, 재능, 출세,
   결혼, 출산 및 특별한 소원을 이룸[33]

이러한 저주의 원인 중 여섯 번째는 자신과 타인이 자신에게 부과
한 저주를 포함한다. 이후에 이러한 개념과 다른 개념들을 자세히 살
펴보겠지만, 여기에서 간단히 스스로가 자신에게 부과한 저주에 관해
서 생각해 보도록 하자.

자신이 부과한 저주에 관해서 이윤호 목사가 "학자로서 목사, 교육
가, 상담자 및 세미나 인도자 등의 다양한 경력을 가지고 전 세계에
널리 알려진 순회사역자"[34]라고 소개한 데렉 프린스가 사용한 흥미로
운 예를 살펴보자. 프린스는 "자신에게 부과한 저주들"이라는 제목을
가진 장에서 다음과 같은 아리송한 예를 들고 있다. 그는 "지난 장에
서 보았던 예화들 가운데 잭은 그의 아내에게 '나는 당신의 요리 솜씨

에 넌더리가 난다' 라고 말을 했다. 그는 이 말을 내뱉음으로 부지불식간에 자신에게 소화 장애의 저주를 부과하였는데, 이것이 나머지 생애 내내 그를 괴롭혔다. … 이 예화를 명심하고 *자신에게 부과한 저주*가 미친 모든 영역을 철저하게 점검하는 시간을 지금 갖도록 하자"[35] 라고 말했다.

프린스는 여기서 소위 '소화 장애의 저주'를 부인에게 던진 남편의 심한 말과 연관짓는다. 이 예화 중에 프린스는 "그는 이후에도 여러 차례 이 말을 여러 형태로 반복했다"[36]라고 말함으로써 자신이 한 말의 정당성을 옹호하고 있다. 이 예화는 어떤 사람, 아마도 프린스 자신에 의해서 상상되고 쓰여진 것 같다. 이 예화의 대본은 이렇게 계속 진행된다. 프린스는 이어서 남편의 모욕을 받은 그 불쌍한 부인에게 내려진 저주에 관해 다음과 같이 묘사한다.

> "그러나 잭에 의해서 선언된 저주는 메리의 나머지 평생을 걸쳐 따라다녔다. 그녀는 다른 분야에서 재능이 있고 성공적이었지만 요리는 결코 성공적으로 배우지 못했다. 그녀가 부엌에 있을 때마다 그녀의 자연적인 능력을 방해하는 어두운 무엇이 그녀를 뒤덮었다. 그녀를 위한 오직 하나의 해결책이 있는데, 그것은 남편이 그녀에게 저주를 내렸다는 것과 그녀 스스로 하나님께서 주시는 자유를 찾아야 한다는 사실이다."[37]

이 예화는 남편의 계속된 심한 말이 마침내 자신과 그 말을 들은 부인에게 저주로 임했다는 것을 보여준다. 어쩌면 이 이야기는 긍정적으로 이해될 수도 있을 것이다. 즉 계속되는 잔인한 말이 말을 하는 사람이나 듣는 사람 모두에게 영적 · 정서적 · 심리적으로 뿐만 아니라 신체적인 해로운 결과를 가져올 수 있다는 것으로 이해할 수도 있다. 그러나 이 이야기는 저주를 부각시키기 위해 사용된 것으로, 남편의 신체적 병과 부인의 음식 솜씨가 나쁜 것을 저주와 동일시하고 있다. 또한 저주가 어떻게 불완전하고 죄 많은 사람들에 의해서 자기 멋대로 위험천만하게 역사하고 있는가를 설명하고 있다.

이 예화는 유일하게 저주할 권리를 소유하시고 있는 하나님에 대해서는 전혀 언급도 없고 주의를 기울이지도 않는다. 이 예화의 세계관 속에서 저주는 마치 로마 신화에 나오는 큐피드의 화살처럼, 저주의 줄을 당겨 쏘는 자 어느 누구든 자신이 원하는 상대방에게 저주의 독화살을 날려 보내 치명적인 저주의 상처를 입힐 수 있는 것으로 묘사되고 있다. 프린스의 예화에서는 이 화살이 증오와 파괴의 화살인 것이다.

에드 머피의 저주받은 여자 선교사의 예화와 같이 이 예화에 나타난 세계관은 홀로 저주를 관리하시며, 통제하시며, 제한하시며, 내리시기도 하는 하나님에게 전혀 관심을 두지 않는 불안하며, 위험하고, 불안정한 무정부 상태를 드러내고 있다. 실로 이렇게 불안하고 혼돈된 세계관은 칼빈의 질서 있고 안정된 하나님의 주권 중심의 세계관과 극적으로 대조를 이루고 있다. 이 엄청난 차이는 저주의 주체와 원인에 대한 극명한 차이에서 비롯된다. 칼빈에게 있어서 하나님이 홀로 저주의 주체가 되시며, 하나님께서 저주하시는 유일한 원인은 조상들과 그 후손들 모두의 죄이다. 이에 반해 가계저주론자들은 저주의 주체가 여럿이며, 후손에게 임하는 저주에는 다양한 원인이 있다고 가르치고 있다. 물론 이러한 주장은 성경에 나타난 가르침이 아니라 자신들의 상상이나 체험에서 온 것들이다.

칼빈	가계저주론
하나님은 **오직 악한 후손만**을 벌하신다.	하나님은 **죄 없는 후손**도 저주하신다.
하나님은 후손들이 **조상들의 악을 본받아서 같은 악을 행할 때**에만 그들 위에 조상들의 죄를 갚으신다.	하나님은 후손들이 **조상들의 죄를 본받지 않고 의롭게 살아도** 조상의 죄를 그 죄 없는 후손들에게 갚으신다.
하나님께서 집단적 책임의 원리를 따라 심판하실 때에라도 **개인적인 책임의 원리를 배제하지 않으신다.**	하나님께서 집단적 책임의 원리를 따라 저주하실 때 **개인적인 책임의 원리를 무시하신다.**
하나님은 악한 후손들을 심판하시는데 조상들의 죄가 차고 그들 또한 조상들의 악을 본받아 같은 악을 행할 때에만 그렇게 하신다.	**하나님, 마귀, 자신 혹은 타인**이 조상이나 후손의 죄나 끔찍한 사건 혹은 희생 제물로 바치는 일 등을 통해서 사람들을 저주할 수 있다.
저주는 **오직 하나님에 의해서만** 부과되고 조정되는 하나님만의 고유한 역사로서 이 세상을 통치하시는 하나님의 주권적 행위인 것이다.	저주는 **하나님, 마귀, 자신 혹은 타인**에 의해서 부과되거나 조작될 수 있는 능력이나 영향력이다.
하나님께서는 심판받기에 합당한 후손들을 심판하시므로 사람들이 **하나님의 심판을 비난할 수 없다.**	**사람들이 하나님의 심판을 사실상 비난할 수 있는데**, 그 이유는 하나님께서 다른 사람의 죄 때문에 죄 없는 사람들을 심판하시기 때문이다.
하나님은 후손들이 **하나님을 순종할 때** 그 조상들에게 내리신 저주를 철회하신다.	하나님은 의로운 후손들이라도 조상들의 **죄를 발견해서 고백하기 전까지 결코** 저주를 철회하지 않으신다.

〈표 3.4〉 칼빈과 가계저주론의 차이점 비교

카일과 델리취(Keil & Delitzch)

카일과 델리취는 칼빈의 견해와 거의 동일한 입장을 취하고 있다. 카일과 델리취는 칼빈과 같이 후손들이 조상들을 본받아서 그들의 죄를 반복할 때 조상들의 죄의 책임을 지고 고통을 받을 수 있다고 말한다. 그들은 "자녀들이 그들의 아비의 죄를 채우므로 자신들의 죄와 조상들의 죄 모두에 대해서 심판의 고통을 당한다"(레 26:39; 사 65:7; 암 7:17; 렘 16:11; 단 9:16)[38]라고 주장한다. 즉 조상들과 같이 죄를 짓고 있기 때문에 처벌을 받기에 합당한 후손들만을 하나님이 심판하신다는 것이다.

가계저주론자들과 달리 카일과 델리취는 하나님께서 조상의 죄를 그들의 죄와는 무관한 후손들에게 갚으신다고 믿지 않는다. 칼빈과 같이 카일과 델리취는 개인적인 책임의 원리와 집단적인 책임의 원리를 동시에 강조한다. 그들은 후손들이 자신들의 죄를 회개-가계저주론자들은 조상들의 죄를 회개하라고 한다-하면 하나님께서는 즉시 그들을 용서하시며 그분의 심판을 억제하시고 그들의 불행을 축복으로 바꾸신다고 믿는다.

> "그러나 하나님께서 세상을 통치하실 때 숙명적인 것은 전혀 존재하지 않는다. 선과 악의 계속되는 결과에 대해 그 어떤 저항할 수 없는 필요가 존재하는 것이 아니다. 죄인이 심판에 대해 곰곰이 생각해 보게 되고 결국 하나님의 음성에 귀를 기울일 때 심판의 과정을 억제하실 뿐 아니라 그분을 사랑하는 자들의 죄와 불의를 용서하시며 천대에 이르기까지 긍휼을 베풀어 주시는 의로우시며 은혜로우신 하나님께서 세상을 다스리시는 것이다(34:7)"[39]

카일과 델리취는 조상의 죄를 따르던 후손들이 자신들의 죄를 회개하면 하나님께서는 곧 용서하시고 축복하신다고 말한다. 이 가르침은 후손에게 저주를 초래한 조상의 죄를 찾아내어 용서를 구하라는 가계저주론의 주장과는 전혀 상반된 내용이다. 이윤호 목사는 "살아 있는 후손은 조상의 죄로 인한 피해자이지만, 조상의 죄를 처리할 책임이 있다. 조상의 죄를 처리하는 방법은 당신이 조상의 죄를 인정하고 회개하는 것이다"[40]라고 주장한다. 또한 이러한 자신의 생각을 구약성경에 있는 다니엘과 느헤미야와 또한 그들의 기도를 통해서 뒷받침한다(단 9:5-6, 11, 16, 20; 느 1:6; 9:2).

그러나 다니엘과 느헤미야는 자신들의 가까운 가족들을 위해서 기도한 것이 아니라 모든 이스라엘 사람들, 즉 하나님의 언약의 백성을 위해서 기도하고 있다. 그들은 하나님 앞에서 자신들의 가문을 위해서 기도한 것이 아니라 이스라엘 모든 사람들을 대표해서, 그리고 그들을 위해서 기도한 것이다. 다니엘과 느헤미야의 집단적 회개 또는 동일시 회개의 역할에 대해서 탈봇 신학교 신약학 교수이자 영적 전쟁의 권위자인 클린턴 아놀드 박사는 "그럼에도 불구하고 다니엘은 죄 많은 그의 백성과 동일시해서 집단의 대표로서 하나님께 죄를 고백하고 있다. … 하나님의 사람들을 대표한 이러한 지도자들은 앗수르나 바벨론 혹은 메대나 바사인들과 동일시해서 그들의 죄를 고백한 것이 아니다. 그들은 오직 하나님과 언약 관계를 맺은 백성을 위해서만 회개를 한 것이다"[41]라고 주장한다.

아놀드에 의하면 다니엘과 느헤미야는 하나님과 언약 관계에 있는 백성이라는 집단을 위해서 또한 그 집단을 대표하여 기도하고 있는 것이다. 달리 말하면, 자신들의 가족이나 가문을 위해서 기도하는 것이 아니라 이스라엘 사람 전체 또는 하나님과의 언약 관계에 있는 백성을 위해서 기도하고 있는 것이다.

이에 반해 이윤호 목사는 그 기도의 예들은 가계에 흐르는 저주를 회개하는 기도에 대한 자신의 생각을 뒷받침한다고 주장한다. 여기서 이윤호 목사가 말하는 가계는 삼, 사대를 거슬러 올라가는 가계의 족보를 말하는 것이다. 이 말이 사실인 것은 이윤호 목사는 다니엘과 느헤미야의 기도와 연관지어서 사람들에게 그들 위의 삼, 사대에 이르는 조상의 죄를 찾아내도록 요구한 사실에서 입증된다. 이윤호 목사는 "이제 당신과 배우자 및 삼, 사대 조상의 가계도를 작성하여 그들에게 미친 저주의 증상 및 원인을 파악하라"[42]고 요구한다. 그리고는 하나님과의 언약 관계에 있는 백성 모두를 위한 기도를 적고 있는 성경 본문에서 가계의 삼, 사대에 이르는 조상의 죄에 대하여 용서를 구하는 기도를 찾아내고 있다.

여기에서 우리는 성경 본문의 문맥을 무시하고 왜곡하는 성경 해석의 유형을 발견할 수 있다. 또한 이윤호 목사의 주장에 포함된 다음과 같은 이상한 교리를 주목하게 된다. 즉, 왜 조상들의 죄를 반복하여 범하지 않는 무죄한 후손들이나 피해자들이 자신들에게 아무런 책임이 없는 조상들의 죄를 회개해야만 하는가? 왜 그들의 아버지나 할아버지나 증조할아버지가 범한 우상 숭배의 죄를 짓지 않는 헌신된 그리스도인들이 조상이 범한 우상 숭배의 죄를 회개하고 용서를 구해야만 하는가? 이렇게 이상한 교리에 대한 성경적인 근거는 무엇인가?

이렇게 이상한 교리를 지지하는 성경적 근거는 어디에서도 찾아볼 수 없다. 이에 더해 이윤호 목사는 "나는 신디 제이콥스와 같이 호주의 짐 나이팅게일이 '우리는 조상의 죄를 대신해서 회개하는 것이 아니고, 조상의 죄 때문에 회개하는 것이다'라고 한 말에 전적으로 동의한다"[43]라고 말한다. 이렇게 말하는 이유는 조상의 죄를 대신해서 회개하는 것은 성경적으로 뒷받침할 수 없다는 것을 알기 때문이다. 반면 조상의 죄 때문에 회개하는 것은 다니엘과 느헤미야가 이스라엘을 위해서 기도한 경우를 한 가계에 속한 조상의 죄를 위한 회개기도로 바꾸어 적용할 수 있다고 생각하기 때문이다.

그러나 성경에서는 회개할 필요가 없는 사람이 회개한 경우와 다른 사람 때문에 한 회개를 바탕으로 자신에게 부과된 저주에서 사면을 받은 경우를 전혀 찾아볼 수 없다. 또한 그러한 생각을 품게 만드는 어떤 암시적 가르침이나 사건도 역시 찾아볼 수 없다. 물론 다니엘과 느헤미야가 그들의 조상의 죄와 동일시하는 회개에 나타난 것을 자세히 보면 그들-후손들-이 하나님을 거스린 자신들의 죄와 조상들의 죄를 다 고백하고 있는 것을 보게 된다. 즉, 그들은 조상들의 죄가 후손들에게 가져온 죄의 참혹한 결과를 인정하고, 하나님을 거역하는 죄를 똑같이 범하고 있는 그들 자신-당시의 이스라엘-이 그 죄를 회개하고 하나님과 바른 관계를 맺기 위해 결단하고 있는 것이다. 그러므로 조상의 죄 때문에 회개한다는 말은 성경적으로나 논리적으로 허구에 지나지 않는다.

회개는 범죄한 그 당사자가 자신의 죄의 길에서 돌이키는 것이지, 다른 사람의 죄를 대신하거나 다른 사람의 죄 때문에 하는 것이 아니다. 성경은 이러한 회개를 명한 적도 없고 암시적으로 주문한 적도 없다. 성경적 회개는 자신의 범죄와 상관된 것이지 다른 사람의 범죄와 상관된 것이 아니다. 다른 사람의 범죄로 인해 슬퍼하고 그 죄의 참혹한 결과를 인정하고 그 사람의 회개를 위해서 기도해 줄 수는 있으나, 그를 대신하거나 그 때문에 회개한다는 것은 성경적 개념이 결코 아니다.

트리니티 신학대학원의 조직 신학자인 웨인 그루뎀 교수는 "회개는 죄에 대한 진심에서 우러난 슬픔이며, 죄를 포기하는 것이며, 그 죄를 버리기 위해서 진지하게 헌신하며 그리스도를 순종함으로 행하는 것이다”[44]라고 정의한다. 이러한 회개는 오직 범죄한, 또한 변화할 수 있는 당사자에게만 해당되는 것이다. 회개란 죄에 대한 하나님의 용서만을 구하는 것이 아니라, 적극적인 의미에서 그 죄로부터 돌이켜 하나님이 원하시는 뜻을 따라 살아가려는 마음의 변화를 말한다. 그러므로 성경적 회개의 정의를 따르면 조상들-대부분 이미 죽은 자들이며 죄 많은 불신자들인 그들-의 죄 때문에 하는 회개라는 것은 성경적으로나 신학적으로나 논리적으로나 허구에 불과하다.

그런데 이윤호 목사는 이러한 허구적 회개에 덧붙여서 주님의 속죄의 피를 자신의 범죄에만 적용하는 것이 아니라 조상의 범죄까지 포함해야 한다는 매우 위험한 주장을 하고 있다. 그는 “하나님의 원리는 ‘피흘림이 없은즉 사함이 없다’ 는 것이다(히 9:22). 따라서 십자가에서 흘리신 예수님의 피가 적용되기 위해서는 누군가가 회개 기도를 해야 한다. 우리가 이런 식으로 회개할 때 우리는 조상의 죄를 통해 우리나 우리 가족을 괴롭힐 법적 근거를 제거하는 것이다”라고 주장한다. 이렇게 함으로 **이윤호 목사는 그리스도의 피가 온전히 적용되기 위해서 두 번의 회개-자신의 죄와 조상의 죄를 위한 회개-가 필요하다고 말한다. 이 이론은 구원을 받기 위해서 두 번의 회개가 필요하다는 것을 가르치지는 않지만, 구원의 본질적인 의미를 변질시키고 있다는 데 그 심각성이 있다.** 이 문제에 관해서는 이 책의 후반부에서 자세히 논하게 될 것이므로 여기서는 동일시 회개의 문제점에만 논의를 국한시키기로 한다.

클린턴 아놀드는 동일시 회개(identificational repentance)를 논

하면서 동일시 회개의 가능성을 교회 안으로 국한시킨다. 그는 "오늘날 믿음의 교회는 하나님과 언약 관계에 있는 백성을 상징하므로 동일시 회개는 그리스도의 몸 안에서만 적절히 적용될 수 있을 것이다"[45]라고 말한다. 그는 또한 야고보 4장 8~10절까지의 말씀에서 교회를 향해 회개를 촉구한 말씀을 인용하면서 교회의 집단적 회개(corporate repetance)는 다니엘과 느헤미야의 동일시 회개에 상응할 수 있는 것으로 보고 있다.

그러나 클린턴은 항상 온전한 경건을 향한 끊임없는 변화를 본질로 하는, 현재 존재하는 교회의 변화와 갱신을 동일시 회개로 지칭하고 있다. 즉, 회개는 현재 범죄하고 있는 개인 혹은 교회에게 해당되는 현재적 속성이라는 말이다. 이 말은 회개의 본질적인 의미를 잘 나타내고 있다. 그러므로 과거 조상의 죄와는 아무 상관도 없이 바르게 살아가는 사람에게 조상의 죄 때문에 회개하라고 요구하는 것은 성경적으로 용납될 수 없다. 그러나 이윤호 목사는 조상의 죄를 사함 받기 위해서 그들 조상의 죄를 회개하라고 주장한다. 즉 성도들일지라도 만약 그들이 회개의 기도를 통해서 조상의 죄를 회개하지 않는다면 조상의 죄로 말미암은 책임을 짊어지고 저주 아래 처해 있다는 것이다. 즉 신자는 자신의 죄를 회개함으로 자신의 죄의 책임에서 벗어났지만, 조상의 죄를 회개하는 기도를 드리지 않으면 조상의 죄의 책임에서 벗어날 수 없다는 것이다.

한편 카일과 델리취는 하나님께서 조상의 죄를 답습해서 같은 죄를 짓고 있는 죄 많은 후손이 그의 죄를 떠날 때 즉시 심판을 그치시고 그에게 긍휼을 베푸신다고 믿는다. 그들은 "그러나 다른 한편 증오가 그치고 후손들이 그들 조상들의 악한 길을 버릴 때 하나님의 진노의 뜨거움이 사랑의 뜨거움으로 변화될 것이며, 하나님은 그들에게 긍휼을 베푸실 것이다. 그리고 하나님을 사랑하며 그분의 명령을 순종함으로 사랑을 표현하는 자들에게 하나님의 긍휼은 삼, 사대 정도가 아니라 천대까지 이르게 될 것이다"[46]라고 주장한다. 이러한 믿음은 비록 후손들이 조상들과 같은 죄를 짓지 않는다 하더라도 용서와 건짐과 치유를 위해서 자신들은 아무 책임도 없는 조상들의 죄를 찾아내서 회개하라고 요구하는 가계저주론의 믿음과는 상반되는 것이다. 마지막으로, 카일과 델리취는 하나님의 심판을 논하며 하나님의 거룩하심과 죄의 파괴적 속성을 강조하는 반면, 극단적인 현대의 가계저주론자들은 가계에 흐르는 저주로 인한 속박과 이로 인한 악령의 여러 활동 및 여러 현기증 나는 현상들에 초점을 맞추고 있다.

카일과 델리취	가계저주론
하나님께서는 조상의 죄를 답습해서 **같은 죄를 짓는 후손들**이 그들의 악한 길을 떠날 때 즉시 그들에게서 심판을 옮기시며 긍휼을 베푸신다.	하나님은 조상의 죄를 답습하지 않고 사는 **경건한 후손일지라도** 그 조상의 죄를 회개하는 기도를 드리기 전까지 대물림받은 저주를 거두지 않으신다.
강조점: 하나님의 거룩하심과 죄의 파괴적인 속성	강조점: 가계의 저주로 인한 속박과 고통 다양한 악령의 활동 저주의 여러 가지 원인 온갖 종류의 두렵고 현기증 나는 저주의 현상

〈표 3.5〉 카일과 델리취 및 가계저주론의 차이점 비교

찰스 파인버그(Charles Lee Feinberg)

세계적인 구약학자였던 찰스 파인버그는 에스겔 18장을 해석하며, "성경의 가장 위대한 원리 중 하나가 이 장에 선언되어 있는데, 그것은 심판은 개인적인 행위에 따른다는 것이다"[47]라고 말했다. 파인버그는 하나님의 심판의 유일한 기준으로서 개인적인 책임의 원리를 명백하게 주장했다. 즉 개인적인 책임의 원리가 '하나님의 행동의 유일한 설명'[48]이라고 말했다. 또한 "만약 그들이 조상들의 죄 때문에 고통을 당하고 있다고 불평한다면 그들은 그들의 죄 때문에 기꺼이 고통을 겪어왔음에 틀림없다. 죄 있는 영혼은 죽어야만 한다"[49]고 주장했다. 여기서 파인버그는 에스겔 18장에서 거듭 사용되어진 영혼(soul)을 사람과 동일시한다.

파인버그의 이러한 이해는 성경 본문과 구약 신학의 관점에서 볼 때 정확한 것이다. 데이빗슨(A. B. Davidson)은 그의 책 『구약의 신학』(*The Theology of the Old Testament*)에서 영혼을 '사람(the person)이나 살아 있는 구체적인 개인들'과 동일시함으로 파인버그의 주장이 옳다는 것을 확인해 주고 있다.[50] 물론 파인버그는 이 원리를 하나님의 심판의 섭리 가운데 집단적 책임의 원리를 가르치는 것처럼 보이는 출애굽기 20장 5절의 관점과 병행해서 고찰하는 것을 간과하지 않았다. 파인버그는 "자녀들이 아비들의 죄를 반복하는 경향이 있음은 잘 알려진 사실이기 때문에 개인적인 책임의 원리가 출애굽기 20장 5절에 있는 원리와 상반되지 않는다"[51]라고 말한다. 즉 출애굽기 20장 5절은 자녀들 역시 아비들의 죄를 반복하기 때문에 하나님께서 아비들의 죄를 자녀에게 갚으시는 것을 보여 준다고 주장한다. 이러한 주장은 칼빈이나 카일과 델리취가 주장한 고전적인 해석-하나님은 심판을 받기에 합당한 자를 심판하신다는 사상-을 반영하고 있다. 또한 하나님의 심판이 자녀에 대한 아비의 악한 영향력 때문에 임한다는 것을 지적하고 있다.

파인버그는 에스겔서에 나타난 구체적인 예를 통해서 하나님의 심판의 섭리와 관련한 개인적인 책임의 원리를 설명하고 있다. 그는 "5절에서 18절까지 의로운 할아버지, 경건치 않은 아들 그리고 경건한 손자에 이르는 삼대가 나타나 있다. 히스기야, 므낫세 그리고 요시야 등 세 명의 유대 왕들이 여기에 해당 된다"[52]라고 말한다. 에스겔은 의로운 할아버지에 대한 첫번째 경우(18:5~9)를 설명하면서 구약성경의 기준에 따라서 의로운 사람의 기준을 설정한다. 파인버그는 의로운 사람에 관해 이렇게 말한다.

"이곳의 관점에서 보면 그는 구약성경의 기준을 따라 살아가는 사람이다. 그는 바울이 자신의 삶의 태도라고 선언한 것처럼(빌 3:6), 법을 존중하며 의로운 것을 행한다. 그의 행동은 하나님을 향한 그의 심령의 자세를 나타낸다."[53]

한편 경건치 않은 아들의 경우에 보여 주는 바와 같이(18:10~13), 불의한 사람은 완전한 대조를 이룬다. 파인버그는 불의한 사람은 "그의 경건한 아버지가 금했던 모든 것들을 행하는 사람으로서 가장 잘 특징지어진다. 게다가 그는 부모의 관심과 삶을 점유했던 의무들 중 그 어느 것에도 자신을 드리지 않았다. 우상숭배와 간음과 압제와 불행한 사람들의 필요에 대한 무관심과 비합법적인 이득을 추구하는 것이 그의 삶이었다. 그의 삶은 완전히 불경스러운 것이었으며, 긍정적이며 선한 행실에 관해서는 아무런 관심도 두지 않았고, 모든 도덕적이고 인도적인 사안에 대해서 그의 아버지와는 정반대였다"[54]라고 설명한다.

의로운 아버지와 불의한 아들 사이의 뚜렷한 대조는 본래 에스겔에 의해서 하나님의 심판 섭리 안에 있는 개인적인 책임의 원리를 선포하기 위해 고안된 것이다. 파인버그는 이렇게 극적인 대조를 배경으로 해서 의로운 아버지의 공적을 불의한 아들에게 이전하는 문제를 논하면서 개인적인 책임의 원리를 확증한다. 이러한 맥락에서 파인버그는 "중대한 질문은 이 사람이 아버지의 경건한 삶의 공적을 주장할 수 있겠는가 하는 것이다. 그가 살 수 있을까? 에스겔은 가장 강력한 언어로 그 사람이 다른 사람의 공적을 주장할 수 없다는 것을 보여 준다"[55]라고 말하고 있다. 한 사람에게서 다른 사람에게로 공적이 이전되는 것을 부정하는 것은 개인적인 책임의 원리를 강화시킬 뿐만 아니라 한 사람에게서 다른 사람에게로 죄의 책임을 이전시키는 것을 금하는 생각을 뒷받침해 주고 있다. 그래서 파인버그는 이렇게 단언한다.

"실로 하나님은 공정하시다. 하나님은 부모의 범죄를 자녀에게 책임지도록 하지 않으신다. 또한 하나님께서는 자녀들이 하나님의 모든 의로운 말씀을 비웃을 때 그 부모의 경건한 행동의 공로를 그들에게 돌리지 않으신다."[56]

경건한 손자의 세 번째 예(18:14~18)는 또 다른 두 세대 간의 완전한 대조를 보여준다. 여기서 의로운 아들은 자신의 불의한 아버지와 완전한 대조를 이룬다. 그는 불의한 어버지가 걸었던 악한 길을 단호하게 거부한다. 불의한 아버지의 나쁜 영향력이 의로운 아들의 성품이나 행동을 지배하지도 또는 지배할 수도 없다. 이것에 관해 파인버그는 "나쁜 모범을 따라가는 것이 얼마나 쉬운 일인가 하는 것은 익히 잘 알고 있다. 그러나 여기에 예외가 있다"[57]라고 말한다. 이제 에스겔의 예화에 스며 있는 논리가 흥미롭게 발전하고 있다. 즉, 에스겔의 예화에 함축된 논리는 삼, 사대에 이른다는 하나님의 심판이 절대적인 의미로 해석되어서는 안 된다는 것이다. 비록 파인버그는 이것을 '예외'라고 말하지만, 히스기야, 므낫세 그리고 요시야에 이르는 유대의 세 왕의 역사를 통해서 구체적이며 성경적인 예를 제공한다. 그러므로 **조상과 후손 사이에 존재하는 영향력은 강력하지만 절대적인 것은 아니다. 어떤 경우에 사람들은 세대간에 존재하는 일련의 악한 영향력의 굴레에서 벗어난다.**

이에 반해서 파인버그는 불의한 아버지가 저지른 죄의 책임이 후손에게 부과되는 것은 하나님의 심판하시는 섭리 속에는 결코 존재하지 않는다고 주장한다.

> "하나님께서 불의한 아버지의 죄들을 의로운 아들에게 갚으시겠는가? 온 땅의 재판장께서는 의로운 일을 행하실 것이다(창 18:25). 하나님께서 의로운 아버지의 공적을 불의한 아들에게 부과하실 수도 없고 부과하시지도 않으시는 것처럼, 하나님께서는 불순종하는 아버지의 범죄를 경건한 아들에게 갚지 않으실 것이다."[58]

파인버그는 에스겔이 말한 삼대의 구체적인 예를 기초로 아버지의 공적이나 죄책을 자녀에게 물려 주는 문제에 관해서 자신의 논리를 수립했다. 그의 논리는 에스겔 18장에서 반복적으로 확증된 개인적인 책임의 원리를 확증하는 것이다. 따라서 파인버그의 논리는 하나님의 공의의 문제에 대해 만족할 만한 답변을 제시한다. 즉 "세 사람 모두의 궁극적인 상태와 조건은 각 사람의 개인적인 삶의 양태로 귀결되었다. 어떻게 하나님께서 공평하실 수 있을까? 어떻게 이스라엘 가운데 편만한 그러한 속담이 더욱 근거 없고 헛된 것일 수 있을까"[59]라고 확신 있게 말한다. 파인버그는 하나님께서는 오직 심판할 만한 사람을 심판하신다고 했다. 하나님의 심판의 기준은 다른 사람들의 죄 때문이 아니라, 한 개인의 하나님을 향한 반응에 따라서 정해진다는 것이다. 그러므로 파인버그는 "그들은 오늘날 많은 사람들이 그러하듯이 '나를 미워하는' 또한 나를 사랑하는' 이라는 말들의 진의를 분별하는 데 실패했다. 그래서 만약 그들이 개인적으로 하나님을 사랑한다면 그들은 조상들의 죄값을 치루는 일로 고통을 받지 않을 것이다"[60]라고 주장한다.

파인버그는 하나님은 그분의 심판에 있어서 개인적인 책임의 원리를 지키시며, 집단적인 책임의 원리를 거부하심으로써 그의 공의로우심을 입증하신다고 주장한다.

> "하나님의 답변은 분명하다. 즉, 하나님은 결코 아비의 죄로 말미암아 아들을 정죄하지 않으신다는 것이다. 에스겔 18장 전체의 가르침을 요약한다면 다음과 같이 될 것이다. 아비이건 아들이건 각 사람은 자신이 뿌린 대로 거두게 될 것이다."[61]

실로 이러한 견해만이 에스겔 18장 25절에서 하나님의 공의로우심에 대한 하나님 자신의 강력한 변호를 만족시킬 수 있다. 에스겔 18장 25절은 "그런데 너희는 이르기를 주의 길이 공평치 않다 하는도다 이스라엘 족속아 들을지어다 내 길이 어찌 공평치 아니하냐 너희 길이 공평치 않은 것이 아니냐"라고 말씀하고 있다. 하나님께서는 이 말씀에서 그들의 아비의 죄 때문에 자신들을 심판하신다고 말하면서 하나님의 공의를 비난하는 이스라엘 사람들을 강력히 책망하신다. 달리 말하면 하나님은 집단적 심판의 원리를 이용해서 하나님의 심판의 공의로우심을 비난하는 사람들을 책망하신다. 그리고 이와는 반대로 하나님께서는 개인적인 책임의 원리를 지지하시며 집단적인 심판의 원리를 거부하심으로 하나님의 공의로우심을 옹호하신다.

그렇다면 이러한 뇌성 같은 하나님의 변호가 모든 사람들에게 이해되어졌는가? 불행하게도 대답은 부정적이다. 묘하게도 가계저주론자들은 하나님의 공의를 집단적인 심판의 원리를 사용해서 옹호하려고 드는데, 이것은 하나님께서 그분 자신의 공의로우심을 옹호하기 위해서 밝히신 말씀과는 정반대이다.

이윤호 목사는 그의 책 『가계에 흐르는 저주를 이렇게 끊어라』에서 욥의 경우와 매우 비극적인 과거를 가진 한 여인의 예를 사용해서 주장을 펴고 있다. 이윤호 목사에 의하면 이 여인은 모든 재산을 노름으로 탕진하고 13살 때 자신을 다른 사람에게 팔아버린 술주정뱅이 아버지 때문에 비극적인 삶을 살아왔던 사람이다. 그녀는 후에 구원을 받게 되었지만 비극적인 과거에 대한 기억 때문에 계속 고통을 겪고 있었다. 이 여인은 이윤호 목사를 만났을 때 왜 하나님께서 그러한 아버지를 자신에게 주셨는가 하고 물어보았다고 한다. 이 질문에 대해 이윤호 목사는 다음과 같이 답변하고 있다.

"나 자신 역시 그녀를 도와주면서 그녀의 이런 절규에 대해 설명해 줄 수 없었다. 이는 마치 욥이 자신이 받은 시련에 대해 하나님께 수 없이 많은 질문을 던졌지만, 대답하지 않은 것과 같다. 이런 의미에서 하나님은 '불공평하다'라고 말할 수도 있다. … 그러나 하나님 자신도 자신이 정한 법칙을 지킬 수밖에 없다. 한 개인의 '연대성/집단성'(corporate personality)이라는 성경적 개념을 이해할 때, 수수께끼 같은 인생의 숙제가 풀어지게 된다.[62]

이윤호 목사는 사람들이 하나님께서도 자신이 정한 법에 매여 있다는 것을 인식하기 전까지는 사람에게 이토록 많은 고통을 허락하신 것으로 인해 하나님이 불공평하신 것처럼 보일 수도 있다고 말한다. 이러한 경우에 그 '정한 법'이라는 것은 이윤호 목사가 번역한 '연대성/집단성'인데, 더 정확히 번역한다면 '집단적 인격' 혹은 '집단적 개인'이라는 개념의 법이다. 여기에서 이윤호 목사가 사용한 '집단적 인격(개인)'이라는 용어는 개인의 집단적 속성을 강조하는 것이며, 이 용어를 사용함으로써 집단적 심판 혹은 집단적 책임의 정당성을 수립하려는 것이다. 집단적 인격(개인)이라는 개념은 가계저주론의 본질을 이해하는 데 있어서 매우 중요한 개념이므로 이 책의 다음 장에서 집중적으로 논하도록 할 것이다. 그러나 여기에서는 하나님의 공평하심을 방어하기 위해 가계저주론이 사용하는 반성경적인(counter-biblical) 접근 방법에 집중할 것이다.

에스겔 18장 25절이 보여주는 바와 같이 하나님은 개인적인 책임의 원리를 통해서 하나님의 공평하심을 변호하신다. 그러나 이와는 반대로 가계저주론은 하나님의 공평하심을 집단적 인격(개인)의 원리로 방어하려고 한다. 이윤호 목사는 에스겔 18장 25절에서 하나님으로부터 심하게 책망을 받은 집단적 인격(개인)의 개념을 사용함으로써 실제로는 하나님의 공평하심을 훼손하는데 기여하고 있다.

그러면 왜 이런 일이 발생하는가? 그것은 이윤호 목사와 다른 가계 저주론자들이 에스겔 18장의 참된 의미를 무시하고 왜곡하기 때문이다. 그리고 이러한 시도의 근본적인 원인은 바른 성경 해석보다 경험 본위의 접근 방법에서 비롯된다고 할 수 있다. 다음과 같은 크래프트의 말은 이 점을 입증하고 있다.

> "나는 성경은 믿음과 실천에 있어서 모든 면을 규제하는 신뢰할 만한 하나님의 지침서라는 충만한 확신을 가지고 축복과 저주의 진리를 고찰했다. 그러나 이 분야에 대한 내 해석은 개인적인 사역 경험에 의해 깊이 영향을 받아왔다는 것을 인정한다."[63]

이윤호 목사 역시 "이와 마찬가지로, 나를 포함한 정직한 성경학자들과 영적 전쟁 사역자들은 가계의 복과 저주를 직접적으로 지지하는 구절(direct biblical support)이 없음을 서슴지 않고 인정한다"(Kinnaman, *Angels: Dark and Light*, p. 162).[64]라고 말한다. 이에 더해서 이윤호 목사는 "우리는 앞장에서 예시한 대로 임상사역자들의 경험이 성경 해석에 아주 중요한 역할을 감당함을 인정한다"[65]라고 주장한다.

아마 크래프트나 이윤호 목사의 주장과 같이 사역자의 경험이 그의 성경 해석에 영향을 미친다는 것을 부정하는 사람은 없을 것이다. 그러나 자신의 경험에 꿰맞추기 위해서 성경의 명백한 가르침을 무시하고 왜곡하는 것은 분명코 안전선을 넘어간 위험천만한 시도이다. 이런 면에서 현대의 극단적인 가계저주론은 커다란 위험성을 지니고 있다.

파인버그	가계저주론
하나님은 불경건한 조상들의 죄 때문에 **경건한 후손들을 벌하시지 않는다.**	하나님은 불경건한 조상들의 죄 때문에 **경건한 후손들을 벌주신다.**
후손들에게 미치는 조상들의 죄의 영향력은 강력한 것이지만 **절대적인 것은 아니다.** 불경건한 조상들로부터 경건한 후손들에게 죄의 책임이 대물림되는 것은 **성경에 절대적으로 금지되어 있다.**	불경건한 조상들로부터 경건한 후손들에게 죄의 책임이 대물림되는 것은 **절대적 사실**이다.
하나님은 **개인적인 책임의 원리**를 통해서 그분의 공평하심을 옹호하신다.	하나님은 **집단적 인격(개인)의 원리**를 통해서 그의 공평하심을 옹호하신다.

〈표 3.6〉 파인버그와 가계저주론의 차이점 비교

주;

1) A. H. McNeile, *The Book of Exodus, in Westminster Commentaries,* ed. Walter Lock (London: Methuen & Co. 1917), 117.

2) Ibid., 117.

3) Wendy Murray Zoba, "Bright Unto the End," *Christianity Today,* 1 Oct 2001, 56. 빌 브라이트 박사는 1951년 국제대학생선교회를 창설하고 이 선교 단체의 사역을 통해서 수많은 사람들을 회심시키는 일과 제자 삼는 일을 해왔다. 이 선교 단체에서 만든 "예수"라는 영화는 전 세계 40억 인구가 시청을 했으며, 이 영화는 656개의 언어(최종 집계)로 번역되어 만들어졌다. 이 기사를 위한 인터뷰 당시, 브라이트 박사는 인터뷰를 하고 있는 기자에게 자신의 폐 기능의 60퍼센트가 상실되었고 계속 그 상태가 나빠지고 있다고 말했다. 마침내 그는 지난 50년 간의 눈부신 선교 사역을 마치고 2001년 7월 79세의 나이로 국제대학생선교회의 최고 지도자로서의 위치와 지도력을 스티브 더글라스(Steve Douglass)에게 위임하고 은퇴했다. 그러나 공식적인 은퇴 후에도 계속 사역에 임했으며, 마침내 지난 2003년 7월 19일 주님의 부르심을 받았다.

4) Ibid., 56.

5) Gerhard Von Rad, *Deuteronomy* (Philadelphia: The Westminster Press, 1966), 152.

6) Ibid., 152.

7) Ibid., 152.

8) Ibid., 152.

9) Earl S. Kalland, *Deuteronomy,* in *The Expositor's Bible Commentary,* ed. Frank E. Gaevelein (Grand Rapids: Zondervan

Publishing House, 1992), vol. 3, *Deuteronomy-2 Samuel*, 147.

10) Ibid., 147.

11) John Calvin, *Commentaries on the Four Last Books of Moses Arranged in the Form of Harmony*, vol. 2 (Grand Rapids: WM. B. Publishing Company, 1950), 114.

12) 이윤호, 『가계에 흐르는 저주를 이렇게 끊어라』 (서울: 베다니출판사, 2000), 117.

13) Calvin, 114.

14) Ibid., 114.

15) Francis MacNutt, *Deliverance from Evil Spirits* (Grand Rapids: Chosen Books, 1995), 108.

16) 이윤호, 『가계에 흐르는 저주를 이렇게 끊어라』, 133. 강조는 저자에 의한 것임

17) 《크리스찬 투데이》, 2001년 10월 31일.

18) Calvin, 114-5.

19) Ibid., 115.

20) John Calvin, *Commentaries of the Book of the Prophet Ezekiel*, vol. 2 (Edinburgh: T. Constable, n.d.), 214.

21) Charles H. Kraft with Ellen Kearney and Mark H. White, *Deep Wounds, Deep Healing* (Ann Arbor: Michigan, 1993), 263. 중요한 점을 강조해서 독자들의 이해를 돕기 위해서 필자는 몇몇 낱말들을 이탤리체와 가 괄호를 사용해서 표기하였다.

22) Charles Lee Feinberg, *The Prophecy of Ezekiel* (Chicago: Moody Press, 1969), 99.

23) John Calvin, *Commentaries on the Four Last Books of Moses Arranged in the Form of a Harmony*, vol. 2, 114.

24) Ed Murphy, *The Handbook for Spiritual Warfare* (Nashville: Thomas Nelson Publishers, 1996), 442. 이탤릭체는 저자의 표기임

25) Ibid., 442.

26) Ibid., 444.

27) 이윤호, 『가계의 복과 저주전쟁에서 승리하라』 (서울: 베다니출판사, 2001), 70.

28) Ibid., 57.

29) Ibid., 57.

30) Ibid., 41.

31) 정훈택, "하나님의 사역인 축복과 저주," 《목회와 신학》 (2000년 3월): 51.

32) MacNutt, 109.

33) 이윤호, 『가계의 복과 저주전쟁에서 승리하라』, 233-4.

34) Ibid., 185.

35) Derek Prince, *Blessing or Curse You Can Choose* (Grand Rapids: Chosen Books, 2000), 121. 이탤릭체는 저자의 표기임

36) Ibid., 109.

37) Ibid., 109.

38) C. F. Keil and F. Delitzch, *Commentary on the Old Testament*, vol. 1. *The Pentateuch* (Grand Rapids: William B. Eerdmans Publishing Company, 1978), 117.

39) Ibid., 117.

40) 이윤호, 『가계의 복과 저주전쟁에서 승리하라』, 234.

41) Clinton E. Arnold, 3 *Crucial Questions about Spiritual Warfare* (Grand Rapids: Baker Book House, 1997), 183. 큰 괄호 안에 있는 말은 독자의 이해를 돕기 위해서 필자가 써넣은 것임

42) 이윤호, 『가계의 복과 저주전쟁에서 승리하라』, 232.

43) Ibid., 235.

44) Wayne Grudem, *Systematic Theology* (Grand Rapids: Zondervan Publishing House, 1994), 713.

45) Clinton, 182.

46) Keil and Delitzsch, 117-8.

47) Feinberg, 99.

48) Ibid., 99.

49) Ibid., 99.

50) A. B. Davidson, *The Theology of the Old Testament* (New York: Charles Scribner's Sons, 1907), 199.

51) Feinberg, 100.

52) Ibid., 100.

53) Ibid., 100.

54) Ibid., 100.

55) Ibid., 141.

56) Ibid., 102.

57) Ibid., 102.

58) Ibid., 102.

59) Ibid., 102.

60) Ibid., 102.

61) Ibid., 102.

62) 이윤호, 「가계에 흐르는 저주를 이렇게 끊어라」, 107-8.

63) 이윤호, 「가계의 복과 저수전쟁에서 승리하라」, 49.

64) Ibid., 164.

65) Ibid., 200.

4장 출애굽기 20장 5절의 해석과 관련된
세 가지 중요한 논점

출애굽기 20장 5절은 여러 가지의
복잡한 성경적·신학적 논점들을 포함하고 있기 때문에 철저하고 주
의 깊은 해석을 요구한다. 우리는 이 장에서 출애굽기 20장 5절의 적
절한 해석과 관계해서 세 가지 중요한 논점을 고찰하고자 한다. 첫째,
하나님의 심판의 기초는 하나님을 향한 증오이다. 둘째, 본문에서 말
하는 하나님의 심판은 후손들에게 미치는 악하고 강력한 영향력이나
효력 혹은 파괴적인 결과를 의미한다. 셋째, 출애굽기 20장 5절은 에
스겔 18장에 비추어 이해되어야 한다.

하나님을 향한 증오가 하나님의 심판의 기초가 됨

출애굽기 20장 5절은 하나님께서 우상 숭배를 통해서 하나님을 증

오하는 사람들을 심판하신다는 것을 말씀함으로써 하나님의 저주를 촉발시키는 책임이 개인적인 죄에 있음을 지적하고 있다. 달리 말해 하나님은 그분을 향한 사람들의 증오심 때문에 사람들을 심판하신다는 것이다. 하나님은 우상 숭배를 하는 조상들과 또한 우상 숭배를 하는 조상들의 악하고 강한 영향을 받아서 똑같이 우상 숭배의 경향을 따르는 후손들을 심판하시는데, 그 이유는 그들이 우상 숭배 행위를 통해서 하나님을 증오하기 때문이다.

하나님은 그들 조상들의 죄 때문이 아니라 그들 조상의 악한 모습을 따르는 그들(후손들)의 죄 때문에 심판하신다. 이러한 맥락에서 세계적인 구약학자인 월터 카이저 박사는 이렇게 주장한다.

> "조상들의 죄를 반복하는 후손들은 하나님을 개인적으로 증오하고 있다는 것을 인정하는 것이다. 그러므로 그들 역시 조상들과 같이 심판을 받는 것이다. 모세는 신명기 24장 16절에서 '아비는 그 자식들을 인하여 죽임을 당치 않을 것이요 자식들은 그 아비를 인하여 죽임을 당치 않을 것이라 각 사람은 자기 죄에 죽임을 당할 것이니라'고 하신 말씀에서 이 원칙을 분명히 했다. 불순종의 영향력은 얼마간 지속될 것이다. 그러나 하나님을 사랑하는 영향력은 '천대에 이를 만큼'(출 20:6) 훨씬 더 광대할 것이다."[1]

본문에서 말하는 하나님의 심판은
후손들에게 미치는 악하고 강력한 영향력이나 효력
혹은 파괴적인 결과를 의미함

출애굽기 5장과 관련해서 생각해야 할 또 다른 논점은 우상 숭배를 했던 조상들의 후손에게 임하는 하나님의 심판의 성격이다. 상기의 논의는 출애굽기 20장 5절(아비의 죄를 아들에게 갚으심)에 있는 하나님의 심판이 단순히 하나님께서 조상들의 우상 숭배 때문에 죄 없는 후손들을 저주하신다는 의미가 아니다. 왜냐하면 이러한 해석은 신명기 24장 16절의 분명한 가르침을 명백히 위반하는 것이기 때문이다. 바른 해석은 하나님의 심판은 조상들이 범한 우상 숭배의 죄가 후손에게 미치게 될 악하고 강력한 영향력과 효력이나 파괴적인 결과를 뜻하는 것이다.

한편 가계저주론자들은 출애굽기 20장 5절에 있는 하나님의 심판을 제멋대로 정의하며, 따라서 자신들의 주장이 논리적인 오류에 빠지게 한다. 예를 들어 이윤호 목사는 때로는 하나님의 심판을 조상의 죄로 인한 결과로 정의하곤 한다. 그는 "예를 들어 에이즈에 걸린 어머니에게서 태어난 아이가 에이즈에 감염된 경우, 이 아이는 죄책감을 느낄 필요가 없다. 이 신생아는 어머니의 죄 때문에 하나님의 영적 심판을 받지 않지만, 어머니의 죄의 결과로서 오히려 피해자가 된다"[2]라고 말한다.

다른 한편, 이윤호 목사는 이따금 출애굽기 20장 5절의 하나님의 심판(아비의 죄를 아들에게 갚으심)을 조상들의 죄의 책임이 전가되는 것으로 정의함으로 논리적인 오류를 범한다. 그는 "살아 있는 후손은 조상의 죄로 인한 피해자이지만, 조상의 죄를 처리할 책임이 있다. 조상의 죄를 처리하는 방법은 당신이 조상의 죄를 인정하고 회개하는 것이다"[3]라고 주장한다. 하나님의 심판에 관한 이전의 정의와 관련하여 이윤호 목사는 왜 조상의 죄로 인한 피해자―그의 어머니로 인해서 에이즈 보균자가 되어 출생한 아이―가 조상이 지은 죄의 책임을 벗기

위해 그 자신은 전혀 책임이 없는 조상의 죄를 회개해야만 하는지에
관해서 설명해야 할 부담을 안고 있다.

이윤호 목사의 주장이 전혀 납득할 만한 것이 못 되는 이유는 그의
설명이 상식과 건전한 도덕성에 어긋나기 때문이다. 어떻게 아무런
잘못도 없는 사람이 다른 사람–비록 부모나 조상이라 할지라도–의
범죄로 인해서 피해자가 되었는데, 자신에게 피해를 가져다 준 다른
사람의 죄에 대해 책임을 지고 변상을 하라는 말인가? 우리는 이토록
터무니없이 부조리한 법을 죄로 찌든 이 세상의 불완전한 법 체제에
서도조차 찾아볼 수 없다. 이러한 논리적인 오류는 위와 같은 생각의
체계에서는 피할 수 없다. 그 이유는 이윤호 목사가 어떤 현상을 두
개의 대립된 지점에서 보고 설명하려고 하기 때문이다. 이것은 A 혹
은 B 둘 중 하나가 될 수 있는 것이지, A 그리고 B 둘 다가 결코 아닌
것이다! 정말 바른 답변은 조상들의 죄의 결과가 후손들에게 미치는
것이지, 그들의 죄책이 후손들에게 대물림되는 것이 아니다.

위와 같은 생각의 체계가 가진 불가피한 오류에 더해서 이러한 종
류의 논리적 오류는 이윤호 목사의 글에 나타나는 근본적인 문제로
보인다. 이윤호 목사의 글에서는 이러한 종류의 논리적 오류가 결코
드문 것이 아니기 때문이다. 예를 들면, 이윤호 목사는 "세상에는 자
연적인 법칙이 있듯이, 영적 세계를 지배하는 법칙과 원리가 있다.
'심은 대로 거두리라'(갈 6:8~9)는 진리는 하나의 중요한 영적 법칙
과 원리가 된다. 만약 자연의 법칙을 어길 때에는 반드시 이에 수반하
는 결과가 따라온다. 이와 같이 영적 법칙과 원리를 어길 때 반드시
부정적인 결과가 장 · 단기적으로 나타나게 된다"[4]라고 주장한다.

곧 이어서 이윤호 목사는 "현재까지 논의된 것은 일종의 원리를 언

급한 것이지, 과학에서 말하는 인과응보의 절대 법칙은 아니다"5)라고 얼버무리고 있다. 상기 진술에서 이윤호 목사는 영적인 법칙과 원리를 자연적인 법칙에 비유하면서 '부정적인 결과가 장·단기적으로 반드시 나타난다' 라고 결론을 짓는다. 이것은 분명히 이윤호 목사의 논리가 일관성이 없음을 보여준다. 뿐만 아니라 그의 책에서도 종종 논리적이 아니라 제멋대로 혹은 편의에 따라서 생각하는 것을 볼 수 있다. 가계저주론의 문제는 그 생각 체계의 논리적 오류 뿐 아니라 이윤호 목사의 부조리한 추론에 의해서 문제의 도를 더하게 된다.

이에 더해서 이윤호 목사는 간혹 출애굽기 20장 5절의 하나님의 심판을 조상의 죄 많은 성품의 지속적인 축적으로 정의한다. 그는 "만약 약 삼, 사대 동안 연속적으로 죄성과 불의가 축적되면, 후손들은 너무나 비뚤어지고 정도에서 벗어나서 올바로 살 가능성이 거의 없다"6)라고 주장한다. 이 말의 부조리함과 과장됨은 우리 나라의 선조들의 예를 보면 쉽게 알 수 있다. 기독교가 전래되기 전 우리 나라의 선조들은 우상 숭배로 일관하지 않았던가? 그렇다면 수백 세대에 걸쳐 내려오는 우상 숭배로 이 땅의 조상들은 죄성과 불의로 가득한 거대한 죄덩어리로서 더 이상 바른 삶을 살 수 없었던 짐승에 가까웠던 존재들이란 말인가? 이윤호 목사의 주장대로라면 우리 나라에 사람 같은 사람은 찾아볼 수 없어야만 한다. 이 얼마나 어리석고 우스꽝스러운 논리인가!

이윤호 목사의 주장대로라면 우리 나라 사람들뿐 아니라 이 지상의 수많은 사람들은 조상들의 죄가 지속적으로 축적되어 버린 죄덩어리인 것이다. 달리 말하면 사람은 거대한 결함이 있는 도덕적 괴물이나 선조들의 축적된 죄로 충만한 형편없는 도덕적 쓰레기여야 한다. 분명히 성경은 그렇게 사람을 묘사하지도 않으며, 인간성의 전적 부패

(total depravity)를 설명할 때도 그런 의미로 설명하지 않는다. 이것은 죄에 대한 일방적이고 부조리한 강조의 필연적인 결과로서, 비성경적이며 위험하고 터무니없을 뿐 아니라 결코 수용할 수 없는 괴이한 이론인 것이다.

다른 한편, 이윤호 목사는 이따금 출애굽기 20장 5절의 하나님의 심판을 조상이 지었던 바로 그 죄를 반복하는 것으로 설명하기도 한다. 그는 "성경에서 예언된 대로 다윗의 범죄는 살인과 성적 범죄를 가계에 불러오게 되었다"[7]라고 말한다. 이에 더해 이윤호 목사는 출애굽기 20장 5절의 하나님의 심판을 부정적인 영적 능력으로 정의하면서 "구약에서의 저주는 물건, 사람, 혹은 장소에 저주가 임하도록 부정적 영적 능력을 방출하는 능력 개념(power concept)을 내포한다"[8]라고 주장한다.

이렇게 다양하고 비성경적이며 상반되기까지 한 정의에 대한 불규칙하고 임의적 사용은 가계저주론을 지탱할 수 없는 것이 되게 만들어 버린다. 가계저주론자들의 책을 볼 때 심히 혼돈스러운 것은 다양한 정의를 편의대로 사용할 뿐만 아니라, 또한 원칙 없이 합리화시키는 이중적 불합리성 때문이다. 이러한 맥락에서 정훈택 교수는 "가계저주론자인 이윤호의 가계 저주·치유론은 한 마디로 논리와 내용이 엉성할 뿐 아니라 작은 책 한 권 안에서도 한 주제에 대한 서로 다른 내용을 담고 있어서 자주 혼란을 불러일으키며 서로 충돌하고 있다. 따라서 정리하는 것도 쉽지 않고 비판도 혼란에 빠져들기 쉽다"[9]라고 정확히 평가했다. 다음의 도표는 하나님의 심판-가계저주론자들은 저주라는 용어를 더 선호함-에 관한 대부분의 신학자들의 정의와 가계저주론자들의 정의를 비교한 것이다.

출애굽기 20장 5절의 하나님의 심판에 대한 정의	
대부분의 신학자들	가계저주론자들
후손들에게 미치는 악하고 강력한 영향력이나 효력 혹은 파괴적인 결과	조상의 죄의 결과
	조상의 죄책의 대물림
	조상의 죄의 성품의 지속적인 축적
	조상이 짓던 바로 그 죄의 반복
	부정적인 영적 능력의 방출

〈표 4.1〉 하나님의 심판에 대한 정의

출애굽기 20장 5절에 나타난 하나님의 심판에 대한 적절한 의미는 본문에 자신의 사상을 개입시킴(eisegesis)으로서가 아니라 본문을 문자적으로 해석(exegesis)할 때 발견되어질 수 있다. 이러한 맥락에서 제임스 볼랜드는 "아비의 죄를 자녀에게 갚는다는 것은 전염성이 강한 우상 숭배라는 죄의 습관을 배우고 지속함으로써 여러 세대가 영향을 받을 것을 가리키고 있는 것 같다"[10]라고 말하고 있다.

달리 말하면 하나님의 심판은 조상들의 우상 숭배의 죄가 그들의 설득과 본에 의해 후손에게 파괴적으로 영향을 미쳐 그들로 하여금 우상 숭배의 악한 길을 답습하도록 하는 것을 의미한다. 찰스 다이어 (Charles H. Dyer)는 출애굽기 20장 5절에 나타난 하나님의 경고와 관계하여 에스겔 18장의 가르침을 해석하면서 "이와 같은 경고는 출애굽기 34장 6~7절까지와 신명기 5장 9절에서 반복되었다. 심지어 에스겔조차 다가오는 하나님의 심판을 백성들의 지난 죄에 결부시켜 생각했다(에스겔 16:15~29 참조). 그러나 이러한 구절들의 요점은 죄의 영향이 심각하고 오래 지속된다는 것이지, 하나님께서 조상들이 악한 길을 걸어갔기 때문에 죄 없는 후손들을 변덕스럽게 심판하신다는 말씀이 아니다"[11]라고 주장한다.

출애굽기 20장 5절은
에스겔 18장에 비추어서 이해되어야 함

세 번째 중요한 논점은 상기의 논점들과 밀접하게 관련되어 있다. 즉, 출애굽기 20장 5절은 에스겔 18장과 비교 연구하지 않으면 바르게 이해될 수 없다는 것이다. 달리 말하면 출애굽기 20장 5절은 에스겔 18장의 분명한 가르침에 비추어서 해석되어야 한다는 것이다. 그 이유는 이 두 말씀이 뚜렷이 모순되는 것처럼 보이기 때문이다. 출애굽기 20장 5절에서 우리는 하나님께서 "나를 미워하는 자의 죄를 갚되 아비로부터 아들에게로 삼, 사대까지 이르게 한다"는 말씀을 듣는다. 한편, 에스겔은 "하나님은 아비의 죄를 아들에게 갚지 않으시며 (그들 자신의 죄 때문에) 범죄하는 그 영혼이 죽으리라"고 분명히 말하고 있다. 세심한 분별력을 가지고 보지 않으면 이 말씀들은 뚜렷이 상반되는 것처럼 보일 수 있다. 하지만 성경 해석에 있어서 가장 근본적인 가정 가운데 하나를 꼽으라면 성경의 말씀은 결코 서로 상충되지 않는다는 점이다.

그러면 이렇게 언뜻 보기에 상충되는 교리들을 어떻게 조화시킬 것인가? 이러한 어려움을 해결하는 데 있어서 고전적인 성경 해석의 접근 방법이 매우 타당하고 적절할 것이다. 이 두 가지 다른 구절들을 조화시킬 때 저명한 성경학자들과 신학자들은 죄의 책임과 죄의 결과—혹은 영향—를 구분짓는다. 즉, 출애굽기 20장 5절은 조상들의 죄가 후손들에게 부정적으로 영향을 끼치는 것을 말씀하는 반면, 에스겔 18장은 후손들이 조상들의 죄에 대해서는 전혀 책임이 없다는 말씀을 한다. 달리 말해 출애굽기 20장 5절은 조상들의 죄가 후손들에게 미치는 결과나 영향을 말씀한 것이고, 에스겔 18장은 후손들이 조상들의 죄의 책임을 결코 짊어지지 않는다는 말씀이다.

저명한 그리스도인 철학자이며 신학자인 노먼 가이슬러는 토마스 하위와 함께 쓴 그의 책 『성경의 난해한 문제들』(*When Critics Ask*)이라는 책에서 두 말씀의 차이점을 분명하게 설명하고 있다.

> "에스겔은 아들에게는 결코 전가되지 않는 아버지의 죄의 책임(guilt of the father's sin)에 대해 말하고 있다. 그러나 모세는 자녀들에게 전가되는 아버지의 죄의 결과를 말하고 있다. 불행히도 아버지가 술주정꾼이라면 그 자녀들은 아동 학대나 가난으로 고통당할 수 있다. 마찬가지로 임산부가 마약으로 인한 AIDS 환자라면 아기도 AIDS 환자나 보균자로 태어날 수 있다. 그러나 이것은 죄 없는 아이들이 부모의 죄에 대해 책임이 있다는 뜻은 아니다. … 게다가 출애굽기 구절은 도덕적인 죄(moral guilt)가 자녀들에게 다소나마 미쳐지는 것은 자녀들 또한 아버지와 마찬가지로 하나님께 죄를 지었기 때문임을 암시한다. 하나님께서는 오직 그를 미워하는 자들의 죄를 갚으실 뿐이라는 사실은 주목할 만하다(출 20:5)."[12]

이러한 개념은 본문에 확고하게 간직되어 있으며, 하나님께서 결코 어떤 사람의 죄 때문에 다른 사람을 심판하지 않으신다는 에스겔 18장의 명백한 가르침에도 정확하게 부합된다. 그런데 가계저주론자인 데렉 프린스는 우상 숭배하는 조상의 강력한 설득이나 강요 또는 모본에 의해서 영향을 받은 후손들이 우상 숭배에 참여하게 될 가능성에 관해서는 전혀 고려하지 않는다. 그리곤 단지 하나님께서 후손들이 우상 숭배에 참여하지 않더라도 우상 숭배하는 조상들의 후손들을 자동적으로 저주하신다고 주장한다.

주:

1) Walter C. Kaiser, Jr, *Exodus*, in *The Expositor's Bible Commentary*, ed. Frank E. Gaebelein (Grand Rapids: Zondervan Publishing House, 1990), vol. 2, Genesis-Numbers, 423.

2) 이윤호, 『가계에 흐르는 저주를 이렇게 끊어라』 (서울: 베다니출판사, 2000), 127.

3) 이윤호, 『가계의 복과 저주전쟁에서 승리하라』 (서울: 베다니출판사, 2001), 234.

4) 이윤호, 『가계에 흐르는 저주를 이렇게 끊어라』, 116.

5) Ibid., 122.

6) 이윤호, 『가계의 복과 저주전쟁에서 승리하라』, 116.

7) 이윤호, 『가계에 흐르는 저주를 이렇게 끊어라』, 58.

8) 이윤호, 『가계의 복과 저주전쟁에서 승리하라』, 97.

9) 정훈택, "이윤호의 가계 저주/치유론 비판," 《교회와 신앙》, 1999년 10월, n.p.. 이 자료는 《교회와 신앙》의 공식 웹사이트에서 인용한 것으로, 웹사이트에는 페이지가 명기되어 있시 않았음. 현재 이 자료는 www.churchgrowth21.com에서 찾아볼 수 있음.

10) James A. Boland, *Exodus*, in *Liberty Bible Commentary*. eds. Jerry Falwell, Edward E. Hindson and Woodrow Michael Kroll (Lynchburg: The Old-Time Gospel Hour, 1983), 154. 강조는 저자의 것임

11) Charles H. Dyer, *Ezekiel*, in *The Bible Knowledge Commentary*, eds. John F. Walvoord and Roy B. Zuck (n.p.: Victor Books, 1987),

vol. 1, Old Testament, 1260. 강조는 저자의 것임

12) Norman Geisler and Thomas Howe, *When Critics Ask: A Popular Handbook on Bible Difficulties* (Grand Rapids: Baker Books, 1992), 285-6.

5장 극단적인 저주 중심적 세계관

성경은 우리에게 믿음과 판단의 기준을 제시하고 있다. 이제 우리는 이러한 기준을 가지고 가계저주론을 비판적으로 분석해 보자. 먼저 우리는 가계저주론이 가지고 있는 극단적인 저주 중심적 세계관을 논하고자 한다. 둘째로 가계저주론이 가지고 있는 하나님의 용서에 대한 왜곡된 개념을 다룰 것이다. 셋째로 가계저주론이 주장하는 구약에 나타난 심판의 집단적 성격에 대한 잘못된 윤리적 관념을 논할 것이다. 넷째로 기만적이고 왜곡된 성경 해석 방법을 비판적 시각으로 다룰 것이다. 마지막으로 가계저주론에는 성경적인 고난의 신학이 없다는 것을 논하게 될 것이다.

저주받은 그리스도인 여성 판사 대
축복받은 인도의 판디타 라마바이

데렉 프린스는 그의 책 『축복이냐 저주냐 당신이 선택할 수 있다』에서 총명하고 교육을 잘 받은 동남아시아의 한 여성 판사에 관해 말하고 있다. 그녀는 거듭난 그리스도인이었으며 왕족의 후손이었다. 또한 성공적인 직업 여성이면서 높은 사회적 지위를 가지고 있었다. 그러나 이 모든 것들이 그녀에게 만족과 개인적인 성취감을 가져다주지는 못했는데, 프린스는 조상이 저지른 우상 숭배로부터 비롯되어 대물림된 저주가 그녀의 삶에 불만족을 조성했다고 말한다. 프린스는 "나는 그녀와 대화를 나누는 중에 그녀가 여러 세대에 걸쳐 우상 숭배를 한 가문의 자손임을 발견하게 되었다. 나는 그녀에게 출애굽기 20장 3절에서 5절에 따라서 하나님은 우상 숭배자들을 삼, 사대에 이르기까지 저주하신다고 선언하셨다는 것을 설명해 주었다"[1]고 말하고 있다.

프린스는 그녀의 조상이 소유한 이교도로서의 종교적 배경을 그녀의 불만족스러운 삶의 원인으로 지적하고 있다. 프린스는 왜 그녀의 특정한 죄나 불신앙 또는 불순종이 아닌 조상의 죄를 불만족의 원인으로 생각했을까? 왜 프린스는 그녀의 불만족스러운 삶에서 그녀의 개인적인 책임이나 문제에 주의를 기울이지 않았을까? 프린스는 우상 숭배를 하는 가문의 배경을 가진 모든 거듭난 그리스도인들이 같은 종류의 문제를 가지고 있다고 생각하는가?

여성 판사의 문제에 대한 프린스의 접근 방법은 여러 가지 의문점들을 유발시킨다. 프린스의 접근법에는 한 개인의 삶에 작용하는 조상의 죄로 인해 야기된 부정적인 영향에 지나치게 집착하고 있음을

보여주고 있다. 한 마디로 프린스의 세계관은 과도하게 저주 중심적
이다.

한편 인도 출신의 주목할 만한 여자 전도자 한 사람의 생애는 우리
에게 전혀 다른 세계관을 보여준다. 판디타 라마바이는 남부 인도의
가장 높은 세습 계급(카스트)에 속한 가문에서 태어났다. 그녀의 아버
지는 그 어려운 산스크리트를 통달했고 힌두교 경전을 가르치는 교사
였다. 폴 히버트는 "라마바이의 어린 시기는 어려움과 고통의 시대였
다. 라마바이는 자신과 자신의 가족이 인도를 가로지르며 주요한 힌
두 사원들을 방문했고, 매일 힌두교의 신들을 예배했으나 아무런 마
음의 평화를 발견하지 못했었다고 술회했다"[2]라고 기록하고 있다.

라마바이와 그녀의 가족은 매우 진실한 힌두교인이었고 우상 숭배
자들이었다. 그녀의 아버지는 능력 있는 힌두교 신학자이자 힌두교와
여러 언어 분야에서 최고의 경지에 올라 있었는데, 순례 여정을 계속
하던 시기에 라마바이는 그 당시 여자들에게 엄격하게 금지되었던 훌
륭한 교육을 아버지로부터 받게 되었다. 히버트는 라마바이가 얼마나
뛰어난 학문을 소유했었는지, 또한 그녀가 높은 학문을 통해 개혁적
인 시각을 가진 당시 지식인들에게 얼마나 강력한 영향력을 끼쳤는지
에 관해서 다음과 같이 전해 준다.

"이러한 순례의 여정을 통해서 라마바이는 성스러운 푸라나-산스크
리트로 쓰인 고대 인도의 신화, 전설, 왕조사를 기록한 힌두교의 성
전-에 관한 연구를 계속했다. 또한 전통적인 양식에 따라 문법과 사
전을 구구절절 암기함으로써 산스크리트의 복잡함을 통달해 버렸다.
그리고 힌두 박티의 경전인 푸라나를 암기했다. 12살이 되자 그녀는

바가바타 풀나의 18,000구절을 인용할 수 있었으며, 산스크리트의 복잡함에 숙달해 있었다. 그녀는 또한 마라티, 카나레스, 힌두스탄어와 벵갈어를 배웠다. … 그녀의 뛰어난 학문과 민첩한 재치와 산스크리트로 즉흥시를 짓는 능력은 학자의 세계에 반향을 불러일으켰고, 푸니의 범학자(푼딧)협회로부터 사라와티라는 호칭을 받기에 이르렀다. 이후로 그녀는 판디타 라마바이로 알려졌다. 판디타는 선생(판딧)의 여성형인 것이다.[3]

라마바이는 겨우 12살이 되었을 때 힌두교에 관한 한 전문가가 되었으며, 어린 나이에 푸니에 있는 힌두교 범학자협회로부터 선생으로 인정되었다. 라마바이는 어느 면으로 보나 대단한 힌두교인, 즉 탁월한 우상 숭배자였다. 그러나 하나님께서는 먼저 그녀가 자신의 종교에 대해서 불만족을 느끼게 하시고, 이어서 성경과 그리스도인 선교사를 만나게 하심으로 그녀의 삶에 간섭하시기 시작하셨다. 그러나 라마바이의 개인적인 회심은 어린 나이에 미망인이 된 어린이들의 결혼을 금지시키기 위한 그녀의 강렬한 사회 활동을 말미암아 지체 되었다.

이러한 사회 사업에 대한 열정 때문에 결국 그녀는 더 나은 교육을 받기 위해 영국으로 가게 되었다. 그리고 하나님은 바로 영국에서 그녀를 구원하시고 기독교 학교와 그리스도인 친구들을 통해서 그녀의 믿음과 비전을 빚으셨다. 그러나 라마바이의 훈련은 하나님께서 그녀 앞에 예비하신 일을 감당하기에는 아직 완전치 못했다. 그녀는 "교육 방법들을 연구하고 인도의 여성들의 지위에 관해서 글을 쓰면서 학교를 위한 후원금을 모으는 일을 하면서"[4] 2년을 더 미국에서 체류하게 되었다.

그후 라마바이는 하나님께서 그녀를 위해 예비하신 참으로 놀라운 일을 성취할 수 있었다. 그녀는 인도의 높은 사회 계급에 속한 어린이 미망인들을 교육할 라마바이협회를 만들고, 그들을 위한 피난처들과 학교들을 설립하였으며, 인도에서 주목할 만한 복음 전도 사역을 전개했다. 그녀는 인도의 여성들을 위한 그녀의 입장 때문에 정통 힌두교도들로부터 강력한 저항을 받았고, 후에는 그녀의 담대한 전도 사역 때문에 개혁 지향적인 힌두교인들로부터도 강력한 반대에 부딪혔다.

그런데 흥미롭게도 라마바이는 데렉 프린스에 의해 예증된 여자 판사와 비슷한 경우에 봉착하게 되었다. 그러나 라마바이는 이 문제를 전혀 다른 시각으로 풀어나간다. 히버트는 "외부로부터 더욱 거세어지는 반대 외에도 이 시기는 라마바이를 위한 영적 싸움의 때였다. 자신의 영적 상태에 대한 불만족이 그녀를 무겁게 짓누르고 있었다. 그녀는 복음 전도자 하슬람이 저술한 책 『사망에서 생명으로』를 읽으며 이러한 영적 불만족을 해소하게 되었다. 그녀의 믿음은 이전에는 대체로 지성적이었지만 이제는 강렬하고 개인적인 것으로 바뀌었다. 그녀의 영혼은 새로워졌고 죄의 무거운 짐에서 해방되었다"[5]라고 기록하고 있다.

라마바이는 동남아시아의 여자 판사의 경우와는 달리 하나님께 더 가까이 나아감으로서 그녀의 영적 문제를 해결했다. 그녀는 주님과의 개인적인 관계를 더 깊이 발전시켜서 만족과 용서의 깊은 의미를 발견하게 되었다. 라마바이의 이야기에서 우리는 가계에 흐르는 저주와 같은 내용의 언급을 전혀 발견하지 못한다. 비록 라마바이의 가문이 조상 대대로 열렬한 힌두교 지도자 가문이었지만, 그녀의 삶에서 가계에 흐르는 저주는 도무지 찾아볼 수 없다.

그렇다면 라마바이와 여자 판사의 대조된 이야기는 하나님께서 불공평하시다는 것을 보여주는가? 하나님께서 동남아시아의 여자 판사의 조상들이 범한 우상 숭배는 대대로 심판하시면서 라마바이의 선조들이 범한 우상 숭배는 대대로 심판하지 않으셨다는 말인가? 이들의 대조된 이야기는 하나님께서 사람을 편애하신다는 것을 보여주는가? 즉 하나님께서 어떤 때에는 우상 숭배의 후손들을 저주하시다가 어떤 경우에는 그렇게 하지 않으신다는 뜻인가?

만약 보편적으로 적용될 수 있는 영적인 원리와 법을 수립한다면 거기에는 일관성이 있어야 한다. 가계저주론자들이 출애굽기 20장 5절에 기초해서 가계를 통해 대물림되는 저주의 법이나 원리를 세운다면 우상 숭배자들의 모든 후손들은 그들의 현재 영적 상태와 상관없이 하나님으로부터 저주를 받아야만 한다. 그러나 라마바이와 여자 판사의 이야기는 우리에게 같은 내용의 지식을 전해 주지 않는다. 그러므로 출애굽기 20장 5절을 기초로 하나님께서 후손들의 현재 영적 상태와 아무 상관없이 우상 숭배자들의 삼, 사대 후손까지 저주를 하셨다는 프린스의 해석은 유효하지 않다.

성경적인 바른 해석은 하나님께서는 그들이 조상이든 후손이든 우상 숭배자로 하나님을 미워하는 자들을 심판하신다는 것이다. 이러한 견지에서 볼 때 동남아시아의 여자 판사의 영적인 문제는 개인적인 차원에서 분별되었어야만 했다. 먼저 그녀가 정말 중생한 사람인지부터 짚고 넘어가야 했다. 그리고나서 하나님과 그녀와의 개인적인 영적 관계를 확인했어야만 했다. 그러나 이런 문제가 가계저주론자들에게는 중요한 문제가 아니다. 실제로 그들은 자신들의 말과는 상반되게 가계에 흐르는 저주에만 몰입해 있다. 라마바이의 삶은 영적인 문제를 먼저 철저하게 개인적인 차원에서 다루어야 한다는 것을 웅변적으로 보여준다. 한 사람의 가정에 존재하는 죄의 영향력이나 결과는 차후에 다루어져야 하는 것이 바른 순서이다.

라마바이는 그리스도께 나아오기 전에 그녀와 그녀의 가족의 열성적인 우상 숭배로 인해서 많은 어려움과 점증하는 불만족과 허무감 때문에 고통을 받았다. 회심하고 난 이후의 라마바이의 삶 역시 그녀가 주님과 불쌍한 인도 여성들로 말미암아 수많은 역경과 고통을 견뎌야만 했음을 보여준다. 또한 수많은 하나님의 위대한 종들이 삶 가운데 경험한 바와 같이 그녀도 심각한 영적 위기를 잘 통과해서 더욱 깊고 성숙한 믿음에 이르게 되었다. 라마바이가 조상들이 오랫동안 지은 우상숭배의 죄의 책임을 지고 고통을 받았다는 단서를 결코 찾아볼 수 없다. 라마바이가 구원을 위해서 그리스도께로 나아왔을 때 정죄와 저주는 영원히 그리고 완전히 끝난 것이다.

이러한 맥락에서 성경은 "그러므로 이제 그리스도 예수 안에 있는 자에게는 결코 정죄함이 없나니(롬 8:1)"라고 말씀하고 있다. 또한 바울은 로마서 8장 33절에서 "누가 능히 하나님의 택하신 자들을 송사하리요 의롭다 하신 이는 하나님이시니"라고 기록하고 있다. 라마바이가 겪은 기근, 소외, 핍박, 가난, 육신적 약함 등은 사실상 사도 바울이 그리스도와 복음을 위해서 종종 경험했던 고통을 반영해 주고 있다. 이러한 맥락에서 바울은 다음과 같이 기록하고 있다.

"형제들아 우리가 아시아에서 당한 환난을 너희가 알지 못하기를 원치 아니하노니 힘에 지나도록 심한 고생을 받아 살 소망까지 끊어지고 우리 마음에 사형 선고를 받은 줄 알았으나 이는 우리로 자기를 의뢰하지 말고 오직 죽은 자를 다시 살리시는 하나님만 의뢰하게 하심이라 그가 이같이 큰 사망에서 우리를 건지셨고 또 건지시리라 또한 이후에라도 건지시기를 그를 의지하여 바라노라."(고후 1:8-10)

라마바이의 이야기는 우리에게 훨씬 더 성경적인 세계관, 즉 저주 중심이 아닌 은혜 중심의 참된 세계관을 보여준다.

케네디 가문의 저주

또 하나의 흥미로운 예화가 이윤호 목사에게서 나온다. 그는 그의 책 『가계에 흐르는 저주를 이렇게 끊어라』에서 케네디 가문의 비극적 역사를 가계에 흐르는 저주의 한 예로 소개하고 있다. 그는 케네디 가문에 저주가 흐른다라고 결론을 내리기를 조심스레 삼가면서 다음과 같이 말한다.

"당신은 위의 이야기―케네디 가문의 비극적인 이야기를 포함해서―를 접하면서 무엇을 느끼고 있는가? … 우리는 이런 문제에 대해 정확한 대답을 제시할 수 없다. 그러나 확실한 사실은 비극적인 사건이 반복된다는 것이다."[6]

그러나 결국 이윤호 목사는 "케네디 가문의 비극을 취재한 《뉴스위크》 기자는 이 가문에 '저주가 흐르고 있다'고 결론지었다"[7]라고 부주의하게 말함으로써 저주에 대해서 자신이 과도하게 집착하고 있음을 여실히 드러내고 있다. 그런데 이윤호 목사의 말과 달리 이반 토마스(Evan Thomas)에 의해서 쓰여진 "캐밀롯의 저주"라는 제목의 글은 케네디 가문의 비극에 대해서 결론을 맺지 않는다.[8] 《뉴스위크》는 1998년 1월 판에서 다룬 케네디 가문의 비극과 관련해서 '저주'라는 단어를 오직 네 번만 사용한다. 그 중 두 개는 잡지 전면의 큰 표제인 "케네디가의 저주"와 본 기사의 제목인 "캐밀롯의 저주"에서 사용했는데, 이것은 단지 독자의 흥미를 유발하기 위한 보도 행위일 뿐이다.

그러나 이러한 선정적인 보도는 《타임》지나 *U.S. News & World Report*와 같은 다른 영향력 있는 시사 잡지에서는 볼 수 없었다. 사실상 이 사건과 관련하여 《타임》지는 이 사건을 그저 "비극이 재연되다"(Tragedy Strikes Again)라고 보도했을 뿐이다.[9] 또한 유명 시사잡지 *U. S. News & World Report*는 "케네디 가문에 또 비극이"(Tragedy, again, for the Kennedys)라는 제목으로 사건을 보도했다.[10] 상기의 《뉴스위크》 기사와 관계하여 세 번째로 사용된 저주라는 단어는 로버트 케네디의 친구가 느꼈던 개인적인 감정에서 비롯된다.

필자 이반 토마스는 1963년 11월 당시 미국 대통령이었던 존 F. 케네디가 암살당하고 난 후, 그 당시 법무부 장관이자 케네디 대통령의 동생인 로버트 케네디가 링컨 베드룸에서 크게 소리 내어 그리스 신화를 읽는 것을 들었다고 한다. 그는 "케네디가 아이스킬로스(Aeschylus)의 아가멤논의 낡은 사본을 큰 소리로 읽고 있을 때 게네디가 아트레우스 가문에 내렸던 저주를 마치 개인적인 것으로 느끼는 것처럼 보였다"[11]라고 말했다. 《뉴스위크》는 바로 이 진술을 그대로 인용한 것뿐이다.

마지막으로 쓰여진 '저주'라는 단어는 기자의 흐릿한 추측에서 나왔다. 기자는 "대부분의 미국인들은 바비의 아들 마이클이 한 해의 마지막 날에 스키 사고로 죽었다는 소식을 접했을 때 케네디 가문에 저주가 있다고 느꼈을지도 모른다"[12]라고 썼다. 기자가 이끌어냈다는 저주에 관한 결론은 어디를 보아도 전혀 없다. 기자는 이윤호 목사의 저주 중심의 평가보다 훨씬 더 지적인 평가를 하고 있다. 예를 들어 기자는 시작하는 단락에서 "위험을 무시하고 그것을 재미라고 부르는 것은 케네디 가문의 아이들에게는 성장의 한 단면이었다"[13]라고 쓰고 있다.

기자는 또 "그러나 더 뚜렷하게 물려받은 특징은 조심성 없는 태도로서, 케네디 가문 사람들은 정해진 기준 이상으로 살 수 있다는 고집스런 믿음이 바로 그것이다"[14]라고 적고 있다. 그리고 "케네디 가문 사람들은 출중해야 한다는 압박감과 출중하게 보여야 한다는 압박감에 항상 시달렸다. … 어떤 대가를 지불하고서라도 이겨야 한다는 분위기가 케네디 가문 사람들이 앞서 가도록 또는 위험을 감수하도록 만든다는 것은 전혀 이상한 일이 아니다"[15]라고 쓰고 있다.

이 외에도 기자는 "바비가 아이스킬로스에서 '남자들은 안전한 항구를 위해서 창조된 것이 아니다. 삶의 충만함은 삶의 위험 가운데 있다'라고 말했다. … 마이클의 장인인 스포츠 해설자 프랭크 기포드는 RFK(로버트 케네디)가 미식 축구를 가장 좋아한 것은 '위험의 요소' 때문이었다"[16]는 말을 덧붙인다.

그러면 이윤호 목사는 왜 《뉴스위크》의 기자가 케네디 가문에 저주가 흐른다라고 결론을 내렸다고 말하는가? 이윤호 목사는 왜 주간지 기사에서 이러한 지적인 평가보다도 저주를 보는가? 가능성 있는 한 가지 이유는 '저주'를 보기 원했기 때문이다. **저주에 대한 과도한 집착이 이윤호 목사로 하여금 부주의하고 거짓된 진술을 하도록 몰아간 것이다.** 흥미롭게도 이러한 집착이 이윤호 목사의 두 번째 책에서 구체화되어 나타났다. 그는 이 책에서 "케네디 가에서 일어난 비극적 사건을 '가계의 저주'로 불려질 수 있는가? … 결론적으로 말해 케네디 가에서 발견된 가장 충격적인 현상은 가계에 대물림된 요절 및 비극적 사건의 발생이다. 케네디 가문의 이 모든 비극적 사건은 '케네디 가의 저주'를 증명하기에 충분하지 않은가! 과연 그렇다면 케네디 가에 저주가 임하는 이유는 무엇일까?"[17]라고 적고 있다.

그리고 자신의 질문에 스스로 답을 하며, 존 F. 케네디 전 대통령의 할아버지가 술장사를 했던 것과 케네디 일부 가족들의 성적인 죄와 케네디 전 대통령이 미국 공립학교에서 기도를 금지한 것 등을 케네디 가문에 저주가 임한 이유로 제시한다.[18] 그러나 이윤호 목사는 케네디 가문에 흐르는 저주를 합리화하려는 책략 때문에 케네디 가문의 불행한 사고들과 관련해서 고려해야 할 여러 인간적인 요인들과 끔찍한 죽음이나 불행한 사건 및 수치를 당한 사람들의 개인적인 죄 등을 지적하는 일에는 지극히 소홀했다. 이윤호 목사의 생각은 인간의 불행과 관련해서 고려되어야 할 인간적 요인들은 무시하고, 불행을 만난 당사자들의 죄를 강조하지 않거나 무시하는 경향을 띄고 있다.

이러한 생각 체계에서는 한 가문에 저주가 역사하고 있으면 그 가문 사람들의 영적 상태와는 상관없이 필경 불행이 찾아오게 된다는 신념이 더 크게 작용한다. 즉 한 가문의 구성원들의 행복과 불행에 있어서 현재는 상관이 없고 (신자든 불신자든 조상의 죄를 명확히 찾아내서 회개 기도를 하지 않는 한) 조상의 과거가 결정적으로 작용한다는 것이다. **인간의 불행을 가계 흐르는 저주와 관련해서 숙명론적으로 풀어놓은 참으로 개탄할 이론이 아닐 수 없다.**

이윤호 목사는 히스기야, 므낫세, 요시야의 삼대에 걸친 유대 왕들의 경우와 같은 역사적 사실이 자신의 이론을 반박하는 것을 잘 알고 있다. 게다가 위와 같은 비판을 피하기 위해서 "현재까지 논의된 것은 일종의 원리를 언급한 것이지, 과학에서 말하는 인과응보의 절대 법칙은 아니다"[19]라고 얼버무린다. 그러나 그는 "만약 자연의 법칙을 어길 때에는 반드시 이에 수반하는 결과가 오기 마련이다. 마찬가지로 영적 법칙과 원리를 어길 때에도 반드시 부정적인 결과가 장·단기적으로 나타나게 된다"[20]라고 주장함으로써 자신의 말을 스스로 부정해 버리는 우를 범해 버린다.

그러면 이윤호 목사는 왜 이렇게 우왕좌왕 하고 있는가? 그 이유는 자명한데, 거짓말이 거짓말을 낳는 것과 같이 부실 이론은 부실 설명으로 땜질을 하는 수밖에 없기 때문이다. 이와 같은 부실 이론에서는 케네디 가문의 후손들이 범죄할 수밖에 없고 이 생에서 악하고 불행한 일을 당할 수밖에 없다. 그렇다면 케네디 가문에서 죄를 많이 짓는 후손들은 가문에 흐르는 저주의 희생자들인가 아니면 자율적으로 죄를 범하고 있는 자들인가? 가계저주론의 체계에서는 가계에 내린 저주 때문에 조상들의 죄와 또한 조상들로부터 축적되어진 죄의 성품까지 대물림 받아서 같은 죄를 짓고 타락하게 됨으로써 이들은 가계 저주의 희생자들이지 자율적으로 죄를 범하는 자들이 아니라고 주장한다. 그러므로 이러한 부실 이론은 위험하고 비성경적인 숙명론 외에 아무 것도 아니다. 결국 이러한 부실 이론은 가계저주론이라는 극단적인 저주 중심의 숙명론적 세계관이 도출해내는 필연적인 결론일 수밖에 없다.

그러나 가계저주론자들의 주장과 달리 케네디 가의 사람들은 조상들의 죄를 되풀이하거나 이 생에서 악하고 불행한 일들을 만나도록 운명지어진 것이 아니다. 비록 케네디 가문의 조상들 중 몇몇이 범한 죄의 악한 영향력과 결과 아래서 살아왔을 가능성이 있으며, 심지어 조상들의 죄에 유약하거나 악한 성품을 물려받았을 가능성도 있다. 그러나 케네디가 사람들도 선과 악을 선택할 수 있는 자유의지를 소유하고 있다. 그들 중 어떤 이들은 실제로 선한 것을 선택했다. 조나단 알터는 마이클 케네디에 관한 그의 글에서 케네디의 후손들에 대해 말하면서 "조와 로즈의 살아 있는 27명의 후손들 중 대부분의 사람들이 혜택 받지 못한 사람들을 돕는 일에 깊이 관여하고 있다. 그들 중 대부분은 훌륭한 삶을 영위하면서 좋은 가정을 꾸미고 있고, 평범한 삶을 살아가고 있다"[21]라고 쓰고 있다. 또한 이반 토마스는 《뉴스위크》에 기고한 그의 글에서 케네디 가문의 긍정적인 면을 다음과 같이 쓰고 있다.

"가장 나이가 많은 자녀인 캐서린 케네디 타운센드는 그녀가 인터뷰하는 〈뉴욕 타임즈〉나 《베너티 페어》나 《뉴스위크》 등의 신문 잡지에 자신이 메릴랜드 주 부주지사로 지역 사회를 위해 어떻게 헌신하고 있는지 열심히 묘사했다. 가장 어린 자녀인 로리 케네디는 그녀의 이스트 빌리지 아파트에서 마약 중독에 걸린 여성들을 담은 비디오 기록 영화에 관해서 말하며 인터뷰를 했다. 후손 중 가장 열성적으로 살아가는 43세의 바비 주니어는 환경 운동가로서 자신의 일을 담은 『강 파수꾼』이란 책을 저술했다. 전직 검사인 33세의 막스는 경영학 공부를 위해 학교에 가기 전 자신의 아버지의 어록이 담긴 책을 편집하고 있는 중이다. 34세의 크리스토퍼는 가족이 소유하고 있는 시카고 머천다이즈 마트를 경영하고 있다. 미 주택도시개발부 장관인 앤드류 쿠오모의 아내인 38세의 캐리 케네디 쿠오모는 쌍둥이를 키우기 위해서 로버트에프케네디재단의 회장 자리를 사임했다. 30세의

더글라스는 다소 얄궂게도 가족의 문제를 신문사에 넘겨 주는 폭스 뉴스의 앵커로 일하고 있다.[22]

이런 긍정적인 면에 더하여 이반 토마스는 세상이 케네디 가문의 불행한 면에 더 관심을 쏟고 있다고 질타했다. 그는 "대중의 눈앞에 그들을 함께 불러모으는 것은 결국 비극일 뿐이다"[23]라고 말했다. 대중들의 의견이 부자나 유명인사에 대해 항상 공정한 것은 아니다. 조나단 알터는 "대체로 미국인들은 어떤 공인에 대해서든 대체로 한두 가지 정도의 견해만 가지고 있을 뿐이다. 마이클 케네디의 경우에도 '아기를 봐 주는 사람'이나 '스키 사고' 등이다. 이러한 단견은 홈리스를 위한 복지 운동이나 총기 사고 예방 운동과 같은 선한 일에 삶을 헌신했던 마이클 케네디에게는 불공평한 것이다. 아마 그의 친구들은 마이클의 죽음 때문에 더 많은 봉사와 헌신을 하도록 감동을 받을 것이다"[24]라고 말했다.

본 주제를 논의하면서 케네디 가문을 변호할 특별한 이유는 없다. 그러나 우리는 케네디 가문의 이야기를 통해서 자신들의 저주 중심적 세계관을 합리화하기 위해서 한 가족의 불행과 부정적인 면에만 초점을 맞추는 부정적이고 불공평하며 정죄하려는 자세를 직시할 필요가 있다. 그들의 자세는 그들의 교리만큼이나 해로운 것이다. 이러한 자세를 가지고 있는 사람들은 현대판 바리새인들이라 불리워져야 마땅하다.

케네디 가문의 이야기가 보여주는 바와 같이 심지어 여러 명의 죄 많은 조상들을 가진 사람들이라 해도 죄보다는 선을 택할 자유가 있으며, 하나님으로부터 축복을 받을 권리가 있다. 성경적으로 말해 우리는 케네디 가문에서 자신의 죄로 말미암아 심판을 받은 사람들과 동시에 하나님 앞에 자신의 의로 말미암아 축복을 받은 사람들을 본다. 이러한 원리는 지구상에 사는 모든 가족들에게 동일하게 적용된다.

케네디 가문에 '투탄카멘의 저주'와 같은 이교도들의 이야기에서나 찾아볼 수 있는 가계에 흐르는 저주로서의 악한 작용이나 영향력은 결코 없다. 이러한 종류의 이교도적이며 운명주의적이고 파괴적인 사상은 성경으로부터 비롯된 것이 아니라 세상과 악령의 세계에서 온 것이다. 케네디 가문에 관해서 글을 썼던 사람들은 예외 없이 케네디 가문에 존재하는 공통적인 특징들을 지적한다. 알터는 "자기 과신 혹은 교만과 같은 비극적인 결함은 고전적인 드라마에서 항상 동일한 것이다. 케네디 가문 사람들의 결함은 그들이 받은 고통을 감안하여 당시에는 경시되었다. 그러나 이상주의와 무모함의 상호 작용은 결국 케네디 가문에 대한 수많은 책들의 공통적인 주제로 부상하고 있다. 더욱이 이 흐름은 여전히 지속되고 있다"[25]라고 말하고 있다.

제멋대로 적용하는 저주 공식

케네디 가문의 비극에서 보여주는 분명한 인간적 요인들에도 불구하고 가계저주론자들은 자신들의 공식이 지시하는 바대로 케네디 가족을 저주받은 가족으로만 보고 정죄하려는 경향이 있다. 가계저주론자들의 저주 공식은 데렉 프린스에 의해서 발전되었는데, 그의 책에서 "나는 개인적인 관찰과 경험을 통해서 저주가 역사하고 있다는 것을 가리키는 7가지 목록을 제시했다"[26]라고 주장한다. 프린스의 저주 목록표에 따르면 케네디 가문의 역사는 그의 저주 공식의 3가지 문제를 반영하고 있다. 그것은 결혼의 붕괴와 가족간의 불화 및 자살과 갑작스런 죽음 등이다.[27] 프린스는 또한 "내가 이 목록표를 신명기 28장의 모세의 것과 비교했을 때 이 둘 사이의 밀접한 상관 관계 때문에 깊은 인상을 받았다"[28]라고 주장한다.

그러나 이 저주 공식은 신명기 28장에 나타난 모든 증상을 포함하지 않고 있으므로 성경적인 기준에 미달된다. 신명기 28장에 나타난 저주의 증상은 참혹한 멸망(20), 질병(21~2), 기근(23~4), 전쟁에서의 패배(25~6), 애굽의 육체적·정신적 질병들(27~9), 압박과 강탈을 당함(30~5), 추방(36~7), 추수의 실패와 경제적인 파멸(38~44) 등을 포함한다. 게다가 신명기 28장은 당시 이스라엘 주변에 있던 국가들이나 어떤 특별한 가문에 하신 말씀이 아니라 하나님과의 언약 관계에 있는 이스라엘에게 선포된 것이며, 이는 어떤 가문이 아닌 국가 단위의 특별 공동체에게 주신 말씀이다. 그러므로 이 말씀은 이방인 국가나 기독교 국가-그리스도인들의 이상과 가치관이 강력하게 영향을 미치는 국가-를 비롯해서 이교도 가정, 그리스도인과 불신자가 혼재하는 가정, 은혜 안에 살아가는 중생한 그리스도인, 불신자 등에 모두에게 그대로 적용할 수 있는 것이 아니다.

클린턴 아놀드가 바르게 지적한 바와 같이 "이스라엘에 하신 언약의 약속을 현대 국가들과 도시들에게 그대로 적용할 수는 없다."[29] 이스라엘에게 경고하신 저주를 그대로 이방인 국가나 가정에 적용한다면, 이스라엘에게 약속하신 축복도 그대로 이방인 국가와 가정에게 적용해야 마땅하다. 그러나 그렇게 할 수는 없는 노릇이다. 물론 십계명에 새겨져 있는 도덕법은 그리스도인을 포함해서 모든 사람들에게 항상 유효한 것이다.

사실상 예수님께서도 의인이나 중생한 신자들이 "네 이웃을 네 몸과 같이 사랑하라"(마 19:17~19)는 말씀에 반영된 10계명을 포함해서 5계명에서 9계명까지를 준수함으로 그들이 의롭게 살도록 요구하셨다. 더구나 성경은 "너희가 만일 성령의 인도하시는 바가 되면 율법 아래 있지 아니하리라"(갈 5:18)고 약속하신다. 즉 성령의 영향력 아래 살고 있는 신자는 모세의 율법에 나와 있는 도덕적인 기준을 능가하는 삶을 살게 되리라는 말이다. 그러므로 신자의 삶의 기준 혹은 성령의 법은 모세의 율법에서 요구한 도덕적인 기준을 다 포함하고 있다는 말이다. 신자들은 완성된 성경의 인도함을 받으며, 내주하시는 성령의 능력을 공급받기 때문에 모세의 율법에 적혀 있는 도덕적인 기준 이상으로 살도록 요구받고 있는 것이다. 그래서 우리는 십계명의 도덕법이 모든 사람들에게 유효하다는 사실 외에도 하나님과 그분의 말씀에 순종하면 축복을 주신다는 사실과 하나님과 그분의 말씀을 불순종할 때 심판이 임한다는 것과 같은 보편적인 영적 원리들을 끌어낼 수 있다.

그러나 신명기 28장에 나와 있는 저주를 그리스도인에게 적용하는 것은 부당하다. 왜냐하면 성경이 "그리스도께서 우리를 위하여 저주를 받은바 되사 율법의 저주에서 우리를 속량하셨으니 기록된바 나무에 달린 자마다 저주 아래 있는 자라 하였음이라"(갈 3:13)고 말씀하셨기 때문이다. 이따금 그리스도인들이 불순종함을 인하여 하나님께서 그들을 징계하시는 경우가 있다. 그렇지만 성경은 이것을 저주라고 부르지 않는다. 저주라는 단어는 하나님 아버지와 그의 사랑하시는 자녀 사이의 관계를 묘사하기에는 적합한 용어가 아니다.

'신자들이 귀신들릴 수 있는가' 하는 논쟁적인 주제를 다루는 심각한 논의에서조차 프레드 디카슨(신자들이 귀신들릴 수 있다는 견해를 가짐)은 그리스도인의 경험과 관계하여 결코 '저주'라는 단어를 용인한 적이 없다. '저주'라는 단어를 제멋대로 쓰거나 비성경적으로 사용하는 가계저주론자들과는 달리 디카슨은 불신자를 위한 '심판'과 신자들을 위한 '징계'라는 단어를 신중하게 선택했다. 디카슨은 "우리가 하나님께서 다양한 환경과 질병 및 죽음조차 사용하셔서 징계하신다는 것을 용인하면서도 한편으로는 하나님께서 귀신들림을 불신자를 위해서는 심판(punishment)의 형태로, 구원받은 자들을 위해서는 징계(discipline)의 형태로 허용하신다는 것을 반대하는 것은 논리적인가"[30]라고 묻는다.

그러나 무엇보다도 중요한 것은 **신약은 하나님께서 불순종하는 그리스도인들을 저주하신다거나 조상들의 죄로 말미암아 신자들을 저주하셨다고 가르치는 경우가 없다**는 것이다. 신약에서 사도 바울이 오직 두 번 직접적으로 저주(아나쎄마)를 빈 경우가 있는데, 이것은 거짓 형제들이나 거짓 교사들과 같은 본래 불신자들과 관계된 것이었다. 첫번째는 사도 바울이 "누구든지 주를 사랑하지 아니하는 자는 저주를 받을지어다"(고전 16:22)라고 주님을 사랑하지 않는 사람들에게 저주를 비는 경우이다. 데이비드 로워리가 바르게 지적한 바와 같이 여기서 동사 '필레이'는 고린도전서 16장 20절에 있는 명사 '필레마티'(키스)라는 말과 관련이 있다.[31] 명사 '필레마티'는 본래 불신자들인 거짓 형제들이나 거짓 교사들에게서는 찾아볼 수 없는 충성과 깊은 사랑을 의미하는데, 바울이 이미 교회(고전 12:3) 안에 존재하는 것으로 인정한 것이다.

두 번째는 바울이 "그러나 우리나 혹 하늘로부터 온 천사라도 우리가 너희에게 전한 복음 외에 다른 복음을 전하면 저주를 받을지어다"
(갈 1:8)라고 말함으로써 복음을 제멋대로 왜곡하는 자들을 향해서 저
주를 비는 경우이다. 여기서 '저주'(아나쎄마)라는 같은 단어가 거짓
교사들을 향해서 사용되었다. 그러므로 **비록 그리스도인들이 죄가 충
만한 이 세상에 내려진 하나님의 일반적인 저주의 결과를 견뎌야 하
기는 하지만**(예를 들어 사도 바울이 그에게 있는 육신의 가시를 개인
적인 저주가 아닌 일반적인 저주의 결과로서 참은 경우이다), **신약성
경은 그리스도인들이 더 이상 개인적인 저주 가운데 살고 있지 않음
을 분명히 보여준다.**

이러한 맥락에서 계시록 22장 3절은 마침내 "다시 저주가 없으며"
라고 선언하고 있다. 신약성경의 마지막 책의 마지막 장에서 선언되
는 저주에 대한 마지막 언급은 이러한 신학적 틀 속에서 해석되어져
야만 한다. 히브리서 12장 5~8절은 신자들의 죄를 다루시는 하나님
의 섭리를 말씀하시며 다음과 같이 권면하고 있다.

> "또 아들들에게 권하는 것같이 너희에게 권면하신 말씀을 잊었도다
> 일렀으되 내 아들아 주의 징계하심을 경히 여기지 말며 그에게 꾸지
> 람을 받을 때에 낙심하지 말라 주께서 그 사랑하시는 자를 징계하시
> 고 그 받으시는 아들마다 채찍질하심이니라 하였으니 너희가 참음은
> 징계를 받기 위함이라 하나님이 아들과 같이 너희를 대우하시나니
> 어찌 아비가 징계하지 않는 아들이 있으리요 징계는 다 받는 것이거
> 늘 너희에게 없으면 사생자요 참 아들이 아니니라"

그리스도인들을 신명기 28장의 견지에서 저주의 개념-조상의 죄
로 인한 가계의 저주나 그 무슨 명목의 저주이든-을 가지고 불안하게

하거나 정죄하려는 시도는 성경적이지 못하다. 한 사람의 관찰과 경험에 의해 인위적으로 만들어진 저주 공식을 가지고 어떤 사람을 정죄하는 것은 비성경적이고 위험한 일이다. 이에 대해 프린스는 "그러나 여러 가지 문제가 겹치거나 이 중의 어떤 한 가지가 반복적으로 거듭 발생한다면 저주의 가능성은 그만큼 증가하게 된다. 그러나 결국 절대적으로 정확한 진단을 제공하실 수 있는 분은 성령이시다"[32]라고 주장한다. 프린스는 여기서 사려 깊은 모습을 보여주는 듯하지만, 그가 저주를 진단하기 위해 인위적으로 만든 방법은 일관성과 성경적인 뒷받침이 결여되어 있으므로 전혀 성경적인 것이 아니다.

만약 프린스가 신명기에 나타난 모세의 율법이 아직도 보편적으로 모든 사람들에게 적용될 수 있다고 믿는다면, 모세에 의해서 전해진 하나님의 **모든** 말씀과 교훈들을 주의하여 순종하지 않는 **모든** 사람들이 모세에 의해서 언급된 **온갖** 종류의 저주 아래 놓여 있다는 것도 인정해야만 한다. 신명기 27장 26절은 "이 율법의 **모든** 말씀을 실행치 아니하는 자는 저주를 받을 것이라 할 것이요"라고 선언하고 있다. 사실상 이 말씀은 그리스도 밖에 있는 모든 사람들이 저주 아래 처해 있음을 보여준다. 저명한 성경 해설자이자 설교가인 존 맥아더는 이 구절을 갈라디아 3장 10절을 배경으로 해석하면서 다음과 같이 주장한다.

> "인용을 하는 중에 사도가 강조하는 것은 **모든 것을 지키라**는 요구이다. 달리 말하면 율법의 일을 믿은 사람들은 예외 없이 율법의 모든 것을 지키도록 요구받았다는 것이다. 이러한 사실은 결국 그들을 저주 아래에 가두게 되는데, 그것은 어떤 사람도 하나님께서 요구하

신 하나님의 완전한 법을 모두 지킬 능력이 없기 때문이다.”[33]

메시지는 분명하다. 즉 사람은 율법을 준수함으로 구원을 받는 것이 아니라 하나님의 은혜에 의지함으로 구원을 받는다는 것이다. 바울은 모세의 율법을 지켜서 구원을 받으려는 사람들과 관련하여 ‘저주’라는 용어를 사용한다. 그러나 바울은 그리스도인의 경험과 관련하여 저주라는 단어를 사용한 적이 없다. 그런데도 가계저주론자들은 사도 바울과는 달리 저주라는 단어를 그리스도인들의 경험이나 불신자들의 경험에 구별 없이 제멋대로 사용한다. 가계저주론이 바른 성경적 교리를 소유하고 있는 수많은 건전한 그리스도들을 혼돈케 하고 분노케 하는 것은 바로 이러한 비성경적인 관행 때문이다.

이에 더하여 신명기 28장 15절은 “네가 만일 네 하나님 여호와의 말씀을 순종하지 아니하여 내가 오늘날 네게 명하는 그 모든 명령과 규례를 지켜 행하지 아니하면 이 모든 저주가 네게 임하고 네게 미칠 것이니”라고 말씀하고 있다. 성경은 어떤 사람이 저주 아래 놓여있는지 아닌지에 관해서 진단할 필요가 없다고 가르친다. 이와는 반대로 모세가 명한 모든 명령과 규례를 지키지 않고 있다면 그 사람은 이미 저주 아래 놓여 있다는 것이다. 당신은 성령께 당신에게 저주가 임했는지에 대해서 바른 진단을 내릴 수 있게 해달라고 요청할 필요가 없다. 왜냐하면 성령께서 이미 그분의 진단서를 성경 안에 써놓으셨기 때문이다.

이러한 견지에서 볼 때, **프린스의 저주 공식은 성경적인 기준에 형편없이 미달되는 것이다. 그의 생각의 체계에는 성경적인 일관성과 기준이 전혀 없다.** 그렇다면 프린스의 저주 공식을 심각하게 받아들여야 할 이유가 대관절 존재하는가? 그 대답은 명백한 것이다. 그렇지만 성경 말씀보다 사람의 경험을 더 중시하는 사람들이 있다. 그들은 자신의 경험을 바탕으로 해서 인위적으로 만든 소위 영적 공식을 세우기 위해 하나님의 말씀을 무시하거나 왜곡하는 경향을 가지고 있다. 그들은 기록된 하나님의 말씀보다 자신들의 경험 위에서 만들어진 인위적인 공식을 기초로 판단하려고 한다. 이윤호 목사는 "케네디 가문의 이 모든 비극적 사건은 '케네디가의 저주'를 증명하기에 충분하지 않은가! 과연 그렇다면 케네디 가에 저주가 임하는 이유는 무엇일까"라고 자신만만하게 말한다. 이러한 시도야말로 저주 중심의 세계관의 비천한 본질을 증명하는 것이다.

극단적이며 샤머니즘적인 믿음과 관행

이윤호 목사가 저주에 과도하게 집착하고 있다는 사실은 그가 저주라는 용어를 얼마나 자주 남용하고 있는가를 보면 쉽게 알 수 있다.

> "우리는 우리가 사역하는 내담자들이 저주받은 것을 흔히 목격하게 된다. 우리는 또한 저주가 심지어 부모를 비롯한 어떤 사람이 내뱉는 부주의하거나 분노의 말이 흔히 저주를 가져온다는 것을 인식하게 되었다."[34]

우리 모두는 좋지 않은 말들이 사람들을 해치며 종종 나쁜 결과들을 초래한다는 것을 알고 있다. 그런데 성경 어디에 어떤 사람이 부주의하거나 분노 중에 내뱉은 말이 그 말을 듣는 사람에게 자동적으로 하나님의 저주를 가져온다는 말씀이 있는가? 물론 성경 어느 곳에도 없다! 하나님을 다른 사람의 입으로 저지른 실수나 죄로 말미암아 상처를 입은 사람을 저주하는 일이나 하시는 분으로 묘사하는 것은 하나님의 거룩하신 속성을 모독하는 행위에 속한다.

성경 가운데 특히 신약성경은 '저주'라는 용어를 매우 신중하게 사용한다. 이에 반해 가계저주론자들이 저주라는 말을 걸핏하면 사용하면서 남용하는 극단적 행태는 그들이 저주에 과도하게 집착하고 있음을 증명해 준다. 이윤호 목사는 자신의 극단적 저주 중심의 세계관을 반영하는 또 다른 진술을 하고 있다. "또한 우리는 다 이해할 수 없지만 악이 선보다 더 강하게 역사하고 흘러가듯이, '가계의 (축)복'보다 '가계의 저주'가 더 강하게 흘러가기 때문에 우리가 가계의 저주에 초점을 더 맞추는 것이다"[35]라는 말이 그것이다. 출애굽기 20장 5~6절에 있는 성경적인 관점은 하나님의 축복이 그분의 심판보다 훨씬 더 큰데, 적어도 성경을 문자적으로 해석하면 250배 내지 300배나 더 크다는 말씀이다. 그러나 이윤호 목사의 관점은 이와 정반대이다. 이는 물론 말씀보다 자신의 경험이나 관찰을 더 중요하게 여기는 그릇된 관점에서 비롯된 것이며, 은혜와 축복보다 율법과 저주를 더 중시하는 가치가 전도된 성경관에서 비롯된 저주 중심의 세계관을 반영하는 것이다.

프랜시스 맥너트의 매일의 기도 또한 이 점을 증명해 준다. 맥너트는 "우리가 기도를 통해서 우리 자신과 가족들을 보호하지 않는다면 우리는 아무런 잘못이 없더라도 저주의 희생자가 될 수 있다는 것을 여기서 강조할 필요가 있다"[36]라고 주장한다. 그리고 그는 실제로 자신에게 보내지는 저주를 분쇄하는 기도를 매일 드리고 있다고 한다. 실로 가계저주론자들은 자신들의 삶에 역사하고 있는 저주에 깊은 관심을 가지고 있다.

우리는 여기서 가계저주론이 영적 분별력과 깊은 사고력을 가진 성경 주석가들로부터가 아니라, 여러 가지 종류의 저주에 과도하게 집착하는 세계관을 가진 사람들로부터 온 것이라는 점을 기억할 필요가 있다. 그들의 세계관은 가계에 흐르는 저주를 비롯한 저주들로 가득 차 있다. 그들의 사역은 이러한 저주 중심의 세계관을 기초로 한 것들이다. 가계저주론을 주장하는 사람들은 거의 모두가 축사 사역에 관계되어 있는 사람들이다. 그들은 자신들의 독특한 사역의 세계 속에서 **악령들과의 대화나 귀신들림을 경험했던 사람들의 말 또는 깊은 혼돈과 흑암을 경험했던 사람들의 말 등에서 얻어진 경험과 관찰을 토대로 성경을 보고 해석하려는 경향**이 있다. 또한 그들은 자신들이 경험했던 특수한 상황의 이야기를 보편적인 것으로 해석하려는 경향이 있다.

이와 같은 맥락에서 맥너트는 "게다가 우리는 자연적이며 인간적인 문제들과 함께 저주의 세력이 우리 사회를 파괴하려는 많은 문제의 밑바닥에 잠재해 있음을 인식할 필요가 있다"[37]라고 주장한다. 맥너트는 심지어 샤머니즘적 신앙과 관습을 기초로 해서 교회가 저주에 관심이 없다고 질책하는 일을 마다하지 않는다. 이러한 맥락에서 맥너트는 "수많은 전통적인 이교도 신앙이 저주를 믿을 뿐 아니라 자신들의 고유의 사제들-샤만들-을 통해서 복을 구하고 저주를 피하는 일에 전념하고 있다. 그런데 아주 소수의 교회들만이 저주의 가능성을 참된 목회적 관심으로 고려하고 있다는 것은 경악할 일이다"[38]라고 오히려 경악할 발언을 하고 있다.

맥너트의 어설픈 샤머니즘에 대한 지식이 틀린 것은 아니다. 그러나 무당과 샤머니즘적인 사람들의 믿음과 행위을 본으로 삼아 교회를 질책하는 행위는 참으로 아연실색할 일이다. 맥너트는 기독교 교회들이 저주에 관한 한 샤머니즘의 본을 따라야 한다고 주장한다. 달리 말하면 샤머니즘이 저주에 관해서 관심을 집중하고 있는 것이 옳다는 말이다. 그러나 샤머니즘이 저주에 관해서 잘못된 세계관을 가지고 극단적으로 저주에 관심을 쏟고 있다면 맥너트의 주장도 결국 잘못된 것이 되고 마는 것이다. 샤머니즘의 저주관을 비유로 들고 나와서 교회를 공박한 맥너트의 주장은 사실상 처음부터 극단적인 저주 중심의 세계관에서 비롯된 것이다. 샤머니즘의 저주관을 이용한 극단적인 비유는 단지 그의 극단적인 저주 중심의 세계관이 반영된 것에 불과하다.

서구인으로서 맥너트는 자신의 관심사에 밀접한 한 가지 점을 아직 잘 모르고 있다. 그것은 샤머니즘 역시 악령과 저주를 추방하는 일에 극단적인 관심을 가지고 있으며, 또한 그들의 과도한 관심은 대부분 잘못된 지식에 근거하고 있다는 것이다. 한국에서 태어나서 성장해 본 사람이라면 한국 사회에 샤머니즘과 관련해서 얼마나 많은 터무니없는 터부가 존재하고 있으며, 그것이 또한 얼마나 한국인의 삶을 불안케 하고 억압하고 조종하고 있는지를 잘 알 것이다. 한국에서는 샤머니즘적인 사람들이 악령과 저주를 떨쳐내기 위해서 놀라울 정도의 관심과 힘과 돈을 쏟아 붇고 있다. 맥너트의 공박은 가계저주론이 아직도 샤머니즘의 무거운 손에 짓눌려 있는 한국에서 왜 그처럼 기승을 부리고 있는지를 잘 설명해 준다.

흥미롭게도 샤머니즘적 세계관은 가계저주론자들이 가지고 있는 세계관과 여러모로 비슷한 점이 많이 있다. 예를 들면, 이 두 세계관 모두 현세적이며 물질적인 것들을 복으로서 강조하고 있다는 점이다.

사실상 프린스가 저주의 징후라고 말한 것들은 축복에 대한 그의 관점이 일시적이며 물질적이요, 육체적이며, 이 세상에서의 한시적인 삶과 밀접한 관계를 맺는 것들에 집착해 있음을 보여준다. 샤머니즘과 가계저주론은 축복과 저주에 초점을 맞춘다. 또한 샤머니즘을 신봉하는 자들이나 가계저주론자들은 고통의 의미에 별 관심이 없는데, 그 이유는 그들에게 고통은 대체로 저주의 결과이기 때문이다.

이에 더해서 피터 와그너에 대한 이윤호 목사의 평가는 가계저주론을 지지하는 사람들이 저주에 과도하게 집착해 있다는 또 하나의 증거이기도 하다. 이윤호 목사는 "만약 가계저주론이 부정된다면 와그너 박사의 세계 선교를 위한 영적 전쟁 운동의 80퍼센트의 근거를 부정하는 우를 범하게 될 것이다"[39]라고 말했다. 피터 와그너에 대한 이윤호 목사의 평가가 옳은 것이라면, 피터 와그너가 자신이 가장 소중히 여기는 사역의 대부분을 저주 중심의 세계관을 가지고 수행하고 있다는 것을 증명하는 것이다. 와그너의 사역에 대한 이러한 이윤호 목사의 평가는 가계저주론을 비판하는 사람들에게는 중대한 비판거리가 되어진다. 하여간 와그너에 대한 이윤호 목사의 평가가 정확한 것이라고 인정할 때, 이러한 예는 가계저주론자들이나 가계저주론을 지지하는 사람들이 얼마나 저주 중심의 세계관을 가지고 있는가를 웅변적으로 증명해 주고 있다.

주:

1) Derek Prince, *Blessing or Curse You Can Choose* (Grand Rapids: Chosen Books, 2000), 19.

2) Paul Hiebert, "Mission to Hindu Women," in *Ambassadors for Christ*, ed. John D. Woodbridge (Chicago: Moody Bible Institute, 1994), 167.

3) Ibid., 168.

4) Ibid., 170.

5) Ibid., 171.

6) 이윤호, 『가계에 흐르는 저주를 이렇게 끊어라』 (서울: 베다니출판사, 2000), 21.

7) Ibid., 21-2.

8) Evan Thomas, "The Camelot Curse," *Newsweek Magazine*, 12 January 1998, 25.

9) Nancy Gibbs, "Tragedy Strikes Again," *Time Magazine*, 8 Jan 1998, 35.

10) Harrison, "Tragedy, again, for the Kennedys," *U.S.News & World Report Magazine*, 12 January 1998, 11.

11) Ibid., 25.

12) Ibid., 97.

13) Ibid., 23.

14) Ibid., 26.

15) Ibid., 26.

16) Ibid., 26.

17) 이윤호, 『가계의 복과 저주전쟁에서 승리하라』 (서울: 베다니출판사, 2001), 94.

18) Ibid., 95-6.

19) 이윤호, 『가계에 흐르는 저주를 이렇게 끊어라』, 122.

20) Ibid., 116.

21) Jonathan Alter, "Lives of Sin and Service," *Newsweek Magazine*, 5 January 1998, 31.

22) Thomas, 29.

23) Ibid., 29.

24) Alter, 31.

25) Ibid., 31.

26) Prince, 45.

27) Ibid., 45.

28) Ibid., 4.

29) Clinton E. Arnold, *3 Crucial Questions about Spiritual Warfare* (Grand Rapids: Baker Book House, 1997), 181.

30) C. Fred Dickason, *Demon Possession & The Christian* (Wheaton: Crossway Books, 1987), 146-7. 디카슨은 이러한 중요한 사안을 비롯한 많은 사안에서 전형적인 축사 사역자들과는 다른 견해를 가지고 있다. 그는 이 책을 출판할 당시 시카고의 무디신학교에서 신학부 과장을 맡고 있었다.

31) David K. Lowery, *1 Corinthians, in The Bible Knowledge Commentary*, eds. John F. Walvoord and Roy B. Zuck (n.p.: Victor Books, 1987), vol. 2, *New Testament*, 548.

32) Prince, 45-6.

33) John McArthur, *Galatians* (Chicago: Moody Press, 1987), 77.

34) 이윤호, 『가계의 복과 저주전쟁에서 승리하라』, 54.

35) Ibid., 86.

36) Francis MacNutt, *Deliverance from Evil Spirits* (Grand Rapids: Chosen Books, 1995), 115.

37) Ibid., 106.

38) Ibid., 99.

39) 이윤호, 『가계의 복과 저주전쟁에서 승리하라』, 184.

6장 하나님의 용서에 대한 왜곡된 개념

가계저주론자들은 후손들이 주님을 사랑하며 순종한다 해도 하나님께서는 그들 조상들의 죄로 말미암아 그들을 심판하셔야만 한다고 가르침으로써 하나님은 기꺼이 용서하기를 원치 않으신다는 관념을 주입한다. 칼빈은 가계저주론자들이 사실상 하나님을 잔인하고 불의하신 분이라고 비난하고 있다고 주장한다. 실제로 칼빈은 이러한 교리를 "하나님을 향한 신성 모독"[1]이라고까지 질책하고 있다. 에스겔 18장을 주석하면서 칼빈은 이렇게 말했다.

> "우리는 사람들이 책임을 회피하기 위해서 기꺼이 얼버무리다가 후에는 하나님을 잔인하고 불의하시다고 비난한다는 것을 잘 알고 있다. … 마치 하나님께서 불공평하시게도 조상들의 악함을 그들에게 갚으시는 것처럼 그들은 이런 우화적인 말들을 사용해서 책임을 회피하고 싶어했다. 하나님께서 지난 시대에 저질러진 범죄를 갚으실

것이라고 선포하셨을 때, 마치 하나님께서 그릇된 핑계를 대시고 죄 없는 후손들에게 고통을 주시기나 하는 것처럼, 대체로 그들은 하나님과 논쟁하기를 원했다."[2]

칼빈은 하나님과 그분의 정의에 대한 잘못된 신학적 관념을 좇아 하나님을 잔인한 공의를 집행하시는 분이라고 비난하는 사람들을 책망하고 있다. 가계저주론자들이 공개적으로 하나님을 잔인한 공의의 집행자라고 비난하지는 않지만, 칼빈이 지적한 바와 같이 그들의 교리는 이와 같은 잘못된 관념을 포함하고 있다. 즉 가계저주론자들이 하나님께서 조상들의 죄로 말미암아 잘못이 없는 후손들을 심판하신다는 주장을 할 때마다 그들은 하나님을 잔인한 공의의 집행자라로 비난하고 있는 것과 마찬가지이다.

이러한 의미에서 가계저주론은 하나님과 그분의 공의에 대해서 매우 잘못된 관념을 가지고 있다. 클린튼 아놀드는 『영적 전쟁에 관한 3가지 질문』(*3 Crucial Questions about Spiritual Warfare*)이라는 그의 책에서 현대 교회 안에 존재하는 기독론적 이단에 관해서 말하고 있다. 그리스도에 관한 잘못된 관념과 이러한 관념이 그리스도인의 영적 복지에 미치는 의미에 관한 그의 관심은 우리의 논의와 매우 밀접한 관계를 갖고 있다. 아놀드의 다음 주장을 주의 깊게 읽어보자.

"우리가 행동하는 것의 대부분은 우리가 생각하는 바에 의해서 나온다. 우리의 세계관은 우리의 삶을 이끌어 가는 대본이며, 우리의 신학은 세계관에 있어서 절대 필요한 것이다. 달리 말해 그리스도에 관해서 우리가 가지고 있는 관념의 종류가 우리가 어떻게 살아가는가에 직접적인 영향을 미친다. 우리가 그리스도의 신성이나 동정녀 탄생이나 성육신을 부인하지 않을지는 모르나, 그리스도에 관한 바른 견해가 악령의 영감에 의해서 왜곡되어 변질될 수 있다. 나는 교회 안에 있는 사람들의 심령과 마음속에 있으면서 마귀가 철옹성으로 삼고 있는 수많은 기독론적 이단이 존재함을 확신한다. 수많은 사람들이 자신들이 보수주의자 중에 보수주의자라고 강력히 확신하면서도 이러한 것을 깨닫지도 못한 채 이단들에게 동의하고 있다. 어떤 것들은 다른 것들보다 더욱 위험하다. 그러나 모든 것들이 신자들의 영적 복지에 부정적인 영향을 미치고 있다.[3]

참으로 섬뜩하며 설득력 있는 주장이 아닐 수 없다. 실로 보수적인 신자들 중에 기독론뿐 아니라 다른 교리적인 분야에서도 많은 이단적인 가르침들이 존재한다. 아놀드는 이어 기독론적 이단의 목록을 제시하면서 '용서하지 않는 예수'를 지적한다. 이 말은 "예수님께서 심히 엄격하시고 모질어서 쉽게 용서하시지 않는다. 예수님이 나를 보실 때 나의 더러움을 보시고 뒷걸음질을 치신다"[4]라는 뜻이다. 이것은 실로 강력한 사단의 성채이다. 이러한 기독론적 이단은 주님과의 밀접하고 사랑스러운 관계를 단절시킨다.

이와 마찬가지로 가계저주론이 가르치고 있는 '용서하지 않는 하나님'의 관념은 사람들을 하나님과의 사랑스러운 관계로부터 격리시킨다. 이 교리는 하나님께서 심히 엄격하시고 모질어서 쉽사리 용서하지 않으시는 것으로 묘사하고 있다. 가계저주론의 하나님은 심히 보복적이어서 경건하게 살아가는 후손들일지라도 조상들의 죄를 깨닫고 회개하지 않으면 결코 저주를 철회하지 않으시는 분으로 가르친다. 가계에 흐르는 저주와 관련해서 하나님께서는 아무에게도 호의를 베풀지 않으신다고 한다. 또한 하나님은 그분의 자녀나 불신자나 가릴 것 없이 저주하신다. 그리스도 안에서 얻은 귀한 구원은 가계에 흐르는 저주를 취소하기에는 실제적으로 도움이 되지 않는다. 게다가 그리스도를 순종함으로 섬기는 것만으로는 대물림 된 가계의 저주를 취소하기에 부족하다. 가계의 저주의 사슬에서 풀려 나오는 오직 유일한 길은 저주를 불러온 조상의 죄를 찾아내서 회개하는 길 밖에는 없다. 하나님의 저주는 이러한 요구 사항을 만족시키기 전까지는 가차 없는 것이다.

예를 들면, 거듭난 그리스도인이 가계저주론의 교리를 모른다면 평생을 가계의 저주 아래 살다가 가계의 저주 속에 죽을 것이며, 그의 후손 또한 바로 그 가계의 저주 아래서 고통을 받으며 살게 될 것이다. 달리 말해 지난 2,000년의 기독교 역사에서 이 교리를 모르고 살았던 모든 그리스도인들도 조상의 죄로 인해서 고통을 받으며 패배의 삶을 살다가 죽었다는 뜻이다. 이 얼마나 터무니없고 교만하며 독선적인 주장인가! 이윤호 목사의 다음과 같은 진술은 이러한 종류의 믿음을 그대로 반영하고 있다.

> "이와 마찬가지로 우리가 율법의 저주로부터 해방받기 위해 믿음으로 그리스도의 구속을 적용해야 한다. 왜냐하면 십자가가 준 모든 유익은 중생과 더불어 자동적으로 우리에게 주어지는 것이 아니다. 하나님의 은혜는 우리를 자동적으로 저주의 세력으로부터 제외시키는 것이 아니다. … 저주로부터 해방받기 위해 우리는 하나님이 정한 방법을 사용해야 한다."[5]

이윤호 목사의 진술은 그리스도께서 신자들을 실제적으로 저주에서 구원하셨다는 것을 인정하지 않는다. 이윤호 목사는 그리스도께서 우리를 저주에서 법적으로 구출하신 것이지 실제적으로 구출하신 것이 아니라고 주장한다. 달리 말하면 그리스도의 십자가로 말미암아 그리스도인들은 법적으로 저주에서 풀려났을 뿐이지 실제로는 아직 저주에 묶여 있다는 것이다. 가계저주론자들에게 있어 그리스도의 십자가를 통한 승리는 그저 법적인 것이지 실제적인 것은 아니다. **가계저주론자들은 이러한 방법으로 그리스도의 복음의 참된 의미를 희석시키고 왜곡시키며 파괴하고 있다.**

가계저주론자들은 그리스도께서 우리를 저주에서 구원하신 것에 대해 긍정도 하고 부정도 한다. 그들은 그리스도의 죽음의 효력은 법적인 것에 한해서만 이루어졌다고 주장함으로써 그리스도의 구속의 참된 의미를 혼동시키고 있다. **이렇듯 주님의 십자가의 의미를 퇴색시키고 혼동케 하는 것이 가계저주론의 가장 심각한 문제이다.**

가계저주론자들에 따르면 그리스도께서 법적으로 신자들을 저주에서 해방시키는 일을 시작하셨고, 그리스도인들은 저주에서 자신들을 실제로 해방시키는 일을 끝내야 한다. 사실상 가계의 저주를 끝내는 이 일은 조상들의 죄를 깨닫고 그 죄를 회개하는 일을 의미한다. 이윤호 목사는 "살아 있는 후손은 조상의 죄로 인한 피해자이지만, 조상의 죄를 처리할 책임이 있다. 조상의 죄를 처리하는 방법은 당신이 조상의 죄를 인정하고 회개하는 것이다"[6]라고 주장한다. **칼빈은 이런 주장에 대해 이는 사실상 하나님을 잔인하고 불의한 분이라고 비난하는 것이며, 이러한 행위는 신성모독이라고 가장 엄하고 혹독한 비판을 가했다.** 또 클린턴 아놀드는 심히 엄격하고 모질어서 쉽게 용서하지 않으시는 그리스도에 관한 관념을 **이단적 기독론**이라고 단호하게 단죄를 하고 있다. 그렇다면 하나님의 용서에 대해 이렇게 왜곡된 관념을 주장하는 극단적인 가계저주론을 우리는 무엇이라 불러야 할 것인가?

다니엘과 느헤미야

무죄한 후손들이, 특히 경건한 그리스도인 후손들이 왜 조상의 죄를 처리해야만 하는가? 그 이유를 지지하는 어떤 성경적인 언급이나 명령이 있는가? 물론 성경 어느 곳에서도 찾아볼 수 없다! 이윤호 목사는 "성경에는 이와 같은 예가 여러 번 나온다. 다니엘과 느헤미야는 조상들의 죄를 회개했다(단 9:5-6, 11, 16, 20; 느 1:6; 9:2)"[7]라고 말한다. 그리고 이들의 기도가 후손들이 조상들의 죄를 회개하는 행위를 뒷받침한다고 주장한다.

이 말이 과연 옳은 말인가? 이윤호 목사는 이 예가 자신의 주장을 뒷받침한다고 말하기 전에 먼저 '조상'이라는 말의 한계를 정의해야 한다. 이윤호 목사는 가계저주론에 관한 그의 두 책에서 '조상'이라는 용어를 제멋대로 사용하고 있다. 이윤호 목사의 '조상'이라는 용어의 사용은 너무나 혼란스러워 그의 책을 읽을 때 이 말을 어떻게 사용되는지 이해하려면 문맥을 주의 깊게 읽지 않으면 안 된다.

그러나 문맥에 주의하여 읽어도 종종 혼란스러운 느낌을 받는데, 내용도 모순될 뿐 아니라 논리도 일관되지 않기 때문이다. 이는 마치 혼돈과 오류의 땅에서 롤러코스터를 타는 것과 같다. 이러한 혼돈과 부조리는 이윤호 목사와 다른 가계저주론자들이 성경의 불분명한 구절들을 가지고 자신들의 비성경적인 교리를 뒷받침하려고 하기 때문이다. 이러한 맥락에서 이윤호 목사는 "이와 마찬가지로, 나를 포함한 정직한 성경학자들과 영적 전쟁 사역자들은 가계의 복과 저주를 직접적으로 지지하는 구절(direct biblical support)이 없음을 서슴지 않고 인정한다(Kinnaman, *Angels: Dark and Light* p. 162)"[8]라고 주장한다.

그러나 중요한 것은 서슴지 않고 인정하는 솔직한 자세가 아니라, 진리를 잘 분별하는 일이다. 성경에 가계의 저주에 관한 직접적인 언급이 부족한 것-실제로는 전혀 없다는 것-은 이윤호 목사의 부정확하고 왜곡된 성경 해석 방법으로 말미암아 문제가 더욱 증폭된다. 이러한 맥락에서 장신대의 오광만 교수는 이윤호 목사의 모순된 성경 해석에 대해 "특히 히브리서 7장 9~10절까지의 해석은 이윤호가 해석학의 훈련뿐 아니라 성경을 읽는 능력도 결핍되어 있다는 것을 나타낸다"[9]라고 지적하고 있다.

다니엘과 느헤미야의 기도를 해석한 경우가 이 점을 웅변적으로 증명한다. 이윤호 목사는 다니엘과 느헤미야의 기도가 가계저주론에 대한 자신의 주장을 간접적으로 지지하고 있다고 주장한다. 그러나 관계된 구절들에 대한 이윤호 목사의 비논리적인 해석은 오히려 자신의 주장을 무효화시키고 있다. 자신이 주장한 저주를 복으로 바꾸는 7가지 단계에서 이윤호 목사는 "이제 당신과 배우자 및 삼, 사대 조상의 가계도를 작성하여 그들에게 미친 저주의 증상과 원인을 파악하라"[10]고 말한다. 두 번째로 그는 후손들이 비록 조상의 죄의 희생자이지만 조상의 죄를 회개함으로써 그들의 죄를 다루어야만 한다고 주장한다.[11] 그리고 그는 다니엘과 느헤미야의 기도가 후손들이 조상의 죄를 회개하는 것을 지지한다고 주장한다.

이윤호 목사는 자신이 세워 놓은 첫번째 단계에서 삼, 사대 후손들을 다룬다. 그리고 이윤호 목사는 자신이 세워 놓은 두 번째 단계에서 국가적 규모에서 행해진 예를 기껏해야 삼, 사대에 걸치는 매우 가까운 친족의 경우에 적용한다. 이러한 시도는 마치 바닷물을 호수에 붓는 것처럼 결코 적용 가능한 것이 아니다.

아놀드가 말했듯이 다니엘과 느헤미야는 "단체의 대표자로서"[12] 기도했다. 느헤미야의 기도는 그가 삼, 사대에 걸친 자신의 가족의 죄를 회개하는 기도가 아니라, 이스라엘 민족 전체를 위해서 대표자로서 기도하고 있었던 것이다.

> "이제 종이 주의 종 이스라엘 자손을 위하여 주야로 기도하오며 이스라엘 자손의 주 앞에 범죄함을 자복하오니 주는 귀를 기울이시며 눈을 여시사 종의 기도를 들으시옵소서 나와 나의 아비 집이 범죄하여"(느 1:6)

느헤미야의 기도의 규모는 가까운 친족의 범위가 아니라 범국가적인 범위에 속해 있었다. 게다가 느헤미야는 자신의 가까운 가족의 지난 죄를 다루기 위해서 기도한 것이 아니었다. 오히려 예루살렘 성벽을 중건하는 일에 하나님의 인도하심과 도우심을 위해서 기도했다. 느헤미야의 기도에는 목적이 있었다. 앨런 레드패스는 느헤미야의 기도의 목적과 의미에 대해서 "느헤미야는 성벽을 중건하도록 부르심을 받았으나 그가 먼저 해야 할 일은 폐허를 바라보고 울어야만 했다. … 당신이 하나님을 위해서 어떤 일을 하기 원한다면 먼저 그리스도인들의 무관심을 바라보고 한탄해야만 한다"[13]라고 말한다. 느헤미야는 자신의 가까운 친족의 지난 죄를 다루기 위해 기도한 것이 아니라 장래에 있을 위대한 사역을 위해서 기도했다. 다시금 레드패스는 "느헤미야는 울고 난 이후에 사역을 시작했다"[14]라고 말한다.

느헤미야는 이스라엘 사람들의 죄를 고백하면서 자신과 자신의 아버지의 집을 포함했다. 그러면 이것은 느헤미야가 자신의 가족들의 죄를 다루기 위해서 그들의 죄를 회개했다는 것을 뜻하는가? 물론, 그렇지 않다! 사실상 느헤미야의 기도가 그의 가족의 지난 죄를 다루기 위해서 고안된 것이 아님을 알려주는 네 가지 명백한 이유가 있다. 첫째로 느헤미야는 그의 가족의 죄가 아닌 이스라엘 백성들의 죄, 즉 국가가 저지른 죄를 고백했다. 느헤미야는 "이스라엘 자손의 주 앞에 범죄함을 자복하오니 … 나와 나의 아비 집이 범죄하여(느 1:6)"라고 기도했다. 이러한 겸손한 고백의 기도는 하나님 앞에서 이스라엘을 대표했던 사람들의 기도에 있었던 오래된 전통을 반영한다. 진 게츠는 "다니엘이 약 100년 전에 기도했듯이(단 9:4~6), 그리고 에스라가 그러했듯이(스 9:6~15) 느헤미야는 이스라엘이 하나님의 법에 불순종한 것에 대해서 책임을 나누었다. 느헤미야는 **내가 자복한다**고 기도한 후 세 번 **우리**가 자복한다고 했다"[15]라고 말한다.

느헤미야가 자기의 백성과 동일시하는 고백을 한 것은 그의 출중한 지도력의 특징을 보여주는 것이다. 멀빈 브렌만은 "비록 그가 지도자였지만 느헤미야는 백성들과 그들의 죄에 자신을 동일시하는 것을 강조하였다. … 느헤미야는 예수님께서 세(침)례를 받으실 때 하신 것처럼 자신의 백성과 동일시했다"[16]라고 말한다. 느헤미야의 기도 안에 있는 '나의 아비 집'은 이스라엘 백성 전체를 의미할 수도 있고, 혹은 느헤미야 개인의 가정을 뜻하는 것일 수도 있다.

브라운, 드라이버 그리고 브릭스에 의한 히브리어와 영어 구약 사전을 보면, 히브리말 아브(아비)라는 단어는 아홉 가지의 다른 의미를 가지고 있다. 그 중 하나는 '한 가정, 그룹, 가족 혹은 부족의 수장이나 설립자' 라는 뜻이 있다. 또 다른 의미로는 '사람들의 조상들' 이라는 뜻이 있다. 절대 다수의 신학자들이 이 문맥에서 '사람들의 조상들' 이라는 뜻을 택한다. 그러나 여기에서 히브리어 아브(아비)가 한 가족의 가장을 의미하는지 아니면 이스라엘 백성들의 조상들을 의미하는지에 대해서는 이 논의에 있어서 중요하지 않다. 왜냐하면 느헤미야의 고백 기도는 그의 가족의 가까운 조상들의 죄를 다루는 것과 연관되어 있지 않기 때문이다. 콜맨 룩은 여기서 아브(아비)가 느헤미야의 '개인적인 조상[17]들이라고 생각한다. 그러나 그는 다음과 같이 이스라엘 모든 사람들의 죄를 지적하고 있다.

> "하나님의 심판을 초래한 국가 전체의 죄에 모든 것이 더해졌다. 느헤미야는 자신과 그의 백성이 모세를 통해서 주셨던 하나님의 거룩한 법을 깨뜨렸다는 것을 알았다. 그러므로 그들은 하나님께서 그들 위에 임하도록 허락하신 모든 고통을 받기에 합당했다"[18]

두 번째로 느헤미야는 자신의 개인적인 조상들의 죄를 다루려고 하지 않았다. 자신의 고백 기도에서 느헤미야는 자신과 그의 가족 위에 임한 저주로부터 해방되려고 시도한 적이 없었다. 본문 말씀은 이러한 관념을 전혀 뒷받침하지 않는다. 느헤미야는 그의 고백에서 단순히 이스라엘의 죄가 그들 위에 임한 모든 고통을 초래했다고 인정하고 있다. 성경은 이 기도 후에 느헤미야와 그의 가족이 그들 위에 임한 저주에서 풀려났다고 말씀하지도 않고, 바벨론에 포로되었던 유대인들 모두가 즉시 고향으로 돌아갈 수 있었다고 기록하지도 않는다.

느헤미야가 특별히 드린 기도는 "오늘날 종으로 형통하여 이 사람 앞에서 은혜를 입게 하옵소서 하였나니 그때에 내가 왕의 술 관원이 되었었느니라"(느 1:11)는 것이었다. 그의 즉각적인 기도는 예루살렘 성을 중건하려는 하나님의 사역에 대한 하나님의 인도와 도움을 구하는 것이었는데, 이 기도는 즉시 은혜롭게 응답되었다.

한편 느헤미야의 궁극적인 기도는 하나님께서 이스라엘을 다시 조국으로 돌려보내시고 그 땅에서 번성토록 인도해 주시기를 바라는 것이었다. 그러나 천하에 범사가 기한이 있으므로 이 기도는 응답을 받기까지 오랜 세월을 기다려야만 했다. 전능하신 하나님께서는 "천하에 범사가 기한이 있고 모든 목적이 이룰 때가 있나니 날 때가 있고 죽을 때가 있으며 심을 때가 있고 심은 것을 뽑을 때가 있으며"(전 3:1, 3)라고 말씀하신다.

세 번째로 느헤미야의 고백은 일반적인 것이었다. 이 고백은 진지하지만 하나님의 백성인 이스라엘이 자신을 포함해서 하나님 앞에 범죄했다는 사실을 인정하는 것이었다. 윌리엄슨은 "느헤미야의 고백은 지극히 일반적인 것이다. 7절의 말씨는 율법 전체의 포괄적인 요약에 해당한다"[19]라고 말한다. 다른 한편, 이윤호 목사는 조상의 죄를 회개하는 행위는 조상의 특별한 죄에 대한 지식을 요구한다고 주장한다. 저주의 증상과 원인을 찾는 첫번째 단계에서 이윤호 목사는 여러 가지 저주의 구체적인 증상과 원인을 나열하며 삼, 사대에 이르는 조상들에게서 발견되는 저주의 증상과 원인들을 쓰라고 요구하고 있다. 또 이윤호 목사는 저주의 원인들에 관해서 말하면서 그 원인들을 일곱 가지 영역으로 나누라고 하는데, 그 일곱 가지는 또 수백 가지 다른 원인들로 나누어질 수 있다.

물론 이렇게 상세하게 인위적으로 만들어진 공식은 성경 본문에 의해서 전혀 뒷받침되고 있는 것이 아니다. 이윤호 목사가 느헤미야의 기도가 담긴 본문에서 자신의 주장을 뒷받침할 수 있는 성경적 실마리를 찾으려고 시도하는 것은 마치 천당에서 중생하지 못한 사람을 찾는 것과 마찬가지이다.

마지막으로, 느헤미야는 그의 기도에서 하나님의 심판의 심각한 결과뿐 아니라 심각한 심판 가운데에서도 하나님의 주권적인 손을 인정하고 있다. 하나님의 모든 위대한 성도들은 이와 같이 모든 고통과 역경 중에서도 하나님의 주권적인 섭리와 목적을 보았다. 예를 들면 예레미야는 이스라엘 사람들이 바벨론에 포로로 끌려가는 것은 나쁜 운명이나 설명할 수 없는 저주로 본 것이 아니라 하나님의 징계의 한 표현으로 보았다(렘 18~20). 사도 바울은 자신의 만성적인 질병을 '육체의 가시' 혹은 '사단의 사자'로 부르면서도 그것을 악한 것이나 저주로 이해하지 않고 하나님만을 전적으로 의지하도록 인도하시는 하나님의 섭리로 이해했다(고후 12:6~10). 느헤미야는 이러한 믿음의 시각을 가지고 고통 속에서 하나님의 목적과 손길을 보았던 것이다. 노스웨스턴 루터 신학교의 구약학 교수 마크 스론트베이트는 이러한 점을 다음과 같이 정리하고 있다.

"느헤미야는 그들의 신실치 못함 때문에 포로된 이스라엘이 열국들 사이에 흩어져서 살게 되었다는 것을 그들이 깨달았다고 하나님께 상기시켜 드린다. 이스라엘의 고난의 역사는 하나님의 능력과 역사를 주관하시는 한 증거로서 보여져야만 한다. 이스라엘은 인간 독재자의 변덕스러운 책략에 빠져 있는 것이 아니라 하나님의 손 안에 있는 것이다. 그러므로 느헤미야 1장 8절에 있는 신명기 30장 1~5절 말씀의 요약과 관련하여 이스라엘 위에 임한 하나님의 심판은 시행되어졌던 것이다. 그러나 10절의 긍정적인 고백이 암시하는바—' 당신의 종들' —와 또한 11절이 선포하는 것—' 주의 이름을 경외하기를 기뻐하는 종들' —과 같이 회개의 징후도 나타나고 있다. 따라서 느헤미야는 하나님께서 신명기 30장 1~5절에 기록된 귀환의 약속을 기억해 주시도록 간청하고 있는 것이다(1:9).[20]

한편, 이윤호 목사는 그의 저주를 복으로 바꾸는 7가지 단계에서 사람이 겪는 고통 속에 내재해 있는 하나님의 주권이나 목적에 대해서는 전혀 언급하지 않는다. 이러한 신학적 관점은 느헤미야나 예레미야 혹은 바울의 성경적인 관점과는 상반되는 것이다. 그의 신학 체계에는 적절한 고난의 신학이 전혀 없다. 이윤호 목사는 그가 저주라고 부르기를 좋아하는 고통 속에 들어 있는 영적인 의미나 가치를 전혀 보지 못한다. 그에게는 고통은 악이요 저주가 될 뿐이다.

그의 세계관에 따르면 인간은 선과 악, 혹은 축복과 저주가 요동치는 깊은 바다 속에 던져진 존재이다. 만약 사람들이 죄, 특히 저주를 가져오는 죄를 지으면 죄를 회개하기 전까지는 변덕스럽고 악의에 찬 저주의 세력에 의해서 끊임없이 고문을 당한다는 것이다. 인간의 고통 속에는 의미나 가치 또는 하나님의 목적 따위는 전혀 없는 것처럼 설명한다. 로마서 8장 28절의 영광스러운 약속은 그의 글이나 다른 가계저주론자들의 글에서는 철저히 소외당하고 있다. 즉 성경에서 가장 의미심장하고 희망차며 격려가 되는 영광스러운 하나님의 약속이 가계저주론들로부터는 완전히 무시되고 있는 것이다.

조상의 죄를 회개하라는 이윤호 목사의 주장에는 잘못된 신학적 가정이 전제되어 있다. 후손들이 잘못이 없음에도 불구하고 하나님께서 그 아비의 죄를 자손에게 갚으시기 위해서 후손에게 냉혹한 저주를 내리신다는 것이다. 하나님께서는 한 사람이 회개하고 주님께로 돌아와서 그분의 영광스러운 자녀가 되어도 그 사람이 자신의 조상의 죄를 찾아내어 회개하지 않으면 저주 속에 살도록 버려두신다는 것이다. 그렇다면 이윤호 목사의 주장은 지난 2,000년 간 이 교리를 모르고 살아왔던 성도 모두가 저주 속에서 살고 죽었다는 터무니없는 말이 되는 것이다.

가계저주론은 그리스도의 구속의 의미를 혼돈시키고 있다. 또한 하나님을 죄 많은 조상을 둔 후손들-위대한 성도들을 포함해서-에게 항상 진노하고 계시며, 그들 생애의 마지막 날까지 무서운 가계의 저주로 그들을 벌하고 계시는 분으로 만들고 있다. 그러므로 가계저주론은 저주에 찌든 숙명주의적이고 보복적이며 정죄적인 교리인 것이다. 이 교리는 하나님을 '용서하지 않는 하나님'으로 만들 뿐만 아니라 하나님의 분노가 하나님의 사랑보다 더 크며, 하나님의 보복이 하나님의 용서보다 더 크며, 하나님의 저주가 하나님의 은혜보다 더 크다고 주장한다. 이 교리는 은혜 중심이 아니라 저주 중심의 교리로서 성경적인 복음과는 거리가 먼 것이다.

골수 우상숭배자 가문 출신의 탁월한 전도자
라비 스가랴

성도들의 실제 삶은 이러한 저주 중심의 교리를 강력하게 반박하고 있다. 그들의 삶은 무관심과 불신앙과 죄 및 우상을 숭배하는 죄가 많은 조상임에도 불구하고 하나님께서 얼마나 용서하고 축복하기를 원하시는지를 잘 보여준다. 사람을 향한 하나님의 변치 않으시는 사랑과 은혜를 보여주는 두드러진 예화 두 가지를 소개한다.

첫번째 예는 인도의 뛰어난 전도자 라비 스가랴의 삶이다. 그는 1946년 인도의 마드라스에서 태어났다. 그의 조상들은 남인도의 사원들에서 힌두교 승려로 일했다. 그들은 힌두교 승려 계급으로서 인도에서 가장 높은 사회 계급의 위치에 있던 브라만들이었다. 가계저주론에 따른다면 이러한 가문의 사람들은 인도 사회에서 가장 열렬한 우상 숭배자들이기 때문에 하나님의 저주를 피할 수 없었을 것이다.

그러나 라비 스가랴 가족의 역사는 우리에게 다른 모습을 보여준다. 하나님께서는 그들이 우상을 숭배하도록 버려두고 심판하신 것이 아니라, 스가랴라는 이름을 가진 한 조상에게 독일의 선교사를 보내심으로써 우상 숭배하던 가정을 구원하시기 시작하셨다. 이 일은 라비 스가랴가 태어나기 사대 전에 일어났다. 그 당시 그 가족들은 독일의 그리스도인들 사이에 인기 있는 이름이었던 스가랴로 자신들의 이름을 바꾸었다. 그러나 스가랴 자신의 가족은 그리스도인이 되지 않았다. 라비 스가랴는 이러한 가족 상항 가운에서 태어났다.

라비 스가랴는 청소년기를 무신론자로 보냈으며, 커다란 개인적인 위기를 통해서 그리스도께 나오게 되었다. 라비에게는 가족의 높은 사회적 지위에서 오는 부담과 함께 어우러진 염세주의가 그에게 큰 정신적인 부담을 주었으며, 이로 말미암아 라비는 자살을 시도하기에 이르렀다. 가계저주론자들은 분명히 이 사건을 가계에 흐르는 저주와 연관을 지으려고 할 것이다. 그러나 델리에 있는 한 병원에서 자살 시도로 인한 후유증에서 회복되고 있을 때 라비는 "내가 살았고 너희도 살겠음이라"(요 14:19)고 하신 요한복음의 말씀을 듣게 된다. 수 시간 후 라비 스가랴는 자신의 삶을 그리스도께 드리고 그리스도의 추종자가 되었다.[21]

하나님께서는 로마서 8장 28절의 약속과 같이 이러한 끔찍한 경험을 스가랴를 구원하시는 기회로 만드셨고, 이후에 수많은 사람들에게 축복이 되게 하셨다. 다니엘 듀란트는 이 사건의 의미에 대해 "라비는 하나님께서 어떻게 이러한 감정적이며 지성적인 갈등을 사용하셔서 세계 도처에 있는 수많은 사람들을 섬기는 일에 사용하시게 될지 알지 못하고 있었다"[22]라고 조명한다.

하나님의 놀라우신 섭리에 의해서 라비 스가랴는 복음을 전하도록 인도하시는 하나님의 부르심에 응답한다. 크리스천 앤드 미셔너리 얼라이언스(Christian & Missionary Alliance)의 부회장을 당시 역임하고 있던 킹 박사에 의하면 라비 스가랴는 24살의 나이에 이미 뛰어난 전도자가 되었다고 한다.[23] 그는 베트남 남부와 캄보디아를 여행하며 성공적으로 순회 설교를 하고 있었다. 놀라운 부흥이 그의 청중들을 휩쓸었다. 1984년 라비 스가랴는 국제라비스가랴사역협회를 시작했으며, 그 이후 그의 사역은 사실상 전 세계를 접촉하게 되었다. 그의 전기 작가는 "그 이후 라비는 페루의 정치, 경제 지도자들을 포함하여 거의 50개 나라에서 설교했다. 남아프리카, 콜롬비아, 러시아 등지를 다니며 프린스턴 대학, 하버드 대학 그리고 방콕의 람캄뱅 대학 등과 같은 곳에서 말씀을 전했다. 〈내 백성을 생각하게 하라〉는 그의 라디오 프로그램은 무디 방송국을 통해서 미국 전역에, 또한 트랜스월드 라디오 및 HCJB를 통해서 온 세상에 매주 전파를 타고 사람들에게 전해지고 있다"[24]라고 말한다.

1986년에 라비 스가랴는 암스테르담 '86으로 알려진 순회 전도자들의 세계 회의에서 설교하도록 요청을 받았다. 의장인 빌리 그래함은 라비 스가랴가 173개국에서 모여든 수천의 청중들 앞에 말씀을 전하기 전에 그를 "우리 시대의 가장 조리 있는 젊은 전도자 가운데 한 사람"[25]이라고 소개했다. 스가랴는 현재 국제라비스가랴사역협회를 통해서 폭발적인 사역을 하고 있다. 라비 스가랴의 놀라운 삶의 이야기는 가계저주론의 독단적인 주장을 반영하지 않는다. 우리는 스가랴가 우상 숭배하던 조상의 죄 때문에 자신이나 자신의 가족을 위해서 회개 기도한 경우를 찾아볼 수 없다.

그의 조상들이 힌두교의 신들을 오랫동안 열렬히 우상 숭배한 것으로 인해서 스가랴나 그의 가족이 지속적이며 파괴적인 저주로 인해서 고통을 받았다는 기록이 전혀 없다. 이교도의 배경을 가지고 있는 우리 시대의 가장 주목할 만한 전도자의 놀라운 삶의 이야기는 가계저주론의 율법적이며 저주 중심적인 접근 방법을 철저하게 반박하고 있다. 라비 스가랴의 전기는 하나님께서 보복하고 저주하시기보다는 용서하고 축복을 베푸시는 일에 훨씬 더 관심을 가지고 계시다는 것을 보여준다.

가계저주론자들은 종종 하나님께서 세우신 법에 관해서 말을 한다. 그들은 사람뿐 아니라 하나님도 이 법에 종속된다고 가르친다. 크래프트는 "불행하게도, 우주의 법칙 중 하나는 악령이 대물림될 수 있다는 것이다"[26]라고 주장한다. 프린스도 "우리 삶에 있는 축복과 저주는 우연히 혹은 예기치 않게 작용하는 것이 아니다. 이에 반하여 이 둘은 다 영원하고 불변하는 법에 따라 작용하는 것이다"[27]라고 주장한다.

이윤호 목사 역시 "그러나 하나님도 자신이 정한 법칙을 지킬 수밖에 없다"[28]라고 주장한다.

그러나 이들의 융통성 없는 관념에도 불구하고 하나님은 그가 세우신 법에 제한을 받지 않으신다. 오히려 하나님은 자신이 세우신 법을 뜻대로 지배하시고 관리하신다. 하나님은 독단적으로 자신의 법을 운영하시지는 않지만, 자신의 법을 초월해서 존재하신다. 또 하나님은 전능하시고 공의로우시므로 우주를 무질서하게 다스리실 수 없다. 그러나 하나님께서 자신이 세우신 법을 초월하시기로 결정하시면 그렇게 하실 수 있는 분이시다. 하나님은 자신이 세우신 법의 설립자이시기 때문이다. 하나님께서 자신의 기적적인 능력을 보여주시기 위해 자연의 법칙을 초월하시기로 결정하셨다면, 우리는 그것을 두고 하나님께서 자신이 세우신 법을 어기고 파괴하는 행위라고 말하지 않고, 하나님의 주권적인 개입이라고 부른다. 폴 리틀은 하나님의 초월적인 개입으로 인한 기적과 이것을 거부하는 데이빗 흄의 무신론적 발상을 다음과 같이 잘 비교해서 설명하고 있다.

"데이빗 흄과 다른 사람들은 기적을 자연 법칙을 어기는 것으로 정의한다. 그러나 이러한 견해를 취하는 것은 실제적으로는 자연의 법칙을 신격화하는 것이며, 그 자연 법칙을 이용하여 거기 계시는 하나님이 자연 법칙 안에 갇힌 죄수로서 혹은 사실상 하나님이시기를 거부하는 상황으로 만들어간다. 현대 과학의 시대에 사람들은 과학과 자연 법칙을 인격화하려고 시도한다. 그들은 과학이나 자연 법칙들이 단순히 관찰을 통한 비인격적인 결과라는 것을 깨닫지 못하고 있다. 그리스도인은 자연 법칙을 믿는데, 예컨대 사물들이 항상 어떤 특정한 원인과 결과의 법칙을 따라 행동하고 있다는 것과 같은 것이다. 그러나 그리스도인은 이러한 법칙을 주장하면서도 하나님께서 원하시는 때에 그의 방법대로 개입하시는 하나님의 권리와 능력을 제한하지 않는다. 하나님은 자연 법칙 위에, 자연 법칙을 넘어서, 자연 법칙 밖에 존재하시며 그 자연 법칙에 의해서 지배받지 않으신다.[29]

마찬가지로 하나님께서 저주와 사망의 법칙을 영원한 축복과 영생의 법칙으로 대치하기로 결정하셨다면 우리는 그것을 위법이라고 부르지 않고 하나님의 주권적이며 은혜로우신 개입이라고 부른다. 저주와 사망의 법이 그리스도께서 죄인을 구원하시기 위해서 오시기 전까지 이 세상을 통치했다. 그러나 그리스도께서 오신 이후 생명과 축복의 법이 죄와 사망의 법을 지배하게 되었다. 이러한 맥락에서 로마서 8장 2절은 "이는 그리스도 예수 안에 있는 생명의 성령의 법이 죄와 사망의 법에서 너를 해방하였음이라"고 말씀하신다.

아담과 하와가 하나님이 세우신 법을 깨뜨림으로써 인류는 에덴동산에서 하나님과의 친밀한 교제를 잃어버렸다. 그러나 하나님께서는 그들을 위해 더 좋은 계획을 예비하셨다. 이제 인류는 십사가상의 그리스도의 대속적인 죽음을 통해서 영생을 얻을 수 있게 되었다. 은혜 안에 사는 사람들을 위해서 죄와 사망의 법이 생명과 축복의 법으로 대체되었다. 인류는 이제 생명과 축복의 법에 따라 살도록 하나님에 의해서 부름을 받았고, 구원을 위한 하나님의 계획을 믿도록 요청받고 있다. 그러나 하나님은 여전히 인류의 구원을 위한 주도권을 가지고 계시다.

이러한 맥락에서, 로마서 10장 13~15절은 "누구든지 주의 이름을 부르는 자는 구원을 얻으리라 그런즉 저희가 믿지 아니하는 이를 어찌 믿으리요 전파하는 자가 없이 어찌 들으리요 보내심을 받지 아니하였으면 어찌 전파하리요 기록된바 아름답도다 좋은 소식을 전하는 자들의 발이여 함과 같으니라"고 말씀하고 있다. 하나님께서는 우리가 구원해 달라고 요청하기 전에 죄와 사망에서 인류를 구원하시기로 결정하셨다. 이것은 하나님의 주권적이며 놀라운 사랑의 결정이다. 하나님은 사람들이 구원을 위해서 하나님을 찾기 전에 먼저 그들을 구원하시기 위해서 찾아오셨다. 하나님은 여전히 형편없는 죄인들이 하나님을 찾기도 전에 그들을 구원하시려고 찾고 계신다. 하나님은 사람의 심령에 하나님과 하나님께서 주실 구원을 찾는 간절한 열망을 심어주셨고, 주권적이고 놀라운 방법을 통해 그 간절한 열망의 불을 당기신다.

라비 스가랴와 그의 가족의 경우 하나님께서는 그리스도를 소개해 줄 선교사를 보내셨다. 하나님은 그들이 우상 숭배를 하며 죄 가운데 멸망하도록 허락하시지 않고 그들을 구원하시고 축복하시기로 결정하셨다. 하나님은 주권적으로 죄와 사망과 저주의 법이 생명과 축복의 법으로 대치되도록 그들을 위해 결정하셨다. 그리스도께서 라비 스가랴와 그의 가족들의 인격에 들어오신 후 그들은 죄와 저주의 법이 아닌 은혜와 생명의 법 아래 살아가는 새로운 피조물이 되었다. 그러므로 고린도후서 5장 17절은 "그러므로 누구든지 그리스도 안에 있으면 새로운 피조물이라 이전 것은 지나갔으니 보라 새 것이 되었도다"라고 말씀하고 있다. 이것이 복음의 진수이며 성경이 하나님과 그분의 섭리에 대해서 묘사하는 것이다. 라비 사가랴의 이야기는 우상

숭배하던 이교도 집안 배경에서 그리스도께로 나아온 수많은 남녀노소의 이야기에 깊이 간직된 동일한 메시지와 하나님의 섭리를 잘 보여주고 있다.

아벨의 죄를 범한 아버지의 후손으로
세계적인 목회자가 된 제리 팔웰 목사

하나님의 측량할 수 없는 사랑과 용서를 보여주는 또 다른 예를 한 위대한 하나님의 사람의 삶에서 찾을 수 있다. 제리 팔웰 목사는 지난 수십 년 간 미국에서 가장 유명하고 영향력 있는 기독교 지도자 가운데 한 사람이었다. 그의 영향력은 기독교 대학으로는 세계에서 제일 클 뿐만 아니라 가장 급성장하고 있는 리버티 대학의 교육과 훈련 사역을 통해서 전 세계에 미치고 있다. 그는 지난 50년 간 미국에서 가장 크고 영향력 있는 교회 중 한 교회를 담임해왔다. 또한 그리스도인 정책가로서 보수적인 미국의 그리스도인들이 세속적인 미국 사람들에게 영향을 미치도록 매스 미디어를 이용하여 그들을 일깨우며 이끌어왔다.

그는 도덕적 다수 운동(Moral Majority Movement)의 의장으로서 로널드 레이건을 미국의 40대 대통령으로 선출하고 재선출하는 일에 막강한 영향력을 행사해서 미국 정치에 보수 정치 혁명을 일으킨 장본인이다. 이러한 일들을 통해서 제리 팔웰 목사는 급속히 세속화되어가는 미국 사회에서 종교적 권리의 개막과 그리스도인의 가치관을 보존하는 일 등에 크게 기여했다.

그러나 이 위대한 하나님의 종은 독특한 가족 배경을 가지고 있다.

가계저주론에 따르면 팔웰 목사와 그의 가족은 그의 아버지가 저지른 죄로 말미암아 가계저주론자들이 만든 저주의 법칙에 종속되어야 할 사람들이었다. 그의 아버지 케리 히스기야 팔웰은 자신의 용서받지 못한 죄(unforgiven sin)로 말미암아 17년 간 엄청난 죄책감으로 고통받으며 살았다. 케리 팔웰의 용서받지 못한 죄는 우리야를 살해한 다윗의 죄를 연상시키기도 한다. 케리 팔웰은 다윗처럼 성품과 지도력에 있어서 선하고 긍정적인 측면을 가지고 있긴하지만, 두려움과 분노 중에 자신의 엽총으로 친동생을 죽이게 된다. 비록 케리 팔웰은 살인죄로부터 사면을 받게 되지만 상처받은 양심은 잊을 수 없는 그 사건으로 인하여 밤낮으로 심한 양심의 고통에 찌든 삶을 살아가게 된다.

팔웰 목사는 "그러나 내 아버지는 자신의 눈으로 볼 때 범죄했으며, 러스트버그의 판사에 의한 방면도 일반 대중들에 의한 용납도 자신의 무덤까지 따라오게 될 죄책감으로 인한 고통의 세월을 끝내지 못했다"[30]라고 술회한다. 아마도 그가 죽인 사람이 자신의 친동생이라는 사실이 더 큰 회한과 고통을 주었을 것이다.

케리 팔웰이 자신의 친동생을 죽인 상황은 다윗이 우리야를 죽인 상황과는 크게 다르지만 그 결과는 동일하다. 두 사람 모두 죄책감과 죄의 결과로 인해서 큰 고통을 받았다. 다윗은 선지자 나단이 담대하게 자신의 죄를 책망했을 때 그의 죄를 하나님께 자백했고 하나님의 용서를 받았다. 시편 32편과 51편은 다윗의 자백이 얼마나 진지했던가를 알려준다. 그러나 그의 진지한 자백과 하나님의 용서에도 불구하고 죄의 참담한 결과를 피할 수는 없었다(삼하 12:10-14). 하나님께서 다윗을 죄의 값인 사망에서 면제해 주셨다. 그러나 다윗의 살인과 성적인 죄는 그와 그의 가족과 나라에 악한 일들을 가져오게 했다.

그러나 성경은 결코 다윗의 후손들이 그 조상 다윗의 죄의 값을 치렀다고 말씀하지 않는다. 성경은 다윗의 후손들이 그들의 선조 다윗의 죄의 결과들을 받았다고 말씀하고 있다. 우리야의 아내가 다윗에게 낳아 준 아들의 사망이나, 암논의 근친상간이나, 압살롬이 자신의 친족인 암논을 죽이고 다윗을 대항하여 반역을 꾀한 후 비참하게 살해당한 것 등 다윗의 가정과 나라에 일어난 여러 어려움 등이 다윗의 죄의 결과로 보인다.

그렇다면 다윗의 후손들은 다윗의 죄로 말미암은 어쩔 수 없는 운명적인 희생자들이었는가? 결코 그렇지 않다! 그런데도 가계저주론은 다윗의 죄로 야기된 저주가 그 가정 안에 역사하고 있으므로 그들이 실패하고 죄를 지을 수밖에 없었다는 관념을 주입한다. 이러한 맥락에서, 이윤호 목사는 "다윗의 죄는 살인과 성적인 죄들을 가져왔다"[31]고 말한다. 이 주장은 다윗의 죄의 결과를 묘사하기 위해서 고안된 것이 아니라 다윗 가문에 내린 저주가 취소되기 전까지 다윗의 죄가 세대를 타고 내려가면서 지속적으로 다윗의 가족들에게 파괴적으로 영향을 미치게 된다는 숙명론적인 생각을 심어주기 위해서 고안된 것이다.

가계저주론자들에 의하면, 다윗과 그의 가족이 겪은 일들로 인해 고통이 끝난 것은 아니라고 한다. 가계저주론자들은 저주가 취소되기 전까지 다윗의 성적인 부패가 그들의 후손에 의해서 세대를 거슬러 내려가면서 대물림된다고 한다. 이러한 의미에서 가계저주론은 매우 숙명주의적이며 결코 성경적이지 못하다. 성경은 사실상 결코 이러한 방법으로 상상하지 않는다. 그러하기는커녕, 성경은 하나님의 다윗을 향한 징계가 어떤 특정한 사건이 일어나고 난 이후에는 중지되었음을 보여준다. 사무엘하 12:24~25은 "다윗이 그 처 밧세바를 위로하고 저에게 들어가 동침하였더니 저가 아들을 낳으매 그 이름을 솔로몬이라 하니라 여호와께서 그를 사랑하사 선지자 나단을 보내사 그 이름을 여디디야라 하시니 이는 여호와께서 사랑하심을 인함이라"고 말씀했다. 이 말씀은 하나님께서 가계저주론자들이 주장하듯, 다윗의 성적 부패가 후손에게 계속 대물림되었다는 것을 일축한다.

성경에 의하면 죄를 범하고 고통을 당했던 다윗의 후손들은 자유 의지를 가진 존재로 행동했다. 그들은 다윗의 죄로 인한 무력하고 운명적인 희생자로 죄를 범하고 고통을 받은 것이 아니다. 비록 다윗 자신이 절제가 부족했고 가족의 질서를 세우는 일에 실패한 것이 가족에게 부정적인 영향을 미쳤을지라도, 죄를 범한 후손들은 자율적인 존재로서 하나님 앞에 그들의 죄에 대해서 책임을 져야 한다. 우리야의 아내가 다윗에게 낳아 준 그 아이조차도 다윗의 죄로 말미암은 불행한 희생자로 여겨져서는 안 된다. 왜냐하면 그 아이의 죽음은 그 아이에게 있어서 심판이나 불행이나 저주로 묘사된 것이 아니기 때문이다.

사무엘하 12장 23절에 있는 다윗의 믿음의 고백-나는 저에게로 가거니와-은 그 아이가 하늘나라에 있음을 뜻한다. 비록 그 아이의 죽음이 다윗에게 큰 고통을 주었겠지만, 갓난아이가 하늘나라에 가는 것은 불행이나 심판이나 저주가 아니다.

이처럼 일찍 회개한 다윗과는 달리, 케리 팔웰은 "하나님의 사랑스러운 선물을 받기 위해서 그가 죽기 바로 며칠 전까지 기다렸다."[32] 그는 하나님을 향해서 적의가 있었다기보다는 무관심했다. 팔웰 목사는 "그는 교회의 문에 손때를 묻히는 것을 거부했으나 우리가 주일학교에 갈 수 있도록 어머니에게 차와 운전사를 주었다"[33]라고 기록한다. 케리 팔웰은 고집이 세고 다부지며 독립적인 사람이있다. 이리한 그의 성품과 종교적 인식은 그가 하나님께 용서를 구하는 일을 지연시킨 것 같다.

그러나 용서받지 못한 죄는 그의 삶에 부정적으로 영향을 미쳤다. 케리 팔웰의 딸인 버지니아는 그녀의 아버지가 삼촌을 총으로 죽인 이후에는 이전보다 더 일찍 일어나서 더 늦게까지 열심히 일했으며, 더욱 내성적인 성격이 된 데에다 술까지 마시기 시작했다고 전한다.[34] 알코올에 의지해서 위로를 받으려는 것은 용서받지 못한 죄의 분명한 징후였고 고통스러운 결과였다. 팔웰 목사는 "가정과 사무실에서 기분 전환이 되지 않을 때는 알코올이 그의 기분을 전환시키고 고통을 완화시켜 줄 때까지 계속 마셔댔다"[35]라고 쓰고 있다. 이어서 아버지의 용서받지 못한 죄의 결과를 다음과 같이 요약하고 있다.

> "아버지는 사면되었지만 용서를 받지 못했다. 이유가 어떻게 정당화되었건 아버지는 하나님의 법을 깨뜨렸다. 그는 죄를 지었고 그 죄에 대한 용서를 발견하기까지 죄책감은 암과 같이 커졌고, 결국 치명적인 것으로 판명되었다. 원수(마귀)는 그것을 보기 원했을 것이다. 그리고 아버지의 이야기는 그것이 사실임을 증명한다. … 나의 어린 시절과 청소년 시절 동안 그 용서받지 못한 죄는 아버지의 심령 속에서 탐지되지 않은 채 타오르고 있는 조그만 불씨 같았다."[36]

다윗의 경우와는 달리 케리 팔웰의 죄의 결과는 주로 그 죄를 범한 당사자에게 한정되어 있었던 것 같다. 그의 가정에서 있었던 주목할 만한 사건은 케리 팔웰의 부인의 유산이었다. 팔웰 부인의 유산은 비극적인 총격 사건 뒤 몇 주 후에 발생했다. 과연 케리 팔웰이 친동생을 죽인 죄값으로 발생한 것일까? 쉽게 대답할 수 있는 질문이 아니다. 왜냐하면 자녀의 유산은 케리 팔웰에게는 죄의 값일 수 있지만 그 일에 대해서 아무 잘못이 없는 그의 가족인 팔웰 부인과 자녀들에게 는 그저 큰 손실과 슬픔이기 때문이다.

그러나 케리 팔웰이 이 일로 죄값을 치렀다는 말도 함부로 해서는 안 된다. 왜냐하면 우리가 하나님이 아니기 때문이다. 이런 맥락에서 볼 때 이 사건의 이유는 오직 하나님만 아실 일이다. 그렇다면 이것은 케리 팔웰의 죄의 결과로 인해 발생한 것은 아니었을까? 아마도 그렇 다고 말할 수 있다. 팔웰 부인의 유산은 그녀의 남편의 총격 사고로 인한 충격에서 비롯된 것일 수 있기 때문이다.

그러면 유산된 아이는 아버지의 죄로 말미암은 무력하고 숙명적인 희생자였을까? 물론 그렇지 않다. 왜냐하면 아이의 죽음은 아이 자신 에게 있어서 불행이나 심판이나 저주로 해석될 필요가 없기 때문이 다. 아이가 자신의 죄에 대해서 책임을 질 나이가 되기 전에 하늘나라 로 가는 것은 불행도 아니고, 심판도 아니며, 저주도 아닌 것이다(삼 하 12:23).

가계저주론자들이 케리 팔웰이 자신의 친동생을 살해한 것이 그의 가정에 저주를 불러왔다고 주장하는 것은 당연한 것이다. 그들이 가 장 즐겨 찾는 단어인 '저주'"를 창세기 4장 6절에 나오는 똑같은 사 건에서 발견할 수 있기 때문이다. 창세기 4장 6절은 "땅이 그 입을 벌 려 네 손에서부터 네 아우의 피를 받았은즉 네가 땅에서 저주를 받으 리니"라고 기록하고 있다. 게다가 가계저주론자들은 팔웰 가문에 저 주가 임할 수밖에 없는 또 다른 이유를 발견한 것인데, 바로 케리 팔 웰이 자신의 재산을 형성하는 과정에서 술장사를 했기 때문이다. 팔 웰 목사는 "아버지는 여전히 밀조된 술을 사서 고객들의 껌중히는 요구를 충족시켜 주었다. 모든 사람들이 버지니아 주 파이니 강에서 진행되는 불법적인 범죄에 관해서 알고 있었다. 그러나 금주법 실시 기간의 후반에 이르러서는 너무나 많은 밀주가 진행되어서 지방 경찰이나 주 경찰 및 연방정부의 관리들마저 밀주를 중지시키는 일에 무력했다"[37]라고 말한다.

술장사와 관련해서 이윤호 목사는 케네디 가문이 저주를 받은 것은 존 F. 케네디의 할아버지인 패트릭 조셉이 술장사를 해서 재산을 형성했기 때문이라고 대담하게 주장한다. 그는 패트릭 조셉이 금주법이 시행되는 동안인 1920년에 밀주를 유통시켰던 것을 지적한다. 이러한 맥락에서 이윤호 목사는 팔웰 가문이 하나님의 저주 가운데 처해 있다고 주장할 수 있을 것이다. 그러나 그가 이렇게 주장하는 것은 대단히 부담스러울 것이다. 왜냐하면 케리 팔웰의 후손인 제리 팔웰 목사의 가정은 세상에서 가장 하나님의 은혜를 받은 가정 중 하나이기 때문이다.

팔웰 목사의 가정은 현대판 아브라함 가족이라고 불릴 만하다. 하나님께서는 이 가족을 통해서 전 세계에 있는 사람들에게 복 위에 복을 내려 주시고 있다. 수년 전에 필자가 린치버그에서 팔웰 목사를 만나뵈었을 때 그는 며칠 후 북한으로 들어가 복음을 전하고 관리들도 만날 것이라고 말씀한 바가 있다. 그는 지난 수십 년 간 북한에 복음을 전하는 일에 하나님께서 귀히 쓰신 그리스도인 지도자 가운데 한 분이다.

팔웰 목사의 장남은 훌륭한 변호사가 되어서 아버지의 목회와 관련된 법적 분야를 책임지고 있고, 또한 세속 미국에 대항해서 기독교의 권리를 대변하는 중요한 일을 담당하고 있다. 차남은 대를 이어서 아버지의 목회를 감당하기 위해서 토마스로드 침례교회에서 아버지와 함께 협동목사로 일하고 있다. 딸은 의사로서 사회에서 성공적으로 활동하며 아버지의 목회를 돕고 있다. 이들은 복을 받은 가정 정도가 아니라 아브라함과 같이 복의 근원이 된 가정을 이루었다. 그러므로 하나님께서 그 아버지의 죄로 말미암아 팔웰 목사와 그의 가정을 저주하셨다는 근거도, 징후도, 기록도 전혀 없다.

또한 팔웰 목사가 아버지의 죄로 인해서 그 가문에 임한 저주에서 풀려나오기 위해 회개 기도를 했다는 기록 또한 아무리 눈을 씻고 찾아봐도 찾아볼 수 없다. 사실상 팔웰 목사 본인이 충격적일 정도로 솔직하고 자세하게 집필한 그의 자서전을 보면 아버지 케리 팔웰의 죽음 이후에 청소년기의 팔웰의 삶에는 그 어떤 저주의 징후도 보이지 않는다. 젊은 팔웰의 삶은 단지 장난기 많은 모습이나 우수한 학업 성적이나 하나님과 복음에 대한 무관심을 보여주는데, 이것은 정상적인 소년의 삶에서 흔히 볼 수 있는 것이다.

가계저주론자들은 다윗이 용서를 받은 이후에도 그의 후손들 속에서 저주가 계속 역사하고 있다는 것을 분명히 한다. 이윤호 목사는 솔로몬이 다윗의 성적 부패함을 대물림 받아서 얼마나 괴물 같은 성도착자가 되었는지를 끊임없이 강조한다. 이윤호 목사의 생각 속에는 그 당시 세상의 모든 왕들이 거의 다 그러한 부패한 관습 가운데 살았다는 **문화적인 인식**이 전혀 없다. 또한 이윤호 목사는 자신의 이론을 강화하기 위해서 다윗이 성적 부패함을 그의 어머니로부터 물려받았다고 주장한다.[38] 사실상 이런 해석은 괴상하게 왜곡된 해석이다.

이러한 저주 중심의 시각에서는 가계의 저주가 끊임없이 팔웰 가문 속에 흘러야 한다고 생각한다. 그러나 팔웰 가족의 실제 삶은 저주 중심의 세계관을 가지고 있는 가계저주론이 거짓된 것이라는 것을 웅변적으로 증명해 준다. 팔웰 목사의 자서전은 하나님께서 얼마나 오랜 세월 동안 그와 그의 가족들에게 선하셨는가를 증거하고 있다. 이것은 하나님께서 은혜와 긍휼의 하나님이심을 여실히 보여 주는 것이다.

청년 팔웰은 하나님과 그분의 구원을 찾는 일에 먼저 나서지 않았다. 그는 "나는 주일학교와 교회에 다니는 것을 중지했다. 나는 종교에 대해서 철저히 무관심했고, 어머니가 사랑스러우면서도 친밀하게 '나를 주님께로 인도하려고 시도하신 일'도 내 마음을 감동시키지 못했다"[39]라고 적고 있다. 그러나 하나님께서 그분의 크신 사랑과 자비 속에서 이 젊은이를 구원하시는 일에 주도권을 잡으셨다. 그의 자서전에서 팔웰 목사는 하나님께서 어떻게 그에게 다가오셔서 그의 영혼을 구원하셨는가에 관해서 말하고 있다.

"그날 린치버그를 가로질러 나를 추적하신 분이 성령이셨다는 것을 내가 어떻게 이해할 수 있었을까? … 그러나 그러한 소동의 와중에도 그분의 목소리는 내게 말씀하고 있었다. 비록 말하는 음성을 들을 수 없었지만, 신기하고 놀라운 무엇이 내게 일어날 것이라는 것을 알았다. 그 당시에는 몰랐다. 그러나 이것은 하나님의 세계가 나의 세계를 깨뜨리고 들어오는 것이었다. 그것이 왜 혹은 언제 발생했는지는 여전히 내게 미스터리이다. 그러나 그것이 발생했다는 것을 더 이상 의심하지는 않는다."[40]

청년 팔웰은 곧 교회로 가서 복음 설교를 듣게 되었다. 바로 그 교회에서 팔웰은 예수 그리스도를 자신의 구주요 주님으로 믿고 구원을 받는다. 이 일은 그의 아버지가 돌아가신 후 4년이 지난 뒤였다. 팔웰의 나머지 삶의 이야기는 하나님께서 한 사람의 생애를 통해서 얼마나 큰 영광을 받으실 수 있는가를 보여주며, 또한 한 사람이 하나님을 위해서 얼마나 큰 일을 할 수 있는가를 보여주고 있다. 그의 자서전 후기에서 발췌한 다음의 진술은 그의 삶이 얼마나 하나님의 은혜를 받았는가를 간결하게 보여주고 있다.

> "63세의 나이에 세 번째의 천년기를 맞이하면서, 나는 내가 그 어느 때보다 더 여실히 꿈을 꾸고 있는 것을 발견했다. 하나님께서 내게 그 어떤 뛰어난 부르심으로 기름부으셨다면, 그것은 꿈꾸는 자(visionary)로 기름부으셨다고 확신한다. 하나님께서 언젠가 나를 집으로 부르실 것이다. 그때 나는 아무런 후회나 불평이 없을 것이다. 그러나 분명히 확신컨대 나는 하나님께서 내게 실제로 또 다른 20년이나 30년의 세월을 주실 것이라고 믿고 있다. 만약 당신이 가까운 장래에 '제리 팔웰이 죽었다' 라는 기사를 읽게 된다면 내가 매우 의외로 생각할 것이라고 보면 된다. 나는 지난 44년 간의 목회 기간 내내 했던 대로 '꿈을 꾸며 비전을 보고' 있다. 나는 요엘 2장 28절을 21세기를 위한 나의 성경 구절로 주장하고 있다."[41]

그는 최근에 70세를 맞이했다. 그러나 그는 여전히 위대한 꿈들을 꾸고 있으며, 사실상 그는 자신의 최근의 꿈 중 하나가 실현되는 것을 목도하고 있다. 그는 현재 동시에 10,000명을 수용할 수 있는 예배당을 건축하는 일을 위해서 그의 교회를 이끌어가고 있으며, 자신의 생애 안에 50,000명의 재학생을 보유한 기독교 대학을 만들기 위해서 쉬임없이 전진하고 있다. 실로 팔웰 목사의 삶의 이야기는 하나님의 은혜와 사랑의 놀랄 만한 시위이다. 오랫동안 용서받지 못한 죄로 고통의 세월을 살아야 했던 한 아버지의 아들이 세계에서 가장 주목한

만한 하나님의 종 가운데 한 사람이 된 것이다. 두려움과 분노 중에 자신의 친동생을 총으로 쏘아 죽였던 아버지의 아들이 전 세계에 걸친 사역을 통해서 수천, 수만의 사람들을 영생과 축복의 길로 인도해 오고 있다. 팔웰 목사의 삶은 하나님의 은혜와 자비의 빛나는 금자탑이다. 팔웰 목사의 생애는 가계저주론의 거짓됨을 만천하에 드러내는 하나님의 은혜의 감동적인 드라마이다.

주:

1) John Calvin, *Book of the Prophet Ezekiel* (Edinburgh: The Calvin Translation Society, n.d.), 215.

2) Ibid., 214-5.

3) Clinton E. Arnold, *3 Crucial Questions about Spiritual Warfare* (Grand Rapids: Baker Book House, 1997), 66.

4) Ibid., 68.

5) 이윤호, 『가계의 복과 저주전쟁에서 승리하라』 (서울: 베다니출판사, 2001), 47.

6) Ibid., 234.

7) Ibid., 234.

8) Ibid., 164.

9) 오광만, "가계에 흐르는 저주 이론은 과연 성경적인가?," 《교회와 신앙》, 1999년 10월, n.p. 이 자료는 《교회와 신앙》의 공식 웹사이트에서 인용한 것으로 페이지가 명기되어 있지 않았음. 현재 이 자료는 www.churchgrowth21.com에서 찾아볼 수 있음.

10) 이윤호, 232.

11) Ibid., 234.

12) Arnold, 183.

13) Alan Redpath, *Victorious Christian Service: Studies in the Book of Nehemiah* (Chicago: Fleming H. Revell Company, n.d.), 19-20.

14) Ibid., 21.

15) Norman Geisler, *Colossians*, in *The Bible Knowledge Commentary*, eds. John F. Walvoord and Roy B. Zuck (n.p.: Victor Books, 1987), vol. 2, *New Testament*, 675.

16) Mervin Breneman, *Esther*, in *The New American Commentary*, ed. E. Ray Clendenen (n.p.: Broadman & Holman Publishers, 1993), vol. 10, Ezra, Nehemiah, Esther, 172.

17) G. Goleman Luck, *Ezra and Nehemiah* (Chicago: Moody Press, 1961), 84.

18) Ibid., 84.

19) H. G. M. Williamson, *Ezra and Nehemiah*, in *Word Biblical Commentary*, eds. David A. Hubbard and Gleen W. Barker (Waco: Word Books Publisher, 1985), vol. 16, *Ezra-Nehemiah*, 173.

20) Mark A. Throntveit, *Ezra-Nehemiah* (Louisville: John Knox Press, 1992), 65.

21) Ravi Zacharias: *The Lostness of Man*, preached at International Conference for Itinerant Evangelists, 45 min., World Wide Publications, 1986, videocasette.

22) Paul Hiebert, "Remarkable Evangelist Ravi Zacharias," in *Ambassadors for Christ*, ed. John D. Woodbridge (Chicago: Moody Bible Institute, 1994), 327.

23) Ibid., 328.

24) Ibid., 329.

25) Ibid., 327.

26) Charles H. Kraft with Ellen Kearney and Mark H. White, *Deep Wounds, Deep Healing* (Ann Arbor: Michigan, 1993), 262.

27) Derek Prince, *Blessing or Curse You Can Choose* (Grand Rapids: Chosen Books, 2000), 59.

28) 이윤호, 「가계에 흐르는 저주를 이렇게 끊어라」 (서울: 베다니출판사, 2000),

108.

29) Paul E. Little, *Know Why You Believe* (Wheaton: Victor Books, 1979), 90.

30) Jerry Falwell, *Falwell, An Autobiography* (Lynchburg: Liberty House Publishers, 1997), 67.

31) 이윤호, 『가계에 흐르는 저주를 이렇게 끊어라』, 58.

32) Falwell, 96.

33) Ibid., 62.

34) Ibid., 57-8.

35) Ibid., 68.

36) Ibid., 68.

37) Ibid., 49.

38) 이윤호, 『가계의 복과 저주전쟁에서 승리하라』, 117.

39) Falwell, 116.

40) Ibid., 119.

41) Ibid., 481.

7장 구약에 나타난 심판의 집단적 성격에 대한 그릇된 윤리적 관념

        가계저주론은 구약에 나타난 심판의 집단적 성격에 대한 잘못된 윤리적 개념 위에 성립되었다. 가계저주론자들은 '집단적 인격'이라는 용어를 가지고 심판의 집단적 성격을 정의한다. 하나님께서 왜 조상의 죄를 죄 없는 후손들에게 갚으시는가를 설명하는 중에 이윤호 목사는 '집단적 인격'이라는 용어를 소개한다. 이윤호 목사는 "하나님 자신도 자신이 정한 법칙을 지킬 수밖에 없다. 한 개인의 '연대성/집단성'(corporate personality)이라는 성경적 개념을 이해할 때, 수수께끼 같은 인생의 숙제가 풀어지게 된다"[1]라고 주장한다.

이윤호 목사는 여기서 잘못된 윤리적 개념인 '집단적 인격'이라는 개념을 통해서 죄 없는 후손에게 임하는 하나님의 저주를 합리화시키려고 시도한다. '집단적 인격'이라는 용어를 사용해서 이윤호 목사가 말하려고 하는 것은, 비록 죄 없는 후손이 잘못을 범하지 않았더라도 그의 조상의 죄에 대해 전적으로 책임을 져야 하는 이유는 그가 한 개인으로 여겨지지 않기 때문이라는 것이다. 따라서 하나님께서 죄 없는 후손들을 저주하시는 것은 적법하다는 것이다. 또한 하나님께서 조상의 죄로 말미암아 죄 없는 후손일지라도 저주하셔야만 하는데, 이는 하나님 자신도 자신이 세우신 법칙을 지킬 수밖에 없기 때문이라는 것이다.[2] 그러므로 이러한 생각의 틀에서는 '집단적 인격'이라는 법 때문에 죄 없는 후손들뿐 아니라 하나님도 역시 피할 수 없는 운명에 종속되는 것이다.

그러면 '집단적 인격'이란 무엇인가? 이 용어의 의미를 이해하기 위해서 '집단적 인격'이라는 개념이 어떻게 고안되었으며, 이 용어를 고안한 사람은 어떤 의미로 사용했는가를 살펴보아야 할 것이다. '집단적 인격'이라는 용어는 1911년에 휠러 로빈슨(H. Wheeler Robinson)의 구약 연구에서 소개되었다. 로빈슨은 이 용어에 대해 다음과 같이 설명하고 있다.

"마침내 일반적인 고대의 사상을 통해서 우리는 모즐리가 '불완전한 개인의 의식'(the defective sense of individuality, *Ruling Ideas in Early Ages*, p. 87)이라고 불러왔던 것을 발견하게 된다. 그러나 더욱 긍정적으로 잘 묘사된 것은 '집단적 인격'이라고 부를 수 있다. 우리는 원시적인 입법과 종교에서는 의식(consciousness)이 하나로 묶여져서 형성되는 한 사람의 삶(single life)의 기초 위에서가 아니라, 한 부족이나 한 씨족 혹은 한 가족의 일원으로서 다루어졌다는 것을 발견한다. 그러므로 혈족에 의한 복수와 같은 가족적인 관습이

나 한 사람(예: 아간)의 죄가 그가 속한 자신의 그룹, 즉 자신의 인격
의 연장이랄 수 있는 소속된 단체에 정당하게 전가될 수 있었다."[3]

로빈슨은 히브리인들을 포함한 고대인들은 다른 대상들을 분간할
수 없었거나 주관적인 경험과 객관적인 경험을 구별할 수 없었기 때
문에 그룹 안에 있는 그들 자신의 인격을 분명하게 정의할 수 없었다
고 주장한다. 이러한 생각의 틀 속에서 한 사람은 한 개인으로 인정되
어지지 않았다. 로빈슨은 이런 개념을 설명하면서, "오늘날 우리가 전
쟁에 전사한 어느 '무명 용사'를 기념할 때 그 묘지에 묻힌 특정한 군
인과 전체를 대표해서 의식적으로 세운 '무명 용사'를 분명하게 구분
할 수 있다. 그러나 개인에 대한 현대적 의식이 발전되기 이전 세계에
서는 명확하게 구분지을 수가 없었다. 바울이 전 인류를 아담 안에 존
재했던 것으로 여긴 것처럼 전체 그룹은 그 그룹에 소속된 각인 안에
존재해 있는 단일체인 것이다"[4]라고 말한다.

로빈슨에 의하면 개인에 대한 이러한 종류의 불분명한 의식, 즉
'집단적 개인'(corporate personality)이라는 의식이 개인주의의 개
념을 소개했던 주전 8세기의 선지자들의 때까지 히브리인들 사이에
서 지속되었다고 한다. 그래서 개인은 항상 개인적인 의식에서가 아
닌 전체적인 의식 속에서 이해되었다는 것이며, 이러한 의미에서 로
빈슨은 '집단적 개인'이라는 용어를 고안해 냈다.

예를 들면, 어떤 사람(갑)이 속한 그룹이 잘못을 범하면 그 사람(갑)
이 개인적으로는 잘못에 대한 아무 책임이 없다 해도 그 사람(갑)이
속한 그룹의 잘못에 대해서 전적으로 책임을 진다는 것이다. 이러한
맥락에서 로저슨(J. W. Rogerson)은 "집단적 인격이란 그룹의 한 멤

버가 비록 자신이 아무런 잘못을 하지 않았더라도 자신이 속한 그룹의 행동에 대해서 전적으로 책임을 질 수 있었다는 것을 뜻하는데, 그 이유는 그가 한 개인으로 여겨지지 않았기 때문이다. 이러한 의식은 개인이 아무런 잘못이 없어도 그가 속한 사회의 운명의 소용돌이 속에서 고통받을 수 있다는 것을 요구했다"[5]라고 설명한다. 다음의 도표는 '집단적 개인'의 개념을 잘 보여주고 있다.

〈표 7.1〉 집단적 개인(Corporate Personality)

로빈슨은 개인적인 책임의 원리를 무시하는 '집단적 개인'이 이스라엘의 초기 단계에서 지배적인 생각의 모형이었다고 주장한다. 그러나 로빈슨의 이러한 주장은 옳지 못하다. **왜냐하면 '집단적 개인'을 부정하는 개인적인 책임의 원리가 신명기 24장 16절**-아비는 그 자식들을 인하여 죽임을 당치 않을 것이요 자식들은 그 아비를 인하여 죽임을 당치 않을 것이라 각 사람은 자기 죄에 죽임을 당할 것이니라-**에 있는 고대의 원리로부터 나왔기 때문이다.** 에스겔 18장을 해석하면서 카일은 모세의 글이 개인적인 책임의 원리를 옹호한다는 점을 분명히 하고 있음을 강조하기 위해 다음과 같이 말했다.

> "죄와 결과의 대물림, 즉 심판에 관해서 이처럼 왜곡된 진리가 얼마
> 나 모세의 법과 상이한 것인가는 신명기 24장 16절에 나와 있는 명
> 령을 보면 분명해진다"[6]

브라이즌(Theodore Christiaan, Vreizen)은 이스라엘의 초기에
쓰여진 율법책(언약서)에서 사형이 오직 죄를 범한 당사자에게만 주
어졌다는 사실-출 21:12, 15, 16, 18, 20, etc.-을 강조하면서 개인
적인 책임의 원리가 이스라엘에서 매우 일찌감치 발전되었음을 주장
한다.[7] 사무엘 워크(S. J. B. Wolk)는 이스라엘의 개인주의의 뿌리를
애굽에서 노예생활을 하던 시기와 광야에서 방황하던 시절로 소급해
서 찾으며, 다음과 같이 주장하고 있다.

> "애굽의 노예 심리는 광야의 혹독하지만 자유스러운 생활 속에서 허
> 물을 벗었다. 그러나 노예 생활과 광야 생활의 기억이 이스라엘 사람
> 들의 마음에 불굴의 개인주의와 자유를 싹트게 했다면, 미래의 모든
> 사상을 위한 이론적인 기반을 놓아서 유대인의 성품에 지배적인 경
> 향을 주었다. 또한 광야 생활 중 깊이 사랑하게 된 자유를 결코 잃어
> 버려시는 안 된다고 유대인들에게 항상 기억나게 해 준 것은 바로 모
> 세가 하나님과 사람 사이에 세운 언약이었던 것이다."[8]

**개인적인 책임의 원리와 사람의 개인적인 가치는 영적인 존재로서
의 사람은 절대적 책임을 가진 존재라는 관념에서도 찾아볼 수 있다.**
하나님께서 한 개인을 자신과 관계를 수립하도록 부르신다는 사상은
한 개인에게 하나님 앞에서 그가 가지고 있는 거룩한 책임을 상기시

켜 준다.[9] 이러한 사상은 이스라엘의 역사 중 가장 이른 시기부터 발
전되었다. 게다가 하나님께서 아브라함이나 요셉 혹은 모세와 같은
영적인 거인들뿐만 아니라 하갈과 같은 애굽인 종(창 16장)과 소돔에
살던 의로운 사람(창 18장)과 같은 사람들과 인격적인 수준에서 개인
적인 교제를 나누신 것에 대한 강조는 개인적인 책임의 원리가 초기
이스라엘에서 발전되었음을 증명한다. 이처럼 **수많은 학자들은 개인
적인 책임의 원리를 무시하는 '집단적 인격'"의 개념을 비판한다.**[10]
월터 카이저(Walter C. Kaiser, Jr.)는 이러한 학자들의 견해를 다음
과 같이 요약해서 정리한다.

> "이러한 중요한 이유들 때문에 우리는 개인이나 원시 상태 혹은 개
> 인주의와 집단주의 사이의 갈등과 같은 견해 중 그 어느 것도 용납할
> 수가 없다. 사실상 집단적 그룹(corporate group)에 대한 이전의 강
> 조를 대치하거나 무색하게 만드는 점진적으로 일어난 개인주의(a
> gradually emerging individualism)를 옹호하거나 성립시킬 수 있
> 는 성경적인 근거는 전혀 없다. 예레미야와 에스겔은 개인주의의 시
> 작에 대해서 책임이 없는데, 구약성경 전반을 통해서 개인과 그룹 안
> 에서의 개인의 정체성에 대한 경우가 항상 있어 왔기 때문이다. 그러
> 므로 우리는 두 가지 경우를 다 주장하면서 로빈슨이 사용한 '집단
> 적 인격' 대신에 '집단적 연대'라는 용어를 사용한다.[11]

카이저는 연대(solidarity)를 정의하는 데 포함된 세 가지 요소들을
지적한다. 첫번째 요소는 '일치'[12]이다. 사무엘상 5장 10절-이에 그들
이 하나님의 궤를 에그론으로 보내니라 하나님의 궤가 에그론에 이른
즉 에그론 사람이 부르짖어 가로되 그늘이 이스라엘 신의 궤를 우리에

게로 가져다가 우리와 우리 백성을 죽이려 한다 하고—이 보여주는 바와 같이 구약성경에서 전체 그룹은 종종 하나의 단위로서 취급되었다. 여기서 '사람들'(people)이라는 말은 레위기 17장 4절과 20장 3절과 6절의 경우와 같이 단수로서 취급되었다. 한편, '사람들'이라는 말은 창세기 17장 4절이나 출애굽기 30장 33절과 38절 및 레위기 7장 20절 등과 같은 구약성경의 다른 부분에서는 복수로서 취급되었다. "사람들"이라는 말은 구약성경에서 단수와 복수로서 취급되었다.

카이저에 의하면 두 번째 요소는 '대표적 인물'(representative)[13]이다. 구약성경에서 한 개인이 종종 전체 그룹을 대표하는데, 카이저는 이 면에서 피해야 할 두 가지 극단이 있다고 지적한다. 하나는 집산주의(collectivism)로서 모든 개인들의 단순한 결합(a simple combination)을 의미한다. 또 다른 하나는 심리학주의(psychologism)로서 한 개인이 단순히 그 그룹의 심리 상태나 개인의 심리 상태에 관련된 심리적 통일체(psychical whole)라는 것을 의미한다. 카이저는 대표적 인물의 가장 두드러진 예로서 '고난당하는 종'(Suffering Servant)을 지적한다.

세 번째 경우는 '진동'(oscillation)[14]인데, 대립되는 두 개념 사이에서 반복되는 변화를 가리킨다. 어떤 경우에는 한 그룹을 상징하는 대표적 인물이 하나의 그룹으로 취급되고, 다른 경우에는 대표적 인물에 의해서 상징되던 한 그룹이 한 개인으로 취급된다. 카이저는 아간의 경우를 이 현상과 관련하여 성경에 나오는 전형적인 경우로 보고 있다. 아간이 금지된 물건을 취함으로써 죄를 지었을 때 성경 본문은 "이스라엘이 죄를 지었다"라고 주장했다(수 7:11). 한편, 금지된 물건을 취한 아간의 죄가 폭로되었을 때 아간은 "내가 죄를 지었다"

(수 7:20)라고 말했다. 여기서 우리는 대립되는 두 개념 사이에서 진행되는 진동을 볼 수 있다.

구약에서의 연대(solidarity)의 개념은 가계저주론에 내재된 중요한 문제를 이해하는 중요한 열쇠 하나를 제공해 준다. 적절한 연대의 개념이 관련된 성경 본문들에 적용된다면 가계저주론은 설 자리를 잃어버리게 된다. 연대의 개념은 다음과 같은 카이저의 말에 의해서 더욱 분명해진다.

> "그래서 구약의 연대는 다음의 세 가지와 혼동되어져서는 안 된다. (1) 사회적 목적과 목표를 위해서 개인이 희생되어진다는 전체주의적 유형의 '집산주의'(collectivism) 혹은 (2) 개인이 개인으로서의 의식이 전혀 없다는 의미로서의 '집단적 개인'(corporate personality) 등이 그것이다. 오히려 구약에 있는 연대는 (1) 개인이 축복이나 정죄(reprobation)에서 전체 그룹을 연루시킬 수 있다는 것이나, (2) 전체 그룹이 그 그룹의 대표자로 지정한 그룹의 한 멤버를 통해서 한 개인(a single individual)으로서 기능을 할 수 있다는 의미인 것이다."[15]

축복과 정죄와 관련하여 구약에는 연대에 관한 여러 가지 예가 있다. 축복의 예와 관련해서 보면 하나님께서는 아브라함 때문에 이삭에게 복을 주셨다(창 26:2~5). 하나님은 또한 다윗 때문에 유다에게 복을 주셨다(왕하 8:18; 19:34). 게다가 하나님은 언약궤로 인해서 오벳 에돔의 가정에 복을 주셨다(삼하 6:11).

한편, 성경은 오랫동안 논쟁거리가 되어왔던 정죄와 관련된 연대의 예들도 제공한다. 연대의 몇몇 예들은 가계서주론자들을 포함한 어떤 사람들에 의하여 '집합적 개인'(corporate personality)의 개념으로 해석되었다. 특별히 가계저주론자들은 '집합적 개인'의 개념을 사용하여 조상의 죄로 인해서 후손-조상의 죄에 전혀 참여하지 않은 죄 없는 후손을 포함하여-이 심판을 받는 것이 정당하다고 주장한다. 이렇게 함으로써 그들은 사람들이 그들의 조상들의 죄로 인해서 야기된 저주 속에 살아가고 있다고 믿게 하려고 시도한다. 이것과 관련된 구체적인 예들을 이윤호 목사의 책에서 찾아볼 수 있다.

이윤호 목사는 그 자신의 책에서 '집합적 개인'이라는 개념의 틀 속에서 성경에 나와 있는 집단적 성격을 포함한 심판의 어떤 예들을 다루고 있다. 이윤호 목사는 이러한 시도를 함에 있어서 먼저 '집단적 개인'에 관해서 정의를 내리면서 다음과 같이 말하고 있다.

> "하나님 자신도 자신이 정한 법칙을 지킬 수밖에 없다. 한 개인의 '연대성/집단성'(corporate personality)이라는 성경적 개념을 이해할 때, 수수께끼 같은 인생의 숙제가 풀어지게 된다."[16]

이윤호 목사의 예 중 하나는 고라와 다단 그리고 아비람의 이야기에서 온다(민 16:1-33). 이윤호 목사는 "고라, 다단, 아비람 세 가족의 가장이 모세에게 반역하는 죄를 통해 그들의 전 가족이 히니님의 심판을 받았다(민 16:1~33)"[17]라고 주장한다. 이 말에 스며있는 개념은 카이저가 지적한 바와 같이 사회적 목적과 목표를 위해서 개인이 희생되어진다는 전체주의적 유형의 '집산주의'를 반영하고 있다. 선지자요 하나님께서 이스라엘의 지도자로 임명하신 모세를 반역하는 것은 하나님께만 죄를 짓는 것(민 16:11)뿐만 아니라 이스라엘 사람들 전체에 대하여 죄를 짓는 것이었다(민 16:22). 그 이유는 이것이 이스라엘 사람들 전체에 파괴적인 영향을 미치게 될 것이기 때문이다.

모세가 이스라엘을 위하여 하나님께 기도하지 않았더라면 모세를 대항한 죄는 이스라엘 전체를 멸망시킬 수도 있었다(민 16:21~22). 이 죄는 모세 중심적 지도력 위에 세워진 이스라엘의 사회적 질서를 파괴한 것임에 틀림없다. 고라와 다단과 아비람 및 온 등이 이스라엘 최고의 지도자들로 구성된 250명의 반역 동참자들을 끌어들였다는 사실은 이 사건의 사회적 의미를 깨닫게 해준다. 그러므로 이 죄는 사회적으로 다루어져야만 했다(민 16:25-35). 이 사건에서 만약 고라와 다단 및 아비람의 가족들이 그들의 아비들의 죄에 동참하지 않았는데도 처형되었다면 그것은 부분적으로는 사회적인 이유 때문이었을 것이다. 그러므로 이 사건에 대한 이윤호 목사의 접근 방법은 카이저가 바르게 지적한 바와 같이 사회적 목적과 목표를 위해서 개인이 희생되어진다는 전체적인 유형의 '집산주의'를 포함하고 있다. 게다가 이윤호 목사의 말에 내포된 개념은 카이저가 지적한 대로 한 개인이 개인으로서의 의식이 전혀 없는 '집합적 개인'(corporate personality)의 개념을 반영하고 있다.

이윤호 목사는 자신의 진술에서 고라와 다단 및 아비람의 가족들이 그들의 아비들의 죄에 동참했다는 것을 결코 암시조차 하지 않았다. 오히려 그 아비들의 죄 때문에 후손들이 하나님의 심판을 받았다는 것만 강조한다. 이러한 시도에서 고라와 다단과 아비람의 가족들의 개별적 인격은 전혀 무시된다. 이윤호 목사의 생각의 틀 속에서는 가족 구성원들이 결코 한 개인으로서 취급되지 않는다. 결국 '집합적 개인'의 옹호자로서 이윤호 목사는 고라와 다단과 아비람과 그들 가족들의 심판을 비성경적인 개념들인 '집합적 개인'과 '집산주의'의 개념들로서 해석하고 있다. 한편, 집합적 연대를 옹호하는 카이저에게 있어서는 그 본문은 다음과 같이 해석된다.

"분명히 그룹 연대를 포함하는 집단적인 심판이 등장했다. 그러나 이러한 경우들은 집합적 죄(그 도시에 사는 모든 자들이 어떤 잡류들에 의해서 우상 숭배에 빠지게 된 경우, 신 13:12~16), 혹은 맹세를 깨뜨린 것(사무엘하 21장에 있는 기브온 사람의 경우), 혹은 왕의 집안이 나봇에게 저지른 죄에 공모하거나 참여한 경우, 또한 왕의 집안 사람들이 기회를 저버리고 회개하지 않는 경우(왕하 10:1~11; 참조. 왕상 21장)를 다 포함한다. 구약의 윤리에 접근하는데 있어서 개인적인 책임의 원리 혹은 가치, 그리고 그룹 연대 등 두 가지가 다 이해되어지고 주의 깊게 정의되어져야만 한다.[18]

〈표 7.2〉 집단적 연대(Corporate Solidarity)

카이저와 같이 구약에 있는 집단적 연대의 원리를 받아들이는 사람들은 집단적인 심판의 경우를 인정한다. 그러나 이러한 경우들에 대한 그들의 해석은 다른 각도에서 비롯된다. 그들은 **하나님께서 사람**

들을 다루심에 있어서 **집단과 개인을 다 염두에 두신다는 사실**을 기꺼이 받아들인다. 이러한 시각에서 '집합적 연대' 개념을 옹호하는 유진 메릴(Eugene H. Merrill)은 고라에 관한 성경 본문을 두 가지 개념을 가지고 이해한다.

첫째로 그는 고라와 다단과 아비람과 그들의 가족들의 심판에 있어서 집단적인 성격을 인정한다. 메릴은 "고라와 다단과 아비람의 아내들과 자녀들이 이 참혹한 하나님의 심판에 포함되어 있었다는 사실(vv. 27, 32)은 하나님께 범죄한 자들의 후손들이 범죄하지 않았다고 가정할 경우, 가족 연대와 집단적 심판에 관한 구약의 원리를 다시금 예증하는 것이다"[19]라고 말한다. 여기서 메릴은 **가족 연대와 집단적 심판을 책임의 전가가 아닌 죄의 결과에서 비롯된 것으로 말하는 것이다.**

예를 들면, 일본의 히로시마에 핵폭탄이 폭발했을 때 전쟁 범죄에 대해 책임이 있는 부모와 함께 사망한 어린 자녀들은 부모의 죄의 책임이 전가되어 공동 심판을 받은 것이 아니다. 오히려 그 아이들은 **부모의 죄의 결과**로, 또한 그들과 함께 같은 장소와 같은 시간에 있었기 때문에 그들과 운명을 같이 한 것이다. 이와 같은 이치가 바로 고라와 다단과 아비람의 가족들에게 그대로 적용되는 것이다.

두 번째로 메릴은 심판의 집단적 성격 속에서 개인적인 심판의 원리 또한 인정한다. 그는 "그러나 개개인이 자신의 죄에만 책임이 있음으로(신 24:16), 우리는 고라와 다단과 아비람의 가족들이 어떠한 형태로든 그 반역에 가담했었다고 결론을 내려야 한다(수 7: 22~25)"[20]라고 말한다.

사실상 민수기 26장 11절은 **심판에서 멸망하지 않은 고라의 후손들**

을 우리에게 보여준다. 그러므로 이것은 고라와 함께 멸망한 자들은 그의 가족 구성원 모두가 아니라 **오직 그의 범죄에 가담했던 자들**이 었다는 것을 증명해 준다. 흥미롭게도 선지자 사무엘은 고라의 후손 중 한 사람이었다(대상 6:22~28).[21] 그러므로 이윤호 목사가 "고라, 다단, 아비람 세 가족의 가장이 모세에게 반역하는 죄를 통해 그들의 전 가족이 하나님의 심판을 받았다(민 16:1~33)"[22]라고 한 말은 성경의 사실과 다른 것이다. 게다가 **하나님께서 무서운 반역자의 후손인 사무엘을 자신의 가장 위대한 종 가운데 하나로 삼으셨다는 것은 가계저주론의 비성경적인 주장을 폐기 처분할 이유를 제시하고 있다.** 이러한 일련의 사건은 하나님께서 증오와 보복의 하나님이 아니라 은혜와 긍휼의 하나님되심을 웅변적으로 보여준다.

메릴이 위의 진술에서 말한 것처럼 이와 비슷한 사건이 아간과 그의 가족들에게도 나타난다(수 7:22~25). 성경 본문은 아간이 하나님께 바쳐진 것들 중 일부를 취해 범죄한 것을 보여준다(수 7:1). 아간의 죄는 이스라엘 국가 전체에게 패배를 안겨준 것뿐 아니라 자신과 자신의 자녀들이 심판을 받는 것으로 귀결된다. 이것은 마치 하나님께서 아간의 죄로 말미암아 아간의 자녀들을 심판하신 것처럼 보인다. 그러나 성경에 여러 번 **개인적인 책임의 원리가 선언되어 있기 때문에 개인적인 책임의 원리가 이러한 심판의 집단적 성격 속에서 배제되어서는 안 된다.**

이렇게 균형잡힌 견해와 일치하는 좋은 해석으로 다음과 같은 생각을 볼 수 있을 것이다. 즉, "자녀들이 아비들의 죄로 말미암아 처형되지 않기 때문에(신 24:16), 아간의 가족–본문에 언급되지 않은 그의 아내는 제외하고–이 그의 죄에 공모했던 것으로 생각된다(참조. 민

16:28~35의 주석)"[23]는 말이다. 이 해석은 가이슬러와 하위의 다음의 논증이 잘 뒷받침하고 있다.

첫째로 아간의 가족은 아간의 죄에 가담했었음에 틀림없는데, 아간이 그와 같이 지내는 가족들 모르게 훔친 것들을 감추어 둘 수 없었을 것이기 때문이다. 두 번째로 가족적인 심판은 그 자녀들이 범죄했음을 보여준다. 아비의 죄로 말미암아 그 자녀들을 심판하는 것을 금지한 성경의 명령은 그 가족이 아간과 함께 죄를 지었음을 분명히 해준다. 세 번째로 아간의 가족이 어린아이들을 포함했다는 기록은 전혀 없다. 비록 아간과 함께 죽은 자녀들이 있지만 하나님은 그들의 생명을 취해 갈 주권을 가지고 계시다. 사실상, 하나님은 이따금 아이들이 범죄했다는 암시가 없는데도 질병으로 아이들의 생명을 취해 가신다. 또한 하나님께서는 부모를 잃은 아이들을 하늘나라로 부르셔서 자신의 직접적인 보호 아래 두기도 하신다. 자신의 죄에 대해서 책임을 물을 수 없는 연령에 속한 어린아이들은 죽으면 구원을 받기 때문에(삼하 12:23) 그들의 영원한 운명에 대해서는 문제될 것이 없다.[24]

사실상 해석에 있어 이러한 종류의 접근 방법은 칼빈이나 카일과 델리취 등의 해석과 그 궤를 같이 한다. 그들은 하나님의 심판에 있어서 개인적인 심판의 원리와 집단적인 성격을 다 인정한다. 실로 '집단적 연대'의 개념은 성경의 이러한 어려운 구절들을 해석하는 데 있어서 성경적인 접근 방법을 제공해 준다.

그러나 여전히 다루어져야 할 문제가 남아 있다. 그것은 조상의 죄를 반복해서 짓지 않고 있는 죄 없는 후손들의 문제이다. 신명기 24장 16절-아비는 그 자식들을 인하여 죽임을 당치 않을 것이요 자식들은 그 아비를 인하여 죽임을 당지 않을 것이라 각 사람은 자기 죄에 죽임을 당할 것이니라-의 견지에서 볼 때, 조상들의 죄로 말미암아 후손들을 심판하시는 일에 있어서 하나님께서 어떻게 주권자로서 자유로우실 수 있으며, 또한 동시에 도덕적으로 일관성이 있으실 수 있는가? 예를 들어 마약 복용이나 도덕적으로 난잡한 생활로 말미암아 에이즈에 감염된 어머니를 통해서 출생한 어린아이가 어머니의 죄로 말미암아 에이즈에 걸려서 고통을 당한다면 누가 이런 불공평함에 대하여 책임을 져야 하는가? 책임을 질 사람은 어머니인가 혹은 어린아이인가? 아니면 이러한 불공평함이 일어나도록 허용하신 하나님인가?

'집단적 연대'의 개념은 하나님의 집단적 심판에 대한 정당성과 관계된 어려운 문제들을 성공적으로 풀어갈 수 있도록 우리를 인도한다. 그러나 죄 없는 후손들-여기서 죄 없는 후손들은 죄가 없는 사람들이 아니라 조상의 죄를 반복하지 않음으로 그들의 죄에 대해서 책임이 없는 사람들-의 심판이 어떻게 정당할 수 있는가를 풀기까지는 여전히 어려움이 남아 있는 것이다. 비록 우리가 하나님께서는 사람들이 집단적으로 범죄했을 때만 집단적인 심판을 하신다는 주장을 해도 죄 없는 후손이 심판을 받아야 하는 문제는 여전히 해결되지 않는 어려움으로 남아 있게 된다.

그러나 이 어려운 문제를 해결하는 길은 죄의 책임-에스겔 18장과 신명기 24장 16절의 핵심 개념-을 죄의 결과-출애굽기 20장 5절의 핵심 개념-로부터 분리시키는 것이다. 이러한 생각의 틀은 어머니의 죄로 말미암아 불공평하게 에이즈에 감염된 어린아이의 경우와 같은 어려운 문제를 성공적으로 해석할 수 있게 하는 열쇠가 된다. 이렇게 해석할 경우에 그 어린아이는 어머니의 **죄의 책임**을 지고 억울하게 고통당하는 것이 아니라, 그 어머니의 **죄의 결과**로 말미암아 고통받는 것이다. 죄는 하나님의 심판을 가져온다. 죄는 범죄한 자들 위에 하나님의 심판을 가져온다. 또한 죄는 범죄한 자와 혈연으로 맺어진 그들의 죄 없는 후손들에게도 불행한 결과를 가져오게 된다.

이러한 의미에서 죄는 모든 사람들에게 무섭고 참혹하며 해로운 것이다. 이런 인식이 우리로 하여금 악한 길에서 떠나 의로운 길을 걷도록 촉구하는 것이 되어야 한다. 이와 동시에 우리는 로마서 5장 20절(죄가 더한 곳에 은혜가 더욱 넘쳤나니)에서 말씀한 바와 같이 우리 하나님은 은혜와 사랑의 하나님되심을 잊어서는 안 된다. 우리는 또한 깊은 고통과 좌절 속에서도 하나님의 자녀를 위한 로마서 8장 28절(우리가 알거니와 하나님을 사랑하는 자 곧 그 뜻대로 부르심을 입은 자들에게는 모든 것이 합력하여 선을 이루느니라)의 영광스러운 약속을 마음 속 깊이 간직해야 할 것이다.

주:

1) 이윤호, 『가계에 흐르는 저주를 이렇게 끊어라』 (서울: 베다니출판사, 2000), 108.

2) Ibid., 108.

3) H. Wheeler Robinson, *The Christian Doctrine of Man* (Edinburgh: T. & T. Clark, 1911), 8. 강조는 저자의 것임

4) H. Wheeler Robinson, *Cross in the Old Testament* (Philadelphia: The Westminster Press, 1955), 77.

5) J. W. Rogerson, "The Hebrew Conception of Corporate Personality: A Re-Examination," *Journal of Theological Studies*, 2 April (1970): 16. 강조는 저자의 것임

6) C. F. Keil and F. Delitzch, *Commentary on the Old Testament*, vol. IX. , *Ezekiel and Daniel*, by C. F. Keil (Grand Rapids: William B. Eerdmans Publishing Company, 1978), 248.

7) Thedore C. Vriezen, *An Outline of Old Testament Theology* (Newton: Charles T. Branford Company, 1970), 420.

8) Samuel J. B. Wolk, *The Universal Jewish Encyclopedia*, vol. 5 (New York: The Universal Jewish Encyclopedia, INC., 1941), 560.

9) Vriezen, 419.

10) Walter C. Kaiser, Jr., *Toward Old Testament Ethics* (Grand Rapids: Academie Books, 1983), 71-2.

11) Ibid., 68-9. 카이저는 자신의 주장의 근거로 다음의 책들을 제안한다. Herbert May, "Individual Responsibility and Retribution," *Hebrew Union College Annual* 32 (1961): Barnabas Lindars, "Ezekiel and

Individual Responsibility," *Vetus Testamentum* 15 (1965): 452-67; J. R. Porter, "The Legal Aspects of the Concept of 'Corporate Personality' in the Old Testament, " *Vetus Testamentum* 14 (1965): 361-80; M. Rodriguez, "Collective Responsibility," *New Catholic Encyclopedia* (New York: McGraw-Hill, 1967) III: 1002-3; and P. M. Joyce, "Individual Responsibility in Ezekiel 18?" in *Studia Biblica* (Sixth International Congress on Biblical Studies); ed. E. A. Livingstone (Sheffield, 1979): 185-96 [Journal for the Study of the Old Testament] Supplement Series, 11.

12) Ibid., 69.

13) Ibid., 69.

14) Ibid., 69.

15) Ibid., 69.

16) 이윤호, 108.

17) Ibid., 110.

18) Kaiser, 72.

19) Eugene H. Merrill, *Numbers,* in *The Bible Knowledge Commentary,* eds. John F. Walvoord and Roy B. Zuck (n.p.: Victor Books, 1987), vol. 1, *Old Testament,* 235. 메릴의 첫번째 논점과 두 번째 논점을 보면 그의 논리에 일관성이 결핍되어 있는 것처럼 보인다. 그러나 그가 고라와 다단과 아비람의 가족들이 그들 아비들의 죄의 책임을 함께 지는 것으로서가 아니라, 그 아비들의 죄의 결과로 말미암아 그 심판에 동참케 되었다고 생각하는 것으로 생각한다면, 그의 논리에 일관성이 없다는 결론을 내릴 수 없을 것이다.

20) Ibid., 235.

21) Norman Geisler and Thomas Howe, *When Critics Ask: A Popular Handbook on Bible Difficulties* (Grand Rapids: Baker Books, 1992), 106.

22) 이윤호, 110.

23) Walvoord & Juck, eds, 345.

24) Geisler and Howe, 139.

8장 기만적이고 왜곡된 성경 해석

가계저주론자들의 가장 핵심적인 문제는 그들의 성경 해석 방법이 심히 경솔하고 부당하며 왜곡되어 있다는 것이다. 우리는 이 주제와 관련해서 몇 가지 실제적인 예들을 검토해 보았다. 여기서 우리는 아직까지 논의하지 않았던 몇 가지 두드러진 예들을 생각해 보고자 한다.

성경을 전면적으로 부정한 메릴린 히키

성경 본문을 가장 왜곡한 사례는 메릴린 히키의 글에서 찾아볼 수 있다. 그녀의 책 『가계에 흐르는 저주를 끊어야 산다』에서 히키는 예레미야 31장 29절(그 때에 그들이 다시는 이르기를 아비가 신 포도를 먹었으므로 아들들의 이가 시다 하지 아니하겠고)에서 오직 일부(아비가 신 포도를 먹었으므로 아들들의 이가 시다)만을 자신의 가계저

197

주론을 뒷받침하기 위해서 인용한다.[1] 히키는 "부정적으로 유전되는 어떤 것들은 저주들이다"[2]라는 가정에서 자신의 생각을 전개하고 있다. 히키는 부정적으로 유전되는 것들 혹은 저주들 중 하나가 원한 (bitterness)이라고 생각한다. "원한에 찬 아버지들--원한에 찬 자녀들"이라는 제목을 가진 부분에서 히키는 예레미야 31장 29절의 일부분을 근거로 해서 다음과 같이 원한이 부정적으로 유전되는 저주라고 주장한다.

> "당신은 원한을 가질 여유가 없다. 그것은 너무 비싼 것이다. 원한은 당신을 더럽힐 것이며, 또한 당신 주위의 있는 사람들도 더럽힐 것이다. 예레미야 31장 29절에 '아비가 신 포도를 먹었으므로 아들들의 이가 시다'라고 말씀했다. 이것이 바로 에서에게 일어났던 일이다. 에서가 야곱과 야곱의 후손들에 대해서 비통한 마음을 가졌을 때 그의 후손들 역시 야곱의 후손들에 대해서 비통한 마음을 가졌다."[3]

여기서 히키는 원통함을 조상들로부터 상속될 수 있는 유전적인 저주로 여긴다. 실로 원통함은 부정적인 도덕적 영향력으로서 원통한 사람 주변의 사람들에게 부정적인 영향을 끼칠 수 있다. 그러나 성경이 이것을 대물림하는 저주라고 말씀하지는 않는다. 부정적인 도덕적 영향력으로서의 죄는 다른 사람들의 삶에 파괴적으로 영향을 미칠 수 있다. 그러나 **영향력은 절대적이거나 운명적이거나 또는 유전적인 것은 아니다.** 우리의 논의와 관련된 성경 본문 어디에도 원통함-쓴뿌리-을 유전적인 저주라고 말씀하지 않는다. 히키의 주장은 개인적인 상상에 불과한 것이지 성경적인 가르침은 아니다.

여기서 히키는 조상이 가지고 있던 바로 그 죄가 후손에게 대물림

된다는 것을 말하고 있다(가계저주론자들은 가계의 저주를 다섯 가지 다른 방법으로 해석함). 한편, 성경 본문-렘 31:29-은 조상의 죄의 책임이 후손에게 전가되지 않는다는 것을 강조해서 말씀하고 있는 것이다. 그러므로 히키와 성경 본문이 같은 주제, 즉 조상의 죄와 후손과의 관계를 다루고는 있지만 그 해석과 적용은 판이하게 다르다. 문제는 히키가 **하나님께서 조상의 죄 때문에 후손들을 심판하거나 저주하신다는 관념을 부정하는 바로 그 본문에서 가계에 흐르는 저주를 말하고 있다**는 것이다.

달리 말해서 히키는 하나님께서 잘못된 속담이라고 말씀하신 바로 그 속담을 진리로 사용하고 있다. 따라서 이러한 행태는 하나님께서 선지자 예레미야를 통해서 주신 본래의 뜻을 히키가 정반대로 왜곡하고 있음을 분명히 보여준다. 이러한 성경 해석 방법은 자기 해석(eisegesis)에 속할 뿐 아니라 그 중에서도 가장 불법적인 형태이다. 이 점에 관해서 장신대학원의 오광만 교수는 "이것은 본문의 문맥을 전혀 고려하지 않은 아전인수 식의 성경 해석의 위험을 보여준 대표적인 예이다"[4]라고 정당하게 비판하고 있다.

성경 본문-렘 31:27~30-은 히키의 해석과는 정반대로 가계저주론을 가르치기 위해서 의도된 것이 전혀 아니다. 본문에서 하나님은 자신과 언약 관계에 있는 백성들에게 새로운 시작을 주실 것을 약속하고 있다. 이 새로운 시대에 하나님은 새로운 후손들을 통해서 이스라엘을 심고 세우실 것이다. 하나님께서 그들의 죄로 말미암아 이스라엘을 심판하셨지만, 곧 그 심판을 거두실 것이다. 이스라엘을 위한 하나님의 새로운 역사는 예레미야 시대에 편만했던 잘못된 속담-아비가 신 포도를 먹었으므로 아들들의 이가 시다-을 잠잠케 할 것이다. 이 그릇된 속담은 하나님께서 조상들의 죄 때문에 예레미야 시대를 살아가는 후손들에게 불공평하게 심판을 내리셨다고 말하고 있다. 그 속담은 하나님께서 심판하시는 일에 있어서 불의하시다는 주장을 담고 있기 때문에 부당하고 거짓된 것이다.

성경	히키
저주는 대물림되지 않는다.	**가계에 저주가 흐른다.**
예레미야 31장 29절: 그 때에 그들이 다시는 이르기를 **아비가 신 포도를 먹었으므로 아들들의 이가 시다** 하지 아니하겠고	예레미야 31장 29절: **아비가 신 포도를 먹었으므로 아들들의 이가 시다**
30절: 신 포도를 먹는 자마다 그 이가 심같이 각기 자기 죄악으로만 죽으리라	30절에 대한 언급이 전혀 없다.

〈표 8.1〉 성경과 히키의 해석 비교

본문에서 하나님은 이스라엘이 새 시대에는 더 이상 이 그릇된 속담을 말하지 않을 것이라고 말씀하셨다. 본문의 마지막 절인 예레미야 31장 30절은 "신 포도를 먹는 자마다 그 이가 심같이 각기 자기 죄악으로만 죽으리라"고 말씀하신다. 즉, 하나님께서는 개인적인 책임의 원리를 선언하심으로 이 구절의 결론을 내리시는 것이다. 그러므로 본문의 본래의 의도는 하나님을 불공평하고 불의한 분으로 만드는 잘못된 속담의 개념과 사용을 부정하는 것이다. 그러나 히키는 본문의 의미를 완전히 뒤집어 해석하고 있다.

위의 도표는 히키가 어떻게 예레미야 31장 29절을 부분적으로 취해서 본문의 의미를 정반대로 해석했는지를 분명히 보여주고 있다. 히키가 부분적으로 취한 문장은 강조체를 사용해서 구별하여 성경적인 입장과 히키의 해석상의 근본적인 차이점을 분명히 보여주고 있다.

본문에 나타난 본래의 의미에 비추어 보면, 메릴린 히키는 전적으로 본문에 대한 하나님의 본래 의도를 뒤집고 있다. 이는 성경을 전적으로 부정하고 왜곡하는 행위이다. 왜곡된 성경 해석은 곧 독단적인 적용으로 이어진다. 히키는 어떻게 이 대물림 된 저주가 에서로부터 왕가를 이룬 그의 후손, 즉 헤롯 가문에게까지 악영향을 미쳤는가를 설명한 후, 다음과 같은 서슬 퍼런 경고로 왜곡된 해석의 결론을 맺는다.

> "하나님은 대물림된 저주를 받은 가나안 사람의 유산으로부터 헤롯의 가족을 구원하려고 시도해 보신 후, '이것으로 충분하다'고 말씀하셨다. 그리고 헤롯은 마침내 죽었다. 오늘날 헤롯 가문에 속한 사람은 더 이상 존재하지 않는다! … 만약 당신이 그러한 가계에 흐르는 저주들을 중단시키지 않는다면 당신은 모든 것을 잃을 수도 있다. 당신의 모든 가족이 죽음을 당할 수도 있다!"[5]

이것이 바로 **저주 중심적이고 율법주의적이며 제멋대로 성경을 왜곡하는 성경 해석 접근법의 종착역이다.** 오광만 교수가 "그렇다면 예레미야 31장 29절이 이런 섬뜩한 경고의 말씀을 주는 것일까? 미안하지만 아니다! 히키는 자기의 주장을 위해 본문에서 자기가 필요한 부분만을 골라서 사람들에게 공포심을 조장하고 협박하고 있다"[6]라고 한 말은 정당한 비평이다. 참으로 부조리하고 위험하고 개탄할 시도가 아닌가! 가계저주론자들의 이러한 잘못된 시도는 즉시 중지되어야 한다. 다음의 도표는 히키의 해석 접근법이 얼마나 불합리하고 위험한 결과를 가져오는가를 보여준다.

도표의 왼쪽 난은 성경을 있는 그대로 보여준다. 오른쪽 난은 히키가 예레미아 31장 29절을 자의적으로 왜곡해서 해석한 방법으로 데살로니가전서 5장 19절을 해석한다면 어떤 결과가 나오는가를 보여준다. 이 도표는 왜곡된 해석 방법의 결과가 성경의 진리를 어떻게 전적으로 부정하는 결과를 초래하는지를 분명히 보여준다.

데살로니가전서 5장 19절	히키의 왜곡된 해석 방법으로 데살로니가전서 5장 19절을 해석한 결과
성령을 소멸치 말라	성령을 소멸하라

〈표 8.2〉 성경과 히키의 왜곡된 해석 방법 비교

성경을 부분적으로 부정한 이윤호 목사

가계저주론자들의 왜곡된 성경 해석의 또 다른 두드러진 예가 이윤호 목사의 글에서 발견된다. 히키의 경우 본문의 의미를 전적으로 부정하는 결과를 초래했다. 그러나 이윤호 목사의 경우는 자신의 가계저주론을 성립시키기 위해서 본문의 의미를 부분적으로 부정하는 결과를 가져왔다. 히키는 본문의 일부분만을 인용해서 본문의 의미를 전적으로 부정한다. 한편, 이윤호 목사는 본문의 의미를 부당하게 상대적으로 해석해서 본문의 의미를 부분적으로 부정하고 있다. 그 결과는 히키나 이윤호 목사나 두 사람 다 본문의 참된 의미를 왜곡하며 훼손하고 있다.

이윤호 목사는 예레미야 31장 29~30절 및 에스겔 18장에 계시된 개인적인 책임의 원리의 절대성을 상대화시켰다. 그는 신명기 24장 16절(아비는 그 자식들을 인하여 죽임을 당치 않을 것이요 자식들은 그 아비를 인하여 죽임을 당치 않을 것이라 각 사람은 자기 죄에 죽임을 당할 것이니라)에 있는 개인적인 책임의 원리에 관한 결정적인 선언에 대해서 결코 언급하지 않는다. 또한 죄를 범한 개인에게만 주어졌던 사형에 관한 출애굽기의 구절들-출 21:12, 15, 16, 18, 20-을 결코 다루지도 않는다. 이러한 구절들에 대해서 논의하지 않는 이유는 분명하다. 그것은 이러한 구절들에 계시된 개인적인 책임의 원리에 관한 성경의 분명한 가르침을 부정하기에는 너무나 부담스러웠기 때문일 것이다. 그러면 이윤호 목사는 본문의 의미를 어떻게 왜곡하고 있는가?

이윤호 목사는 에스겔 18장 1~4절을 강해하면서 평이한 성경 해석으로 시작하는 것처럼 보인다. 그러나 그는 곧 자신의 견해에 맞추어서 성경을 해석하기 시작한다. 에스겔 18장 10절(가령 그가 아들을 낳았다 하자 그 아들이 이 모든 선은 하나도 행치 아니하고 이 악 중 하나를 범하여 강포하거나 살인하거나)을 해석하면서, "두 번째 경우는 의로운 부모에게 태어난 돌연변이적 악한 아들이다"[7]라고 해석한다. 그러나 본문은 그 아들이 '돌연변이적 악한 아들' 이라고 말하지 않는다. 본문은 오히려 그 아들이 의로운 사람의 아들이라고 말한다.

여기서 두 가지 지적할 것이 있다. 첫째로 이윤호 목사는 그 아들을 '돌연변이적 악한 아들' 이라고 부른다. 그러면 이윤호 목사는 왜 그 아들을 돌연변이적인 사람으로 평가 절하하고 있는가? 그것은 후손들에게 미치는 조상들의 영적 · 도덕적인 영향력이 크고 지속적인 것임을 강조하기 위해서이다. 이윤호 목사가 집착하고 있는 생각은 저주 혹은 불의가 필경 조상들로부터 후손들에게 대물림된다는 것이다. 그러므로 이 생각의 체계에서는 도덕적인 영향력으로서의 의가 불의처럼 그렇게 절대적이지는 않지만 적어도 상당히 큰 영향력으로 대물림될 수 있다는 것이다. 후손들에 대한 조상들의 강력한 도덕적 영향력에 대한 이와 같은 강조는 물론 가계저주론을 더욱 설득력 있게 만들 것이다. 여기서 이윤호 목사가 이것을 의도적으로 하고 있는지 아닌지를 밝히는 것이 요점은 아니다. 요점은 그가 후손들에 대한 조상들의 강력한 도덕적 영향력을 강조함으로써 가계저주론의 관념을 더 설득력 있게 만들려고 한다는 점이다.

두 번째로 이윤호 목사는 왜 그 아들의 아버지를 부모라고 부르는가? 본문에 의하면 그 아들은 의로운 부모의 아들이 아니라 의로운 한 남자, 즉 아버지의 아들이다. 그러나 이윤호 목사는 그 아들의 아버지를 부모라고 부른다. 이것은 부주의한 실수였을까? 그런데 이윤호 목사는 "세 번째 경우는 이 악한 아버지에게서 태어난 선한 아들이다"[8]라고 또 말을 바꾼다. 그러면 이윤호 목사는 왜 그 의인을 부모라고 칭하기도 하고 의로운 아버지라고 부르기도 하는가? 이렇게 일관성이 없는 것은 부주의한 실수였을까 혹은 의도적으로 그렇게 사용했을까? 물론 의도적으로 사용된 것임에 틀림없다. 그러나 이윤호 목사가 의도적으로 그렇게 했는지 아닌지 하는 문제를 밝히는 것은 중요하지 않다. 요점은 '부모'라는 칭호가 후손들에게 미치는 조상들의 강력한 도덕적 영향력을 강조하는 데 도움이 되며, 따라서 가계저주론을 뒷받침하기 위해서 사용된다는 것이다.

이 점은 이윤호 목사가 부모에게서 자녀들에게로 대물림되는 유전인자를 통해서 저주가 대물림된다고 주장하는 것을 통해서 분명히 알 수 있다. 그래서 이윤호 목사는 자신의 이론을 뒷받침하는 설명에서는 아버지와 어머니 둘 다 의인들이거나 악인들로 임의로 설정해서 에스겔의 예를 자신의 이론에 유리하게끔 사용한 것이다.[9]

그러나 의인-혹은 의로운 아버지-의 아들이 자신의 의로운 아버지의 경건한 삶을 따르지 않고 타락한 삶을 살아갈 때 여러 가지 요인들을 생각해 볼 수 있다. 그 불의한 아들은 자신의 가족이나 친구들이나 스승들이나 자신이 속한 공동체의 악한 영향력 때문에, 혹은 알려지지 않은 어떤 이유 때문에 불경건한 삶을 살게 되었는지도 모른다. **사실상 본문은 후손에게 미친 조상의 악한 영향력을 논하기 위해서 쓰여진 것이 아니다. 오히려 조상의 죄의 책임이 후손에게 전가되지 않는다는 문제를 논하고 있는 것**이다. 그러나 이윤호 목사는 심지어 이러한 문맥에서조차 조상에게서 후손에게로 대물림되는 도덕적 영향력이나 성품의 대물림에만 집중하고 있다. 그러므로 이러한 자세 역시 이윤호 목사가 얼마나 대물림되는 저주에 몰두해 있는가를 단적으로 보여주고 있다.

이윤호 목사는 자신이 본문을 있는 그대로 해석한다고 주장하지만 곧 자신이 가진 저주 중심의 시각으로 본문을 해석하기 시작한다. 이것은 그가 현혹시키는 논리로 글을 쓰고 있음을 보여준다. 이윤호 목사는 "다시 본문을 다른 각도에서 조명해 보자"[10]고 말하면서 객관적인 관찰을 시사해 보지만, 곧 자신의 편향된 시각으로 성경을 해석하기 시작한다. 그의 주장을 들어보자.

"에스겔 선지자는 이스라엘 사람들의 죄악이 그들의 조상의 죄악과 무관하다는 것을 증명하기 위해 쓴 것은 아니다. 에스겔 선지자의 의도는 자신들의 죄악의 모든 책임을 조상에게 전가시키는 오류를 지적하고, 그들의 회개를 촉구하는 것이다. 그렇다고, 본문은 조상의 죄가 후손에게 영향을 마치는 것을 부정하는 것은 아니다."[11]

이 진술에서의 문제점은 이윤호 목사가 두 개의 다른 개념을 동시에 말함으로써 독자들을 혼동시키고 있다는 것이다. 범죄하고 그 범죄에 대해 책임을 지는 것과, 범죄의 결과나 영향을 받는 것은 근본적으로 다르다. 범죄는 **도덕적 책임**을 다루는 반면, 죄의 결과는 **도덕적 영향력**을 다룬다.

이윤호 목사가 두 가지 다른 개념을 동시에 말함으로써 의도적으로 해석상의 난제를 피하려 했는지, 혹은 의도적으로 독자들을 혼동시키고 현혹시키려고 했는지는 분명하지 않다. 물론 성경은 조상들의 죄나 의로움이 후손들의 영적·도덕적 삶에 긍정적으로 혹은 부정적으로 영향을 미친다는 생각을 인정한다. 그러나 **성경은 후손들에게 미치는 조상들의 영적·도덕적 영향력을 결코 절대적으로 설명하지는 않는다.** 에스겔의 예화 자체가 바로 이 점을 증명해 주고 있다(물론 예화의 논점은 죄의 영향력이 아니라 죄의 책임을 말하고 있다).

에스겔 18장에서 에스겔은 어떻게 의로운 아버지로부터 불의한 아들이 태어났는지, 또 어떻게 불의한 아버지로부터 의로운 아들이 태어났는지를 설명한다. 그런데 이스라엘 왕가의 역사를 보면 에스겔의 예화와 동일한 실제 경우를 찾아보게 된다. 경건한 왕 히스기야, 불의한 왕 므낫세, 종교개혁을 주도한 요시야의 삼대로 이어지는 유대 왕들의 경우가 바로 여기에 해당된다(왕하 18~23장). 에스겔은 아마 이러한 역사적 사실을 염두에 두고 18장의 예화를 들었는지 모른다. 게

다가 경건한 엘리 제사장의 아들들의 망령된 품행에 관한 경우도 후손에게 미치는 조상의 영적·도덕적 영향력이 절대적이지 않음을 증명하는 예가 된다(삼하 2:22~26).

후손에게 미치는 조상의 영적·도덕적 영향력은 상대적인 것이지, 결코 절대적인 것은 아니다. **만약 후손들에게 미치는 조상들의 영적·도덕적 영향력이 절대적이라면 개인적인 책임의 원리는 설 자리가 없게 된다. 또한 개인적인 책임의 원리가 설 자리가 없어지므로 개인적인 회개의 부름은 유효하지 않게 된다.** 가계저주론은 죄와 죄의 책임과 저주의 대물림 등을 자연 법칙 혹은 형법상의 법과 비교하여 반드시 발생하는 영적 법칙으로 절대화시킨다. 또한 가계에 흐르는 저주를 후손이 책임을 지고 취소하지 않을 경우, 저주 속에서 고통과 멸망을 받게 된다고 주장함으로써 죄와 저주의 영향력을 절대화시킨다. 그러므로 가계저주론은 성경적인 것이 아니다.

다른 한편, 가계저주론자들이 가계의 저주를 상대적인 것으로 해석하는 경우가 있다. 이것은 자기 모순을 스스로 드러내는 것으로서, 가계저주론이 현혹시키는 논리를 가진 교리인 것을 스스로 입증하는 것이다.

에스겔 18장에서 **에스겔의 주된 논점은 죄의 영향력이 아니라 죄의 책임이다.** 이 장에서 이스라엘 사람들은 조상의 죄 때문에 하나님이 그들을 부당하게 심판하고 있다고 불평한다. 그 당시 이스라엘 사람들 사이에 편만했던 이 잘못된 속담은 하나님을 향한 그들의 불평을 드러낸다. 에스겔은 본문에서 이러한 불평에 대해 응답하면서 후손들에게 대물림되는 조상들의 죄의 책임에 관한 문제를 다룬다.

다른 한편, 이윤호 목사는 두 개의 다른 개념을 동시에 다루며 에스겔 18장을 해석하고 있다. 다시금 이윤호 목사는 조상의 죄로 말미암아 일방적이고 절대적으로 대물림되는 가계의 저주를 주장하는 가계저주론과는 결코 조화될 수 없는 개념인 개인적인 책임의 원리를 정당하게 설명해야 하는 부담을 교묘히 피하고 있다.

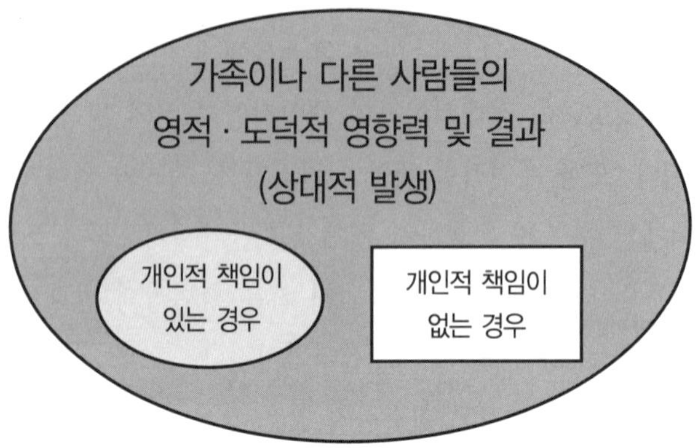

〈표 8.3〉 출 20:5 / 죄의 영향력 혹은 결과
신 24:16; 겔 18 / 죄의 책임에 관한 성경적 관점

그런데 만약 이것이 사실이 아니라면 이윤호 목사가 스스로 혼동하고 있거나 의도적으로 서로 다른 두 개념을 조화시킬 수 있는 것처럼 독자들을 혼동시키고 있는 것이다. 그는 "따라서 죄에 대한 자신의 책임과 조상의 죄가 후손에 미치는 영향 두 가지 진리를 동시에 수용해야 한다"[12]라고 주장한다. 여기서 이윤호 목사가 말하는 '죄에 대한 자신의 책임'이라는 것은 에스겔에 의해서 계시된 개인적인 책임의 원리-범죄한 영혼은 죽으리라-와 다르다.

에스겔에 의하면 죄에 대한 개인의 책임은 절대적인 것이다. 하나님 앞에 범죄한 사람은 자신 외에는 그 범죄에 대해서 비난할 사람이 없으며, 또한 자신의 범죄 외에 다른 사람의 범죄에 대하여는 책임이 없다(겔 18:4, 13, 18, 20, 24). 그러나 이윤호 목사는 "에스겔 선지자의 의도는 자신들의 죄악의 모든 책임을 조상에게 전가시키는 오류를 지적하고, 그들의 회개를 촉구하는 것이다"[13]라고 말함으로써 사람들이 종종 그들 조상의 죄에 대해서 책임이 있다고 주장하는 것이다. 달리 말하면 자신이 범죄한 것에 대한 책임뿐 아니라 자신과는 아무 상관이 없는 조상의 죄에 대해서도 책임을 져야 한다는 말이다. 그러므로 **이윤호 목사가 말하는 '죄에 대한 자신의 책임'은 성경이 정의하고 있는 개인적인 책임의 원리와는 근본적으로 다르다.** 즉, 이윤호 목사는 비성경적이며 불완전한 개인적인 책임의 원리를 말하고 있는 것이다.

또한 '조상의 죄가 후손에게 미치는 영향'이라고 말하는 개념도 '집단적 개인'(corporate personality) 개념을 말하는 것으로서 비성경적이다. 그러므로 이윤호 목사가 "따라서 죄에 대한 자신의 책임과 조상의 죄가 후손에 미치는 영향 두 가지 진리를 동시에 수용해야 한다"[14]라고 말할 때, **실제로는 두 가지 불완전하고 대립적이며 비성경적인 진리들을 수용하라고 촉구하고 있는 것**이다.

이윤호 목사는 여기서 자신이 마치 성경적으로 균형잡힌 견해를 가지고 있는 것처럼 가장하고 있다. 그러나 사실은 그의 주장이 비성경적인 견해와 일관성 없고 혼미케 하는 논리적 허위로 가득 차 있음을 드러내고 있다. 가계저주론은 논리적 오류와 혼돈과 허위의 토대 위에 세워져 있다. 가계저주론을 주장하는 사람들은 거짓되고 일관성 없는 논리를 주장한다는 정당한 비판을 피할 수 없다. 가계저주론자들은 에스겔 18장에 있는바 그대로 개인적인 책임의 원리를 받아들이든지 아니면 단호하게 거절해야 할 것이다.

그러나 그들이 단호하게 거절하기 어려운 이유는 이 원리가 성경에 분명하게 나타나 있기 때문이다. 이 진리를 거절한다면 가계저주론은 분명히 잘못된 교리로 낙인 찍힐 것이다. 그래서 위와 같이 개인적인 책임의 원리를 자기들의 주장에 맞도록 모순이 되더라도 변형시키는 것이다.

이윤호 목사는 선지자 에스겔이 사용한 예화의 확실성에 의심을 불어넣음으로써 대물림되는 저주에 관한 자신의 교리를 수립한다. 그는 "에스겔 선지자는 본문의 예화에서 '가령'(suppose)이라는 단어를 세 번 사용했다(겔 18:5, 10, 14). 사실, 이스라엘 역사에서 보여준 실상은 에스겔 선지자가 언급한 세 번째 경우, 즉 악한 아버지에게서 난 선한 아들의 경우와는 아주 거리가 멀다"[15]라고 주장한다. 다시금 그는 죄의 책임에 관해 말하는 본문에서 후손에게 임하는 조상의 죄의 영향력에 관해서 논하고 있다. 그는 여전히 본문의 중심 주제, 즉 죄의 책임의 문제를 피하면서 자신의 관심사인 조상의 죄와 악한 성품과 영향력의 대물림을 말하고 있다.

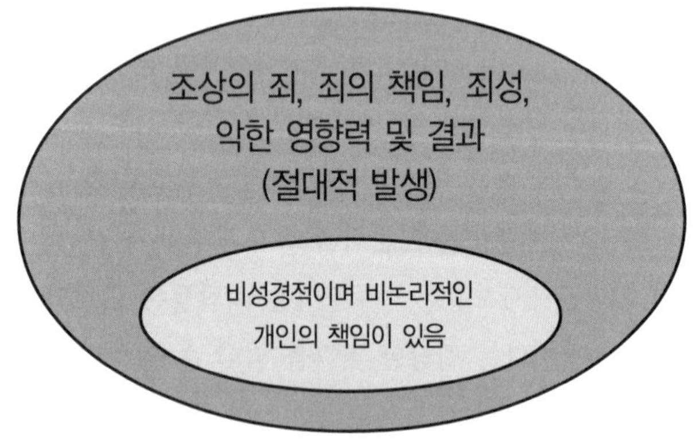

〈표 8.4〉 가계저주론의 그릇된 관점

여기서 이윤호 목사는 '가령'이라는 용어를 지적하며 에스겔의 예화의 현실성을 평가 절하하고 있다. 또한 에스겔 선지자가 언급한 세 번째 경우는 이스라엘 역사에서 보여준 실상과는 거리가 멀다고 말함으로써 선지자의 예화의 현실성을 문제 삼는다. 달리 말해 이윤호 목사는 에스겔이 현실성 없는 예화를 사용하고 있다는 관념을 독자들의 마음에 의도적인 주입하고 있는 것이다. 그 이유는 다른 데 있는 것이 아니라 이윤호 목사가 후손에게 대물림되는 조상의 영적·도덕적 죄와 악한 성품과 영향력을 강조하려고 하기 때문이다. 그리고는 조상의 죄의 책임이 대물림된다는 것을 부정하는 본문에서 조상의 죄와 죄악된 성품과 죄 많은 영향력에 관한 교리를 수립하려고 하기 때문이다.

에스겔	이윤호 목사
범죄하는 그 영혼이 죽으리라 (4절)	
자기의 피가 자기에게로 돌아가리라 (13절)	
그는 그 죄악으로 인하여 죽으리라 (18절)	
범죄하는 그 영혼은 죽을지라 아들은 아비의 죄악을 담당치 아니할 것이요 아비는 아들의 죄악을 담당치 아니하리니 의인의 의도 자기에게로 돌아가고 악인의 익도 자기에게로 돌아가리라 (20절)	(비성경적인 개인적 책임의 원리와 비성경적인 '집합적 개인'의 개념을 바탕으로 주장) 자기 죄에 대한 책임 및 조상의 죄에 대한 책임도 함께 져야한다.
그가 그 범한 허물과 그 죄로 인하여 죽으리라 (24절)	
그 행한 죄악으로 인하여 죽는 것이요 (26절)	

〈표 8.5〉 성경과 이윤호 목사의 해석 비교

사실상, '가령'이라는 말은 에스겔의 예화가 비현실적이라는 것을 드러내는 것이 아니라, **에스겔이 창조적인 예화로 자신의 논점을 설명하고 있는 것**이다. 그러나 이윤호 목사는 에스겔의 예화의 현실성을 부정하고 난 후, 이스라엘 왕들의 역사에서 자신의 예화를 끌어낸다. 그러나 당시의 왕들은 그들이 이스라엘 왕이었든지 아니면 다른 나라의 왕이었든지 당시의 사회 관습으로 인해 부도덕한 삶을 사는 경향이 많았다. 당시의 왕들은 보통 사람들이 직면하는 것보다 훨씬 더 죄에 대한 유혹이 많았다. 그러므로 **이러한 경우에 고대 왕들의 삶에 관한 역사는 보통 사람들의 경험을 제대로 반영할 수 없는 것이며, 따라서 보통 사람의 경험을 설명하기에는 적절한 경우가 아니다.**

이윤호 목사는 보통 사람들–의인, 악인–의 경우를 예화로 삼아 설명하려는 에스겔의 시도를 특수한 사람들–왕들–의 경우를 예화로 삼아서 현실성을 부정하려고 한다. 물론 여기서도 논리적 오류를 범하고 있다. 그러면 왜 그는 이러한 모순된 시도를 하고 있는가? 그것은 개인적인 책임의 원리를 가능한 모든 방법으로 약화시키고, 이와 동시에 후손에게 대물림되는 조상의 죄와 죄성과 악한 영향력, 즉 (이윤호 목사의 정의에 따르면) 가계에 흐르는 저주의 절대적인 성격을 강화하려고 하기 때문이다. 실제로 이윤호 목사의 주요한 목표는 가계의 저주가 취소되기 전까지는 가계의 죄와 저주가 지속된다는 관념을 주입시키는 것이다.

이윤호 목사의 이와 같은 전술, 즉 자신이 원하는 생각을 성경 본문에 주입해서 성경을 해석하는 방법(자기 해석, eisegesis)은 항상 본문을 왜곡하는 것으로 결론이 난다. 성경 본문에서 에스겔 선지자는 한 개인은 자신의 범죄에 대해서만 책임이 있다고 가르치는 반면, 이윤호 목사는 한 개인은 자신의 범죄와 조상의 범죄 모두에 대해 책임이 있다고 가르치고 있다.

이윤호 목사의 이러한 자기 해석의 최종 결과는 성경 저자의 본래 의도를 부분적으로 부정하는 결과를 가져온다. 다음의 도표는 이윤호 목사의 해석 방법이 얼마나 불합리하고 위험한 결과를 초래하는지를 보여준다. 도표의 왼쪽은 데살로니가전서 5장 19절의 말씀을 있는 그대로 보여주고 있으며, 오른쪽은 위와 같은 이윤호 목사의 해석 방법을 적용하면 데살로니가전서 5장 19절의 말씀이 어떻게 왜곡되는지를 보여준다.

데살로니가전서 5장 19절	이윤호 목사의 왜곡된 해석 방법으로 데살로니가전서 5장 19절을 해석한 결과
성령을 **소멸치 말라**	성령을 **때로는 소멸해도 된다**

〈표 8.6〉 성경과 이윤호 목사의 왜곡된 해석 방법 비교

문맥을 무시한 성경 해석을 한 찰스 크래프트

성경을 어떻게 해석할 것인가? 이러한 질문에 대한 답변은 응답자 각자의 신학적·신앙적 혹은 교파적 배경에 따라서 다양한 모습을 띠게 될 것이다. 그러나 우리 모두가 공유할 수 있는 성경 해석의 한 가지 중요하고도 근본적인 원리가 있을 것이다. 그것은 성경의 어떤 본문을 해석할 때 그 본문의 문맥에서 저자가 말하려는 본래의 의도를 무시하거나 왜곡하는 해석은 용납할 수 없다는 것이다. 그러나 우리는 종종 이러한 성경 해석의 근본적인 원리를 무시한 채 함부로 자신

의 주장을 펴는 사람들을 종종 대하게 된다. 특히 이러한 행동은 소위 축사 사역(Deliverance Ministry/귀신을 추방하는 일)을 전문적으로 한다는 사람들에게서 종종 발견되어진다. 예를 들어 크래프트는 그의 책 『깊은 상처, 깊은 치유』(*Deep Wounds, Deep Healing*)에서 이런 주장을 한다.

> "불행하게도 우주의 법칙 중 하나는 악령들이 대물림될 수 있다는 것이다. 출애굽기 20장 5절은 조상들의 죄가 그 다음 후손들에게 대물림된다는 것을 우리에게 말해 준다. … 갓난아이가 귀신들린 채로 이 세상에 태어날 수 있다는 것은 공정하지 못한 것처럼 보여질 수 있지만, 바로 이러한 현상이 우리가 직면하는 것이다."[16]

여기서 크래프트는 출애굽기 20장 5절의 우상숭배의 죄는 후손들에게 대물림되며, 이러한 죄의 대물림은 악령의 대물림을 유발한다고 주장한다. 하지만 우리는 지금까지 크래프트의 이러한 주장이 왜 심각한 오류를 담고 있는가를 충분히 논의해왔다. 즉, 출애굽기 20장 5절은 소위 '가계를 통하여 대물림되는 죄와 저주'를 말하는 것이 결코 아니라는 것이다. 오히려 이 말씀은 **조상의 우상숭배가 후손들에게 미치는 악한 영향과 그 악한 영향을 받아서 조상과 같이 우상숭배를 하며 하나님을 미워하는 모든 자들에게 임하는 하나님의 심판을 말하는 것**이다.

이러한 해석은 히브리어 성경 원문과 그 본문의 문맥에 잘 부합된다. 또한 조상의 죄를 반복하지는 않지만 조상의 죄로 말미암은 결과 때문에 고통을 당하는 죄 없는 후손들의 경우가 있다. 이러한 경우에 죄 없는 후손들이 겪는 고통과 어려움은 고통을 겪는 후손들에 대한

하나님의 분노나 심판이 아니라 조상들의 죄에 대한 자연적인 결과인
것이다. 이 문제에 대해서 미국 웨스트민스터 신학교에서 가르쳤던
맥네일 교수의 말을 다시 인용해 보도록 한다.

> "자연 과학에 관한 연구는 원인이 결과를 산출하도록 자연 법칙들에
> 의해서 또한 자연 법칙 안에서 하나님께서 역사하신다는 것을 끊임
> 없이 분명히 해준다. 또한 조상들의 죄 때문에 후손들이 고통을 당하
> 는 것이 일상의 현상임을 보여준다. 그러나 히브리 저자에게 있어서
> 이 고통이란 말은 죄의 외적인 결과를 의미하는 것이지, 죄 없이 고
> 통을 당하는 사람들을 향한 하나님의 분노의 감정을 의미하는 것은
> 전혀 아니다."[17]

맥네일 교수의 이러한 주장은 에스겔 18장에서 조상의 죄와 저주가
후손에게 대물림된다는 그릇된 사상을 절대적으로 부정한 말씀과 전
적으로 일치하는 해석이다. 한글 개역성경은 출애굽기 20장 5절을 번
역하면서 **"나를 미워하는 자의 죄를 갚되"**라고 했는데, 이것은 원어
를 정확하게 번역한 것이 아니다. 보다 바른 번역은 복수로 번역을 해
서 **"나를 미워하는 자들의 죄를 갚되"**로 해야 한다. 즉, 이 말씀의 본
래의 뜻은 우상숭배를 하는 조상뿐 아니라 그들의 악한 영향을 받아
서 동일하게 우상숭배를 하는 후손 모두 다 자신들의 우상숭배 죄로
말미암아 하나님의 심판을 받는다는 말씀이다.

삼, 사대라는 말씀은 우상숭배의 악하고 강력한 영향력이 삼, 사대
까지 지속될 수 있음을 시사한다. 그러나 이러한 영향력은 결코 절대
적인 것이 아니다. 우리는 종종 우상숭배자들의 후손들 가운데서 무
신론자들이나, 심지어 위대한 신앙의 위인들이 일어나는 것을 보게

된다. 또한 성경 어느 곳에도 조상의 우상숭배로 말미암아 악령이 후
손에게 대물림된 사례를 찾아볼 수 없다. 이러한 경우들을 본문의 문
맥에 비추어 생각해 볼 때, **출애굽기 20장 5절의 말씀은 절대 운명적
인 대물림이 아닌 자연적이며 상대적인 영향력으로 해석하는 것이 마
땅하다.** 왜냐하면 우상숭배도 각각 죄질과 차원이 다르기 때문이다.

우상숭배자 가운데 명목상의 우상숭배자고 있고 미온적 우상숭배
자도 있으며, 신명기 18장 11절에서 말하는 복술자, 길흉을 말하는
자, 요술하는 자, 무당, 진언자, 신접자, 박수, 초혼자와 같이 죄질이
아주 나쁜 자들도 있기 때문이다. 또한 한 사람이나 한 가족, 혹은 전
인류를 향한 하나님의 섭리는 하나님의 측량할 수 없는 은혜와 주권
그리고 하나님을 향한 사람들의 반응 정도에 따라서 융통성 있게 나
타나기 때문이다.

아브라함은 달을 섬기던 우상숭배의 고장 갈대아 우르 출신으로서
필시 대대로 우상숭배를 했었을 선조들을 가졌고, 게다가 그 자신마
저도 우상숭배자였을 수 있다. 그럼에도 불구하고 아브라함에 대한
전격적이고 일방적인 하나님의 부르심은 성경적인 좋은 예가 될 수
있다. 여기서 아브라함을 우상숭배자로 보는 이유는 베이커 사전에서
말하는 바, "아브라함의 이전 이름인 아브람은 '아비가 높임을 받는
다' 는 뜻을 담고 있는데, 여기 '아비' 란 달신을 의미하는 것으로 보이
며, 이는 곧 우상숭배와 연관된 것일 수 있다"라는 생각에서 비롯된
다.[18]

그러므로 출애굽기 20장 5절에서 우상숭배가 가계에 미치는 자연
적이며 상대적인 영향력을 찾아내는 일은 경험적으로도 맞고, 또한
에스겔 18장의 가르침과 비교해 볼 때 성경적으로도 바른 것이다. 그

러나 크래프트는 출애굽기 20장 5절의 말씀에서 기계적으로나 자동적으로 혹은 절대 운명적으로 '가계를 통하여 대물림되는 죄와 저주' 및 그에 따른 악령의 대물림을 고안해냈다. 크래프트는 이러한 운명적 속박을 법적 권리라는 말로 정당화한다. 그의 책 『깊은 상처, 깊은 치유』(*Deep Wounds, Deep Healing*)에서 크래프트는 "어떤 사람 안에 거주하기 위해서 악령들은 법적 권리를 소유할 필요가 있다. 그 권리는 그 사람의 과거나 현재에 있어서 악령들이 들러붙을 수 있는 그 무엇이 있을 때 부여된다"[19]라고 쓰고 있다.

물론, 죄와 저주의 대물림과 그에 따른 악령들의 법적 권한 같은 것은 비성경적인 것이므로 크래프트의 이러한 성경 해석은 성립될 수 없다. 그러나 이것을 심각하게 받아들일 경우 매우 위험하고 해로운 사상이 된다. 그러면 크래프트는 왜 이런 주장을 펼치는가? 그 이유는 명백하다. 즉, 자신의 경험-여기에는 악령들로부터 전해 들었거나 확인된 지식도 있음-을 배경으로 이 본문을 해석하려고 할 뿐만 아니라 자신의 개인적인 견해를 이 본문을 통해서 주장하려고 하기 때문이다.

짜맞추기식 성경 해석을 한 이윤호 목사

이와 유사한 또 하나의 전형적인 예는 한국에서 '가계저주론'으로 널리 알려진 이윤호 목사의 글에서 찾아볼 수 있다. 그는 자신이 저술한 『가계에 흐르는 저주를 이렇게 끊어라』라는 책에서 다음과 같이 주장한다.

"축사 사역자의 대부분은 악한 영들이 조상으로부터 후손에게 전래

되었다고 주장한다. 나는 왜 하나님이 이것을 허락해 주셨는지 정확
하게 이해할 수 없지만, 악한 영들은 부모들의 죄를 통해 많은 신생
아들에게 침입한다. 따라서 그들은 나면서부터 귀신에 들린 자들이
되었다. 성경에서 '어릴 때부터' 귀신들린 아이가 이 경우에 해당된
다(마 17:14~21; 막 9:7~29; 눅 9:37~43). … 실제 사역 경험을 통
해서 보면 어떤 사람들은 어머님의 태중에 있을 때 귀신들리게 된 경
우도 있다."(117쪽)

여기에서 이윤호 목사는 앞서 언급한 크래프트의 주장을 반복하고
있다. 즉, 조상의 악령이 그 후손에게 대물림되며, 이는 조상의 죄로
인한 것이라는 것이다. 물론 이윤호 목사의 이러한 악령의 대물림 교
리는 죄와 저주의 대물림을 전제로 한 것이다.

그러나 문제는 위에서 언급한 성경 본문들은 이윤호 목사의 주장을
전혀 뒷받침해 주지 않는다는 데 있다. 위의 세 가지 본문들은 같은
내용을 마태, 마가, 누가가 각기 기록한 것으로서 한 아버지가 간질병
으로 고통을 당하는 자신의 아들을 예수님께 데려와서 고침을 받는다
는 내용을 담고 있다. 마가복음 9장 25절에서는 예수님께서 '벙어리
되고 귀먹은 귀신'을 내쫓으신 사실을 기록하면서 이 아이의 고통이
귀신들림으로 인해서 비롯된 영적 현상임을 밝히고 있다.

이윤호 목사는 이러한 본문 내용을 가지고 몇 가지 자기 주장을 펴
고 있다. 첫째는 여기에 등장한 아이의 귀신들림 현상은 조상의 죄에
서 비롯되었다는 것이다. 그러나 이런 주장과 달리 예수님께서는 아
이의 아비나 혹은 아이의 조상의 어떤 특정한 죄를 책망하신 기록이
전혀 없다. 오히려 예수님은 이 일에 대해서 속수무책이었던 제자들

의 믿음 없음을 책망하셨다(눅 9:41). 그러므로 이 사건에서 아이가 귀신들린 것이 조상의 죄 때문이라고 조상 탓을 하는 것은 전혀 근거 없는 헛된 주장이다.

둘째는 아이가 '나면서부터 귀신에 들린 자'에 속했다는 것이다. 다시 말해 아이가 자신의 '어머니의 태중에 있을 때에 귀신들리게 되었다'는 것이다. 그러나 성경은 과연 이 아이가 어머니의 태중에서 귀신들린 자였다고 확증해 주고 있는가? 그 답은 다음을 보면 자명해진다. 마가는 9장 21절에서 이 아이가 고통을 당한 것은 '어릴 때부터'라고 기록하고 있는데, 여기서 '어릴 때'를 표현할 때 '파이디온'이라는 헬라어를 사용한다. 바인(W. E. Vine)이 편찬한 주해사전에 보면 '파이디온'이라는 말은 성경에서 갓 태어난 아이(요 16:21)나 최근에 출생한 아이(마 2:8) 및 보다 성장한 아이(막 9:24)에 두루 사용되었다.[20] 그러므로 이 단어의 의미를 찾아내는 일은 간단한 일이 아니다.

그러나 성경은 종종 이 말을 사용할 때 문맥을 통해서 이 말이 갓 태어난 아이를 의미하는지, 아니면 최근에 출생한 아이를 의미하는지, 아니면 보다 성장한 아이를 의미하는지를 분명히 알 수 있도록 해주었다. 예를 들면, 요한복음 16장 21절에서는 "여자가 해산하게 되면 그 때가 이르렀으므로 근심하나 아이를 낳으면 세상에 사람 난 기쁨을 인하여 그 고통을 다시 기억지 아니하리라"고 기록함으로써 갓 태어난 아이를 가리키는 것임을 분명히 했다. 또한 마태복음 2장 8절에서는 헤롯이 예루살렘에서 두 살 이하의 아이들을 다 죽인 상황 배경(마 2:16)을 설정해 줌으로써 최근에 출생한 아이라는 것을 명확히 해주었다.

그러나 마가복음 9장 21절에 사용된 '파이디온'이라는 말은 아이가 갓 태어난 아이인지 혹은 최근에 출생한 아이인지 혹은 보다 성장한 아이를 가리키는지에 관해서 전혀 배경 설명이 없다. 그러므로 이런 불확실한 상황에서 여기 사용된 아이(파이디온)라는 말이 '어머니 태중에 있는 아이'를 가리킨다고 일방적으로 해석한 것은 근거도 없고 잘못된 것이다. 게다가 이 말이 죄와 저주 및 악령의 대물림과 같은 엄청난 교리와 관련된 주장이라는 것을 생각할 때, 이러한 해석은 무책임하기 짝이 없는 위험천만한 발상이다.

아이의 귀신들림이 아이의 조상이 가졌던 악령이나 죄의 대물림 때문이라는 아무런 성경적 확증도 없고, 아이가 어머니 태중에서부터 귀신들렸었다는 그 어떤 성경적 증거도 없다. 그런데도 이토록 무모하리만치 엄청나고 위험천만한 주장을 하는 이유는 무엇인가? 그 이유는 역시 자명하다. 즉, 크래프트가 그랬던 것처럼 이윤호 목사도 **자신의 경험—여기에는 악령들로부터 전해 들었거나 확인된 지식도 있음—을 배경으로 이 본문을 해석하려 하며, 또한 자신의 개인적인 견해를 이 본문을 통해서 주장하려고 하기 때문이다.**

이러한 판단은 크래프트나 이윤호 목사가 사용하는 용어를 보면 분명해진다. 크래프트는 위에 언급한 책의 인용 부분인 "대물림 된 악령들"(inherited demons)이라는 제하의 글에서 자신의 이론을 자신이 상담을 통해서 얻게 된 경험의 바탕 위에 수립하는 것을 보게 된다. 거기에 단 한 번 인용된 성경 구절(출 20:5)은 자신의 경험을 뒷받침하기 위해서 피상적으로 해석해서 인용했을 뿐이다. 무릇 성경 본문의 문맥과 원어와 문법과 역사적 배경을 살펴보고 성경의 다른 부분과의 통일성을 검토해 보려는 성의를 전혀 보이지 않는다. 이러한 태도를 가리켜서 《성경적 상담》(*Biblical Counseling*)이라는 잡지의 편집인이자 웨스트민스터 신학교의 교수인 데이빗 폴리슨은 "성경 구절로부터 배우려는 것보다 축사 사역 운동의 특징을 그 성경 구절에 주입하려는 것"이라고 통렬하게 반박한다.[21]

이윤호 목사 또한 크래프트와 전혀 다를 바 없다. 위에 언급한 책 내용 중 "악한 영들을 통한 전래"(117~8쪽)라는 제하의 글에서 그는 "축사 사역자의 대부분은," "실제 사역 경험을 통해 보면," "이런 임상적인 결론은" 등등의 표현을 사용하면서 '가계를 통해 대물림되는 조상의 죄와 저주와 악령'에 관한 교리를 수립하고 있다. 이러한 엄청나고 위험한 교리를 만들면서 이윤호 목사가 어떻게 성경 해석의 근본적인 원리들을 무시하고 성경의 의미를 왜곡하고 있는지는 이미 앞에서 지적했다.

경험 중심의 성경 해석의 위험성

그렇다면 소위 이들이 말하는 '실제 사역 경험'이나 '임상적인 결론' 등은 무엇을 의미하는가? 그것은 다름 아닌 피상담자의 진술이나 심지어 악령들과의 대화를 통해서 얻은 지식을 의미한다. 이윤호 목사는 위에 언급한 그의 글에서 무디 신학교 교수로 재직했던 프레드 디커슨(Fred Dickason)의 축사 경험과 이론을 많이 인용하면서 그의 이론을 상당 부분 수용하고 있다. 이에 반하여 폴리슨은 위에 언급한 그의 책에서 디커슨에 관해 언급하면서, "프레드 디커슨은 귀신들과 광범위하게 대화하며, 심지어 자신이 믿고 있는 어떤 특정한 교리를 확증하는 일에 귀신의 말을 참조한다"(125쪽)라고 비판적으로 쓰고 있다.

이 일에 관해서 디커슨의 말을 직접 인용해 보자. 디커슨은 『귀신 들림과 그리스도인』이라는 그의 저서에서 "우리가 이전에 발견했던 것을 확증해 주는 것은 귀신의 진술뿐이다"(The demon's statement is only confirmation of what we had discovered before)[22]라고 쓰고 있다. 이처럼 디커슨은 폴리슨이 지적한바 그대로 귀신의 진술을 자신의 특정 교리를 확증하는 일에 사용하고 있다.

그러나 폴리슨은 디커슨이 실제로는 자신의 특정 교리를 정립할 때 **자신의 사역 경험을 통해서 얻어진 지식들에 기초해서 교리를 정립하고 있다는 것**을 미처 지적하지 못했다. 왜냐하면 디커슨이 "우리가 이전에 발견했던 것"(of what we had discovered before)이라는 말을 사용할 때 그 말은 다분히 자신의 사역 경험을 의미하기 때문이다. 디커슨은 위에 언급한 그의 책 11장에서 자신과 관계된 8개의 축사에 관한 사례 연구를 자세히 기록하고 있는데, 특히 사례 4~6에서는 조상으로부터 대물림된 악령에 관해서 언급한다.

사례 5에서 디커슨은 먼저 그를 찾은 피상담자의 기록을 공개한다. 이 기록에서 피상담자는 이렇게 쓰고 있다.

> "나의 아버지 속에 악령이 은밀한 방법으로 거주해오고 있었음이 명백하다. 아버지의 문제는 할머니가 마술 의식에 관여한 것에서 비롯된 조상 전래의 것이므로 나는 혹시 내가 그로 말미암아 어떤 영향을 입었을까 하는 의문을 가지고 있었다. 우리가 디커슨 박사를 방문하고 돌아온 그날 밤에 나는 원수가 나를 위협하는 것을 분명하게 느꼈다. 하나님은 이 경험을 통해서 나의 가정에도 어떤 문제가 있다는 것을 확신시켜 주셨다."

디커슨은 피상담자의 이러한 간증에 대해 평가하면서 "여기 조상 전래의 영이 마술 의식을 이용하여 그 자신을 포함한 그의 가계로 침입한 것을 발견하게 된 한 신자이자 목사인 사람이 있다. 이렇듯 조상 전래의 영이 가계에 침입하게 된 것은 제 2계명에 따른 것이다"라고 결론을 내린다.

그 다음 사례 6에서 디커슨은 한 목사 부인 속에 거주하던 귀신을 추방하는 사례를 소개하면서 "그 귀신은 그녀의 조상을 통해서 그녀에게 들어왔다고 고백했다"라고 기록하고 있다. 디커슨의 이러한 진술은 자신이 귀신의 대물림 교리를 형성하는 과정에서 피상담자의 주장이나 피상담자의 주장에 담긴 귀신의 활동, 혹은 그가 귀신으로부터 직접 전해들은 지식에 영향을 많이 받은 것을 보여준다. 사실상, 디커슨은 성경을 단지 이러한 과정을 통해서 형성된 특정 교리를 확인해 주는 수단으로 아주 짧게 인용을 한다.

그는 한 가계의 삼, 사대를 넘나드는 악령의 영향력에 관한 이런 엄청난 내용을 교리화하면서 348쪽이 넘는 방대한 내용을 담은 자신의 책에서 제 2계명-우상숭배를 엄금한 십계명 중의 두 번째 계명-에 대한 진지한 성경적 해석을 단 한 번도 시도해 보지 않았다. 146쪽에서 "마술에 대한 특별한 관심"이라는 제하에 잠깐 제 2계명에 대한 언급이 있었으나, 그것은 주도면밀한 해석이 아니라 인용 정도에 불과한 것이었다. 그나마 우상숭배를 신명기 18장 9~13절에 있는 마술 의식에만 비교해서 약간의 설명만을 덧붙였을 뿐이다.

디커슨은 출애굽기 20장 5절의 우상숭배가 후대에 미칠 영향력의 성격에 대해서 필요 충분한 관심을 기울이지 않았다. 그러나 여기서 반드시 짚고 넘어가야 할 것은 디커슨은 비록 삼, 사대에 걸쳐 영향을

미치는 악령의 활동에 관해서 말하고 있지만, '가계에 흐르는 죄나 저
주'를 주장하는 전형적인 가계저주론자는 결코 아니라는 사실이다.
디커슨은 삼, 사대에 걸쳐 나타나는 악령의 영향력을 말할 때 결코 저
주라는 극단적이며 자극적인 단어를 사용한 적이 없다. 그는 단지 하
나님께서 불신자에 대한 심판과 신자에 대한 징계로서의 악령의 영향
력을 말한 것일 뿐이다. 이것은 다음과 같은 디커슨의 질문에서 찾아
볼 수 있다.

> "하나님께서 환경이나 병고나 심지어 죽음을 통해서라도 우리를 징
> 계하실 수 있다고 인정하자. 그렇다면 그분이 구원받지 않은 사람들
> 을 심판하시거나 신자들을 징계하시는 방편으로 귀신들림을 결코 허
> 용하실 수 없다고 인정하는 것이 과연 논리적인 것인가?"[23]

이와 같은 디커슨의 견해는 위와 같은 물음에 대한 자신의 답변에
서 보다 더 명확하게 나타난다.

> "우리가 고려해 본 모든 것에 비추어 생각해 본다면 다음과 같은 생
> 각은 신학적으로 무모하다고 볼 수 없다. 즉, 하나님께서는 우상숭배
> 자들이 바라는 것-악령들로부터의 특별한 주목과 분명하게 금지된
> 것을 추구하는 데 따른 비극적인 결과, 즉 악령의 침입을 허락하심으
> 로 우상숭배 의식에 참여하는 것(idolatrous and occult
> practices)-을 심판하실 수도 있다는 것이다."[24]

여기 특기할 만한 사실은 디커슨이 그리스도인들에게 침입하는 악
령의 역사를 구원을 잃는 것이나 성령의 소유권을 탈취당하는 것으로
해석하는 것이 아니라, 악령이 그리스도인 안에 거하며 다양한 방법과

상이한 수준으로 인격을 지배하는 것으로 해석한다는 것이다.[25] 디커슨은 또한 그리스도인의 영적 싸움을 육신, 세상, 사단에 대항하는 것으로 정의함으로써 복음주의적 입장을 분명히 드러낸다.[26] 이것은 가계저주론자들이 그리스도인의 영적 싸움을 육신, 세상, 사단 외에 '가계에 흐르는 저주'와의 싸움으로 본 것과는 판이하게 다른 것이다.

분명한 사실은 악령의 영향력을 주장하는 디커슨은 악령의 법적인 대물림을 주장하는 전형적인 가계저주론자들과는 전혀 다르다는 것이다. 그러나 그는 악령의 영향력에 관한 설명을 성경적 해석보다는 악령들의 진술이나 활동에 더 의지해서 찾아보려고 했던 점에서 문제와 위험성을 드러내고 있다. 달리 말해 디커슨은 이미 자신의 사역 경험을 통해서 거듭 발견하고 확인한 교리를 제 2계명에 나타나 있다는 말로 간단히 추인하는 방법을 취했을 뿐이다.

디커슨의 이러한 행동은 한 가계의 삼, 사대를 넘나드는 악령의 영향력에 관한 교리를 형성하는 과정에서 성경보다도 악령들의 활동을 묘사한 피상담자들의 주장이나 악령들이 주는 정보에 훨씬 더 귀를 기울였음을 시사하는 것이다. 그러므로 이렇듯 귀신의 말을 자신이 신봉하는 어떤 특정한 교리를 확증하는 일뿐만 아니라 자신의 특정 교리를 수립하는 일에 사용하는 디커슨의 행동은 매우 위험한 행동이다. 비록 디커슨의 행동이 축사 사역을 한다고 하는 모든 사람들을 대표하는 것은 아닐지라도, 우리는 실제로 악령들의 세계에 관한 어느 정도의 지식이 거짓의 아비인 악령들 자신으로부터 왔으며, 그러한 악령들의 말이 축사를 하는 사람들의 성경 해석에 어떻게 부정적이며 기만적인 영향을 미쳤는지에 관해서는 알 수 없다. 이 때문에 우리는 성경 해석을 무시하거나 경시하고, 축사 경험을 기초로 악령에 대한 지식을 수립하는 것을 심히 경계한다. 이것은 특별히 성경의 문맥을 무시하고 그 안에 있는 문자적 의미나 문법이나 역사적 배경을 무시한 채 자의적 해석을 고집하는 경우와 성경의 다른 부분과의 통일성을 무시하거나 심지어 왜곡하면서까지 자신의 주장을 관철하려고 할 때 더욱 의심스러워진다.

주:

1) Marilyn Hickey, *Break the Generation Curse* (Denver: Marilyn Hickey Ministries, 1988), 86.

2) Ibid., 77.

3) Ibid., 86.

4) 오광만, 페이지는 웹사이트에 나타나 있지 않으며 인용된 부분은 이 글의 "자의적인 성경 해석"이라는 소제목에서 찾아볼 수 있다. 오교수의 글은 현재 www.churchgrowth21.com에서 찾아볼 수 있음

5) Hickey, 93.

6) 오광만, n.p..S

7) 이윤호, 『가계에 흐르는 저주를 이렇게 끊어라』 (서울: 베다니출판사, 2000), 124.

8) Ibid., 124.

9) Ibid., 124-5.

10) Ibid., 125.

11) Ibid., 125.

12) Ibid., 126.

13) Ibid., 125.

14) Ibid., 126

15) Ibid., 125-6.

16) Charles H. Kraft with Ellen Kearney and Mark H. White, *Deep Wounds, Deep Healing* (Ann Arbor: Michigan, 1993), 262-3.

17) A. H. McNeile, *The Book of Exodus*, in *Westminster Commentaries*, ed. Walter Lock (London: Methuen & Co. 1917), 117.

18) Walter A. Elwell, ed., *Baker Encyclopedia of the Bible*, vol. 1 (Grand Rapids: Baker Book House, 1988), 11.

19) Kraft with Ellen Kearney and Mark H. White, 45.

20) W. E. Vine, *Vine's Expository Dictionary of Old and New Testament Words* (Old Tappan: Fleming H. Revell Company, 1981), 188.

21) David Powlison, *Power Encounters: Reclaiming Spiritual Warfare* (Grand Rapids: Baker Books, 1995), 125.

22) C. Fred Dickason, *Demon Possession and the Christian* (Wheaton: Crossway Books, 1993), 191.

23) Ibid., 146.

24) Ibid., 146.

25) Ibid., 73-148.

26) Ibid., 59-72.

9장 성경적인 고난의 신학의 결핍

지난 논의에서 이윤호 목사가 술주정뱅이 아버지로 말미암아 엄청난 고통을 당해야만 했던 한 여인에 대해서 말한 내용을 직접 인용한 적이 있었다. 그 인용문에서 이윤호 목사는 "나 자신 역시 그녀를 도와주면서 그녀의 이런 절규에 대해서 설명해 줄 수 없었다"[1]라고 토로하며 시작한다. "나 자신 역시 … 설명해 줄 수 없었다"라는 말은 솔직한 말이지만, 또한 가계저주론의 한계를 드러내는 말이기도 하다. 이윤호 목사는 이어서 가계저주론을 설명하는 것으로 그 이야기를 마친다. 결국 고통은 저주의 결과라는 판에 박은 이론으로 마무리하는 것이다.

그러나 우리는 성경에서 인간의 고통과 관련하여 다양한 설명이 존재하고 있음을 발견하게 된다. 그 중에 하나가 요한복음 9장에 나오는 이야기에 실려 있다. 이 흥미로운 이야기는 예수님께서 길을 가시다가 시각 장애인으로 태어나서 오늘날까지 많은 어려움 중에 살아온

한 사람을 만나시게 되면서 시작된다. 이 이야기는 제자들이 이 시각 장애인이 왜 이러한 고통을 받게 되었는가에 대해서 토론하면서 신학적인 논의로 바뀌게 된다. 여기서 제자들은 죄와 신체적 장애로 인한 고통을 직접 연관지어서 질문을 한다. 그들은 "랍비여, 이 사람이 소경으로 난 것이 뉘 죄로 인함이오니이까 자기오니이까 그 부모오니이까"(요 9:2)라고 주님께 질문을 한다. 즉, 이들에게 있어서 인간의 고통의 문제는 죄와 저주의 문제에 국한되어 있었다. 이들은 때로 사람의 고통이 어떤 특정한 사람의 죄와는 아무 상관이 없을 뿐 아니라, 도리어 하나님이 영광 받으실 일과 관계되어 있다는 사실을 생각조차 하지 못하고 있었다.

그래서 예수님은 "이 사람이나 그 부모가 죄를 범한 것이 아니라 그에게서 하나님의 하시는 일을 나타내고자 하심이니라"(요 9:3)고 말씀하셨다. 주님의 이 답변은 그들의 판에 박은 편협한 사고방식을 뒤집는 가히 혁명적인 말이었다. 여기서 '하나님의 하시는 일'은 불치의 병을 고쳐서 사람의 고통을 덜어주시는 일이었다. 그래서 주님은 병을 고치셨고, 하나님은 사람의 고통을 덜어주시는 자비하신 분이시며 불치의 병도 고치시는 전능하신 분이신 것을 보여주셨다. 그리고 이러한 상황을 통해서 고통의 문제에 대한 하나의 답을 제시해 주고 계신다.

아마 사람이 살아가면서 겪는 고통의 문제는 인생의 가장 심오하고 어려운 문제 중 하나일 것이다. 왜 죄인들은 평안하고 번영하는데 의인들이 고통을 받아야 하는가 하는 문제는 결코 단순한 도식으로만 설명할 수 없는 인생의 깊은 문제이다. 그러나 이렇게 심오하고 복잡한 고통의 문제를 가계저주론자들은 소위 자신들의 편협한 영적 공식에 대입해서 풀려고 한다. 그들은 죄는 저주를 낳고, 저주는 고통을 가져왔다는 단순한 공식으로 인간의 모든 고통을 해석하려고 시도하는 경향이 강하다.

요한복음 9장의 본문에 나오는 경우를 설명하신 예수님의 해석은 이들에게 거의 주목받지 못한다. 그들은 이러한 예수님의 해석을 알기는 해도 이 해석에 근거해서 고난과 고통의 문제를 다루려고 하지 않는다. 사람의 고통의 문제와 관련한 가계저주론자의 글들은 고통이 죄와 저주의 결과라는 것을 강조하는 것으로 일관하고 있다. 그 결과, 그들의 글은 매우 율법주의적이며 심판적인 성격을 띤다.

이들의 글에는 로마서 5장 20절(죄가 더한 곳에 은혜가 더욱 넘쳤나니)이 가르치는 진노 중에 긍휼을 잊지 않으시는 하나님의 은혜를 찾아볼 수 없다. 또한 이들의 글에는 로마서 8장 28절(하나님을 사랑하는 자 곧 그 뜻대로 부르심을 입은 자들에게는 모든 것이 합력하여 선을 이루느니라)에 나타나 있는 고난과 고통마저 선으로 바꾸시는 하나님의 은혜가 없다. 그러나 죄는 저주를 낳고, 그 저주는 고통을 가져왔다는 단선적인 사고방식은 모든 상황에 적용할 수 있는 만병통치약 같은 것이 아니다. 아담의 죄가 인류에 대한 보편적인 저주를 가져왔고, 그 보편적인 저주 속에 인간과 만물의 고통이 담겨 있다는 것은 성경적인 가르침이다.

그러나 보편적인 저주의 결과인 고통을 하나님께서 그의 섭리로 한 개인이나 단체에 발생토록 허용하실 때, 그 상황적 고통은 때로 저주가 아닌 은혜가 될 수도 있다. 사도 바울의 몸에 만성적으로 존재하면서 그를 괴롭히던 '육체의 가시'는 여기에 해당된다. 요한복음 9장에 나오는 시각장애인의 경우와는 달리 바울의 고통은 해소되지 않고 지속된다.

고린도후서 12장 8절은 바울이 자신을 끊임없이 괴롭히는 신체적 고통에서 놓임을 받기 위해서 세 번을 하나님께 간구한 것을 기록하고 있다. 바울의 이러한 간절한 기도에 대해서 하나님은 8절에서 "내 은혜가 네게 족하도다"라고 말씀하시며, 이로 말미암아 바울이 약한 중에 온전해지는 은혜를 받게 된다고 격려하신다. 그래서 바울이 갖고 있는 고통이 바로 바울 자신의 삶과 사역을 온전케 만드시는 하나님의 섭리의 수단이 됨을 깨우쳐 주신다. 즉, 때로는 고통이 하나님의 은혜의 수단이요, 표현이 됨을 성경은 증거해 주고 있다. 이것은 **첫 사람 아담의 죄로 말미암아 비롯된 보편적인 저주에서 나온 결과인 고통이 하나님의 은혜의 손을 거치게 될 때 도리어 사람에게 복과 선을 가져오는 은혜의 수단이 된다는 것**을 보여주는 것이다. 이는 마치 명의의 손에서 죽이는 독이 변해서 살리는 약으로 바뀌는 것과 같은 이치이다. 바로 이것이 은혜의 관점에서 보는 고통에 대한 참다운 이해이다. 인간의 고통에 대한 이러한 신학적 이해는 고통에 대한 성경적 관점의 하나이다.

물론, 사람이 겪는 많은 고통이 어떤 특정한 사람의 죄와 직접적으로 관련된 경우가 있으며, 이러한 경우에는 회개와 순종만이 그 고통에 대한 유일한 해답이다. 그러나 죄가 저주를 가져왔고, 저주가 고통을 산출했다는 보편적인 저주론을 가지고 모든 상황의 고통을 천편일률적으로 저주의 결과라고 진단하는 것은 엉터리 성경 해석에 불과하다. 사람의 고통을 모두 죄와 저주의 결과로만 해석하려는 경향이 농후한 가계저주론은 비성경적일 뿐 아니라 많은 사람들을 더 큰 심적 고통과 오류의 길로 이끌 뿐이다.

20세기 최고의 전도자 중 한 사람이었던 빌리 그래함 목사는 84세의 고령에 파킨슨병(Parkinson's disease)으로 큰 고통 가운데 있음에도 불구하고 현역 복음전도자로 계속 활동하고 있다. 또한 20세기 최고의 선교전략가이며 실천가였던 국제대학생선교회(C.C.C.)의 창시자 빌 브라이트 박사는 폐섬유증으로 인해 고통스러운 투병 생활 중에도 임종 직전까지 주님의 말씀을 신실하게 전했었다. 반세기 이상을 주님과 함께 탁월하게 동행했던 이들이 겪었던 고통은 분명히 죄로 말미암은 것은 아닐 것이다. 브라이트 박사는 인터뷰에서 '당신의 건강이 계속 악화되고 있지 않느냐'(Your health is declinning?)는 질문을 받고 "그러나 나의 영혼은 더욱 날아오르고 있습니다"(But my spirit is soaring)[2]라고 말하며, 다음과 같이 말을 이었다.

> "야고보는 당신이 고난을 겪을 때 기뻐하라고 말한다. 바울은 당신이 고통을 당할 때 기뻐하라고 말한다. 나는 그들이 말하고 있는 것의 실제를 알고 있다. 그들은 자신들의 역경 속에서 기뻐했는데, 그 기쁨은 실로 큰 것이었다. 성경은 '믿음이 없이는 하나님을 기쁘시게 할 수 없다'고 말씀하고 있다. 그러므로 문제들이 일어날 때 우리는 '감시합니다'라고 말하며 의지적 행위로 기뻐하면 된다. 그러면 하나님께서 '네가 순종하면 나를 네게 보이리라'는 그 분의 약속을 이루신다. 그래서 '주님, 감사합니다'라고 말하는 믿음의 행동이 하나님의 임재하심을 새로운 차원으로 풀어놓는(release) 것이다."[3]

생애의 종점에서 그들의 영혼은 분명히 오랫동안의 주님과의 동행으로 말미암아 영적 생활의 가장 높은 경지와 원숙함에 진입해 있었

다. 또한 그들의 영혼은 고난의 십자가를 지고 기뻐하며 걸을 수 있
는, 경건함의 가장 높은 지경을 걷고 있었던 것이다. 그들은 믿음의
가장 어려운 테스트를 받으며, 그리스도인의 기쁨의 가능성이 얼마나
크고 강렬한 것인가를 삶으로 증거했다. 그렇게 함으로 그들은 그들
생애의 황혼을 아름답게 그리스도의 핏빛으로 물들였던 것이다.

그런데 죄가 저주를 가져왔고 저주가 고통을 산출했다는 보편적인
저주론을 들어 이들의 고통은 자신들이나 그들 조상의 죄에서 비롯되
었다고 한다면 도대체 말이 될 것인가? 확신컨대, 우리는 이들의 고
통의 이유를 제대로 이해하지 못한다 해도 로마서 8장 28절의 말씀이
나 고린도후서 12장 8절의 말씀을 의지해서 이들이 겪었던 고통은 결
국 선으로 바뀌게 될 줄 확신한다. 그들의 고통은 그들을 온전케 하시
는 하나님의 섭리임을 믿고 감사할 수 있는 신앙을 갖는 것이 바른 자
세일 것이다.

칼빈은 병 창고라고 불릴 만큼 병약한 몸을 지탱하며 종교개혁의 위
대한 업적을 이루었다. 또 설교자의 황태자 찰스 스펄전은 중년기에
들면서 가지게 된 류머티즘으로 삶의 최후까지 극심한 통증에 시달리
면서도 충성스러운 복음의 전령자로서의 삶을 살았다. 이들은 고통과
고난의 그늘 속에서도 하나님의 약속을 의지하며 믿음의 의연한 길을
걸어갔던 구름같이 허다한 증인들 가운데 속하는 사람들이다.

사팔눈으로 말미암아 평생 동안 심적 부담을 짊어지면서도 가장 탁
월한 전도자의 삶을 살았던 조지 휫필드나, 평생의 대부분을 앞을 보
지 못하는 고난 중에 살면서도 기독교 역사상 가장 많은 찬송가(약
9,000개)를 작시하여 찬송가의 새로운 패러다임을 조성하며 주님의
몸된 교회를 풍성케 했던 화니 크로스비[4]도 이러한 믿음의 열조의 반

열에 드는 사람들이다.

고린도후서 12장 9절에서 보여준 바울의 모습 또한 같은 위대한 신앙인의 자세를 보여준다. 자신에게 임한 하나님의 은혜가 족하며 자신의 능력이 약할 때 온전하여진다는 하나님의 말씀을 들었을 때, 바울은 "이러므로 도리어 크게 기뻐함으로 나의 여러 약한 것들에 대하여 자랑하리니 이는 그리스도의 능력으로 내게 머물게 하려 함이라"고 선언하고 있다. 이처럼 바울과 같이 지속적인 고통을 짊어지고 살아가면서 하나님의 영광을 드러내도록 부르심을 받은 하나님의 남녀노소들은 지금도 우리 주위에 많이 있다.

척추마비의 장애를 이기고 세계적인 사역자가 된
조니 에릭슨 타다

조니 에릭슨 타다(Joni Eareckson Tada)는 지속적인 고통을 짊어지고 살아가면서 하나님의 영광을 드러내도록 부르심을 받은 사람들 중 한 사람이다.[5] 조니는 17살 때 미국 동부 연안의 체사피크 만에서 수영을 하다가 척추를 다쳐서 어깨 아래 모든 부분이 마비되는 큰 불행을 겪게 되었다. 평생을 이렇게 척추마비의 고통 속에서 살아야 한다는 의사의 진단을 받고 조니는 깊은 우울증에 빠져서 한 때는 죽기를 원한 때도 있었다. 그러나 세월이 흐르며 척추마비의 고통과 더불어 사는 것을 배우게 되었고, 후에는 입으로 그림을 그리는 일을 배우게 된다. 그리고 그리스도인 친구들의 도움을 받아 성경을 공부하던 중 자신에게 일어난 남다른 고통을 하나님의 뜻으로 받아들이는 영적 경지에 이르게 된다.

이어서 잇따라 주어지는 신앙 간증의 기회가 많아지게 되었고, 또한 입으로 그린 그림이 전시회나 매스미디어 등을 통해 소개되면서 조니는 교회와 세상에 알려지게 되었다. 이제 조니는 미국 교계에서 잘 알려진 신앙의 지도자로서 자신에게 큰 도움을 주었던 자신의 가족과 같은 좋은 가족을 배경으로 가지지 못한 장애인들을 돕는 일을 위해서 헌신하고 있다. 또한 많은 사람들에게 삶의 목적과 동기를 불어넣으며, 그리스도를 증거하는 삶을 살아가고 있다. 조니는 자신의 그림과 저서와 영화와 라디오 프로그램 및 인터넷 사역 (www.joniandfriends.org) 등을 통해서 자신에게 임한 하나님의 은혜를 증거하며 살고 있다.

그녀는 '조니와 친구들'(Joni & Friends)이라는 선교 단체를 만들어 하나님께서 그녀에게 부여하신 삶을 감사하며, 자신의 사명을 충성스럽게 감당하며 살아가고 있다. 지나간 30년 간 휠체어와 더불어 살았던 조니의 삶은 신체적으로는 고통의 나날이었지만 그녀는 날마다 성령에 충만한 삶을 통해서 하나님의 은혜와 영광을 증거하고 있다. 조니는 그녀의 책 『영광스러운 침입자』(*Glorious Intruder*)에서 고통의 다양한 뜻 가운데 하나를 다음과 같이 지적하고 있다.

"성경은 고난이 어떻게 해서든지 다가올 영광과 밀접하게 관련되어 있다는 것을 확실히 말해 준다. 베드로전서 4장 12~13절(사랑하는 자들아 너희를 시련하려고 오는 불 시험을 이상한 일 당하는 것같이 이상히 여기지 말고 오직 너희가 그리스도의 고난에 참예하는 것으로 즐거워하라 이는 그의 영광을 나타내실 때에 너희로 즐거워하고 기뻐하게 하려 함이라) 및 로마서 8장 17절(자녀이면 또한 후사 곧 하나님의 후사요 그리스도와 함께 한 후사니 우리가 그와 함께 영광을 받기 위하여 고난도 함께 받아야 될 것이니라)은 장차 하나님의 영광을 나누게 될 때 크게 기뻐할 수 있도록, 우리가 그리스도의 고난에 참여하는 특권을 기뻐할 수 있음을 상기시켜 준다. … 그런데 이것은 아마 우리가 하나님께 질문해서 듣고 싶거나 기대하는 종류의 답변이 아닐지 모른다. 그러나 하나님은 여기에서 하나님을 증명하셔야만 한다거나 그런 것도 아니다. … 당신은 매우 질문을 하고 싶을 것이다. 그러나 정말 중요한 것은 다음과 같은 것이다. 즉, 당신은 하나님의 답변을 받아들일 수 있는가?[6]

청각과 언어장애를 극복하고 미스 아메리카의 반열에 오른 헤더 화이트스톤 맥컬럼

헤더 화이트스톤 맥컬럼(Heather Whitestone McCallum) 역시 지속되는 고난 중에 하나님께 영광을 돌리도록 선택된 사람 중 하나이다.[7] 1974년 헤더는 아장아장 걷던 아이 시절에 희귀종인 치명적인 바이러스에 감염되어 치료를 받는 과정에서 청각의 95퍼센트를 잃게 되었다. 헤더를 끔찍이 아꼈던 어머니는 헤더가 말을 할 수 있도록 갖은 수고와 노력을 해보지만 이미 청력의 대부분을 잃은 헤더는 6년이 지나서야 자신의 성을 제대로 말할 수 있을 정도로 진보를 보이지 못했다.

헤더는 머리가 좋은 편이었지만 청각 장애 때문에 독서력이 떨어졌고, 이로 말미암아 학교 생활에 잘 적응하지 못했다. 설상가상으로 헤더의 부모님이 그녀가 중학교를 다닐 즈음에 이혼했고, 헤더의 어려움은 더욱 커졌다. 그런데 헤더가 교회에 나가기 시작했고, 복음 설교에 귀를 기울이기 시작했다. 비록 설교의 대부분을 알아들을 수는 없었어도, 텔레비전에서 클로즈업되는 설교자들의 입 모양과 스크린에 나타나는 성구들을 보면서 하나님의 말씀을 듣고 보던 헤더는 중학교 시절에 마침내 예수님을 그녀의 구주와 주님으로 영접하게 되었다.

헤더는 우수한 성적으로 고등학교를 졸업하고 대학교에 진학하게 되지만, 헤더의 어머니는 딸의 등록금을 마련할 수 없었다. 그러나 딸의 청각 장애를 조금이나마 극복해 보려고 어렸을 때부터 무용을 가르친 어머니의 노력은 의외로 좋은 결과를 맺게 된다. 그것은 헤더의 친구들이 등록금 마련을 위해서 헤더에게 무용할 수 있는 재능을 활용해서 미인대회에 나가서 상금을 타오도록 권유한 데서 비롯되었다.

헤더는 첫번째 대회에서 1,400불의 상금을 타게 되었고, 이 때문에 다른 대회들에도 나가서 또 수상하게 된다. 결국은 미스 앨라배마에 선출되었고, 마침내 1995년 미스 아메리카에 등극하게 된다. 장애를 가진 사람으로서는 처음으로 미스 아메리카의 반열에 오르게 된 것이다. 헤더는 탤런트 심사 때 예수님이 십자가를 지고 걸어가신 고통의 길을 묘사한 '비아 돌로로사'(Via Dolorosa)라는 노래에 맞추어 감동적인 안무를 했다. 그 때 관객과 심사위원들은 청각을 거의 상실한 사람이 노래에 맞춰 완벽하게 무용을 하는 것을 보면서 매우 의아해했다. 후에 헤더는 자신이 이 노래를 앰프를 통해서 듣고 익혔으며, 무용 당시에는 자신의 온 마음을 담아서 표현을 했다고 말함으로써 청중과 심판위원들을 감동시켰다.

그 당시 필자는 아내와 함께 NBC를 통해서 방영되는 1995년 미스 아메리카 대회의 맨 마지막 부분인 탤런트 심사를 볼 수 있었는데, 주님에 대한 깊은 사랑과 믿음을 절절히 표현한 그 안무를 보면서 눈시

울을 적시지 않을 수가 없었다. 그리스도인을 조롱하는 것이 유행이던 시절, 그것도 심사위원들과 전 세계 시청자들이 지켜보던 그 자리에서 복음의 핵심인 십자가의 고난을 청각 장애에도 불구하고 완벽하고 아름답게 예술로 표현하는 것을 보면서 큰 감동과 도전을 받았던 것을 지금도 잊을 수 없다.

헤더는 자신이 1995년 미스 아메리카에 선출되었다는 사회자의 발표가 있을 때에도 알아듣지 못했다. 그녀는 자신과 함께 경합을 벌였던 사람들의 입을 보고 그들의 손짓을 보고서야 자신이 뽑힌 것을 알았다. 그녀의 선출을 알리는 순간, 끝내 여자 사회자의 눈에서도 눈물이 흘러 내렸고, 헤더는 감동의 피날레를 장식하면서 미의 정상의 자리에 올랐다. 헤더는 미스 아메리카로서 있는 동안 일반인과 청각장애인들의 교량 역할을 했고 장애인들을 격려하는 일을 했다. 또한 헤더는 젊은이들에게 자신이 그리스도를 사랑하기 때문에 흡연이나 마약이나 음주나 섹스를 하지 않는다고 말하면서 그들에게 좋은 역할 모델(role model)이 되어 주었다. 그리고 자신의 믿음에 대해서 간증하며, 어떻게 하나님께서 자신의 청각장애를 받아들일 수 있도록 도우셨는가에 관해서 설명하기도 했다. 헤더의 전기를 기록했던 작가 중 한 사람은 그녀에 대해 다음과 같이 기록하고 있다.

"자신이 겪었던 어려움들 때문에 헤더는 주님 안에서 힘과 평화를 발견하는 것을 배웠으며, 친절하고 이웃을 돌아볼 줄 아는 사람이 되었다. 헤더의 내적인 아름다움이 그녀를 대회 역사상 가장 인기 있는 미스 아메리카 중 한 사람이 되게 만들었다는 것은 의심할 여지가 없다."[8]

중증 뇌성마비의 장애를 이기고 위대한 전도자가 된
데이비드 링 목사

데이비드 링(David Ring)은 1,600만 명의 회원을 가진 미국 남침례교회의 가장 잘 알려진 전도자 중 한 사람이다. 그는 매주 미국 전역으로 중계되는 기독교 텔레비전 프로그램인 〈올드 타임 가스펠 아워〉(Old-Time Gospel Hour)에 출연해서 설교를 하기도 하는 등 매우 활발한 사역을 하고 있는 은혜와 영감이 넘치는 설교자이다. 그러나 링 목사의 설교를 알아듣는 일은 쉬운 일이 아니다. 왜냐하면 그가 태어나면서부터 뇌성마비 환자로 살아왔기 때문에 쉽고 단순한 영어도 제대로 발음할 수 없기 때문이다.

링 목사는 기껏해야 초등학교 고학년 수준의 영어로 천천히 말을 하지만 청중들은 계속되는 이상한 발음과 틀린 문법으로 인해서 그의 설교를 듣고 이해하는 일에 큰 어려움을 느낀다. 그러나 그의 설교는 성령의 강력한 역사에 힘입어 듣는 이들에게 깊은 감동을 준다. 그가 설교를 시작하면 잠시 후 청중석 곳곳에서 소리없이 감동의 눈물이 흐르기 시작한다. 이렇게 청중들이 감동을 받는 이유는 링 목사의 은혜스러운 설교 내용뿐 아니라 부자연스럽게 몸이 흔들리고 입이 뒤틀리고 혀가 굴절되는 어려움 가운데에서도 충성스럽게 복음을 전하는 그의 진지하고 열정적인 모습 때문이다. 또한 그렇게 심각한 신체적 핸디캡을 관통하며 전해지는 하나님의 부드럽고 강력한 음성 때문이다.

링 목사의 가장 대표적인 설교들 가운데 "왜 의인들에게 나쁜 일들이 일어나는가"라는 제목의 설교가 있다. 그는 이 설교에서 자신의 실제 삶의 이야기를 간증으로 들려주면서 왜 의인들이 이 땅에서 고통

을 당하고 있는지를 진지하게 설명한다.[9]

링 목사는 1953년 미국의 한 목회자 집안에서 태어나게 되는데, 출생하면서부터 뇌성마비를 앓게 되었다. 삶의 시작부터 자신뿐 아니라 부모에게도 많은 수고와 어려움을 끼치게 된 링은 구약의 야베스(대상 4:9~10)를 연상케 했다. 링은 학교나 거리에서 자신의 온전치 못한 모습을 보고 조롱하는 사람들 때문에 심히 괴로워했다. 그래서 링을 아껴 주는 부모가 계시는 그의 가정은 링에게 더 없는 위안이 되어 주었다. 그러나 링이 10살이 되었을 때 아버지가 돌아가심으로 링의 삶의 어려움은 더욱 깊어졌다. 설상가상으로 링을 끔찍이 아껴 주시던 링의 어머니마저 그가 15살 되었을 때 세상을 떠나자 링은 깊은 외로움과 절망감 속에서 삶의 의욕을 완전히 상실한 채 죽기만을 기다리는 상태가 되었다.

이 때 링은 이렇게 하나님께 피같이 진한 절규를 토해낸다. "하나님, 왜 제게 이러한 고통과 어려움을 주십니까?", "하나님, 왜 저의 마음을 이렇게 아프게 하십니까?", "하나님, 왜 이토록 제게 진노하고 계십니까?" 링은 뇌성마비 환자로 이제는 천애의 고아로 남게 되었다. 그러나 그는 어린 시절부터 받은 신앙 교육을 바탕으로 야베스와 같이 하나님께 부르짖으며 그의 삶을 하나님께 의탁했다.

오늘날 그는 네 자녀를 거느린 아버지가 되었고 가장 은혜를 끼치는 전도자 중 한 사람이 되어 전 미주를 다니며 부흥회를 인도하고 있다. 사람들은 그가 가정을 꾸릴 수 없을 것이며, 설교를 할 수 없을 것이라고 번번이 그를 낙담시키고는 했다. 하지만 하나님은 오늘날의 데이비드 링으로 세워 주셨다. 링은 자신의 삶을 간증하면서 청중들에게 다음과 같이 도전적인 질문을 한다.

"여러분, 모두 저를 바라보십시오. 저를 좀 쳐다보세요. 저는 보시는 바와 같이 예수라는 발음도 제대로 할 수 없습니다. 그런데 여러분의 문제는 무엇이지요? 저는 뇌성마비의 문제를 가지고 있습니다. 그런데 여러분의 문제는 무엇입니까? 과연 여러분의 문제는 무엇인가요?"

링 목사가 떠듬떠듬 알아듣기 어려운 말로 힘겹게 한 마디 한 마디 전해지는 이러한 말들을 던질 때마다 청중들은 강력한 도전과 깊은 충격을 받는다. 마치 강력한 전기가 몸을 관통하듯, 청중의 심령과 마음에 은혜의 파장이 관통하는 것이다.

그리고 링 목사는 이어서 "예수 안의 승리"(Victory in Jesus)라는 찬송을 부르며 그의 설교를 마친다. 그의 찬송은 피아노 반주의 곡조와는 전혀 맞지 않고, 또한 말하기도 듣기도 쉽지 않은 언어로 띄엄띄엄 시 낭송하는 것처럼 들린다. 그러나 오직 성령만이 주실 수 있는 깊고 충만한 거룩함과 따뜻함과 형언할 수 없는 부드러움이 청중석의 심령들을 매만지고 새롭게 하신다. 링 목사는 이렇게 예수 안의 복된 승리를 노래하며 오늘도 여전히 하나님께서 부여하신 삶과 목회의 길을 충성스럽게 걸어가고 있다. 아래에 그가 부른 예수 안의 승리라는 찬송의 1절을 필자가 영어 원문에서 직접 번역해 보았다.

예수 안의 승리(Victory in Jesus)

나는 옛날, 옛날 이야기를 들었네
구주께서 어떻게 영광으로부터 오셨는지

나 같은 악한 죄인을 구하시려고

어떻게 갈보리에서 그분의 생명을 주셨는지

나는 그분의 신음소리를 들었네

나는 그분의 보배로운 피의 구속에 대해 들었네

그래서 나는 나의 죄를 회개했고 승리를 얻었네

오, 예수 안의 승리, 나의 영원한 구세주

그는 나를 찾으셨고 그의 속죄의 피로 나를 사하셨네

내가 그를 알기 전에 그가 나를 사랑하셨네

나의 모든 사랑은 그분 때문이네

그분은 나를 깨끗케 하는 피 아래에 있는

승리에 던져 넣으셨네

우리와 동시대를 살아가는 이들 세 사람의 이야기는 우리에게 고통과 하나님의 뜻에 대해서 깊이 생각해 볼 수 있는 기회를 준다. 조니의 삶의 이야기를 대하면서 하나님께서 왜 조니가 이러한 고통 속에서 지난 30년을 살도록, 또 생애의 나머지를 이렇게 살도록 내버려두실까 하고 질문을 할 수 있을 것이다. 또한 하나님께서 왜 조니를 요한복음 9장에 나오는 시각 장애인과 같이 생애의 어떤 시점에서 고쳐주시고, 그 깊은 고난에서 벗어나도록 하지 않으셨을까 하는 질문을 해볼 수도 있을 것이다.

헤더의 이야기를 대하면서 하나님은 왜 헤더가 주님을 구주로 영접하고 구원받았을 때 그녀의 청각 장애를 거두어 가심으로 그녀에게 더 편하고 능력 있는 삶을 허락하지 않으셨을까 하는 질문을 해볼 수 있을 것이다. 또한 하나님은 왜 헤더가 신체적인 장애 없이 완벽한 미

스 아메리카로 선출되어 하나님의 영광을 드러내도록 허락하지 않으
셨을까, 또는 왜 헤더의 고통은 지속되어야 하는가 하는 질문들을 해
볼 수도 있다.

그리고 데이비드 링 목사의 이야기를 대하면서 하나님은 왜 그가 가
지고 있는 뇌성마비를 치유하셔서 똑똑한 발음과 유창한 언변으로 청
중을 사로잡는 효과적인 설교자가 되도록 허락하지 않으실까 하고 의
문을 표할 수 있을 것이다. 말하는 것 자체가 고역인 링 목사를 왜 그
냥 두고 보기만 하실까? 변변치 못한 구변보다는 유려하고 세련된 언
어로 설교하는 것이 하나님의 말씀을 더 품위 있게 만들지 않겠는가?
또한 그러한 설교가 청중들로부터 더 좋은 반응을 얻을 수 있을 것이
아닌가? 그런데 전능하신 하나님께서 왜 링 목사를 고난의 풀무불 속
에 그냥 두고만 계신가? 차라리 그를 기적적으로 치료하시고 하나님
의 능력과 자비하심을 만천하에 보이시는 것이 더 효과적이지 않을
까? 그렇게 하면 더 많은 불신자들이 하나님께 돌아오지 않겠는가?

하나님께서 과연 인간의 불완전함과 고통과 연약함과 병고를 통해
서 영광을 받으신다는 말인가? 오히려 육신의 온전함과 건강과 편안
함을 통해서 하나님의 능력과 영광이 나타나지 않을까? 십자가를 메
고 걷는 모습보다 화려하게 장식된 말잔등 위에 앉아서 빛나는 검을
치켜든 채 당당한 모습으로 행진하는 편이 훨씬 더 하나님의 위엄을
나타내지 않겠는가? 로마제국의 힘과 위엄이 그 제국의 힘과 권위 앞
에 무력하게 서 있는 그리스도인의 모습보다 훨씬 더 하나님의 위세
를 나타내지 않겠는가? 300년 가까이 이런 연약한 모습으로 세상의
권세에 짓밟히고 유린되어야 할 이유가 무엇인가? 십자가에 못박힌
그리스도와 같이 이들 세 사람의 삶은 고통의 못이 박힌 채 만천하에

공개되어 살고 있지 않은가? 결국 십자가에 못박힌 그리스도는 유대인들에게는 거리끼는 것이요, 이방인들에게는 미련한 것으로 보이지 않는가? 그런데 하나님께서는 왜 이 세상의 기준으로 볼 때 천하고 멸시받고 없는 사람들을 택하여 영광을 받으려고 하시는가?

이러한 질문들은 사람의 관점에서 보면 자연스러운 것이다. 그러나 하나님의 관점에서 보면 이러한 질문들은 인간 중심적이요, 피상적인 사고에서 나온 것이다. 생각해 보라. 새하얀 번개가 캄캄한 밤 하늘을 가로지를 때 그 빛의 강렬함이 더 돋보이는 것과 같이, 하나님의 능력은 고통이 수반되는 사람의 약함에서 더 드러나지 않겠는가? 그래서 사도 바울은 고린도후서 12장 8~9절에서 다음과 같이 선언하고 있다.

"내게 이르시기를 내 은혜가 네게 족하도다 이는 내 능력이 약한 데서 온전하여짐이라 하신지라 이러므로 도리어 크게 기뻐함으로 나의 여러 약한 것들에 대하여 자랑하리니 이는 그리스도의 능력으로 내게 머물게 하려 함이라 그러므로 내가 그리스도를 위하여 약한 것들과 능욕과 궁핍과 핍박과 곤란을 기뻐하노니 이는 내가 약할 그 때에 곧 강함이니라"

매혹적인 푸른 혹성 지구를 장엄한 그랜드 캐니언보다 한 송이의 붉은 장미에 비겼을 때 그 광대함이 더 드러나듯이, 이 세상의 천하고 약하며 멸시받는 사람들을 통해서 하나님의 영광과 능력이 나타날 때 사람의 능력이 더 초라하게 보이지 않겠는가? 그래서 바울은 고린도전서 1장 27~29절에서 다음과 같이 말하고 있다.

"하나님께서 세상의 미련한 것들을 택하사 지혜 있는 자들을 부끄럽게 하려 하시고 세상의 약한 것들을 택하사 강한 것들을 부끄럽게 하려 하시며 하나님께서 세상의 천한 것들과 멸시 받는 것들을 택하사 있는 것들을 폐하려 하시나니 이는 아무 육체라도 하나님 앞에서 자랑하지 못하게 하려 하심이라"

다이아몬드가 땅속 맨틀에서 최소 섭씨 870도의 고열과 거대한 압력을 받으면서 형성되듯이, 다이아몬드 같은 투명하고 야무진 믿음은 고난의 열기와 고통스러운 압력을 통과하면서 정련되는 것이 아닌가? 그래서 베드로는 "너희 믿음의 시련이 불로 연단하여도 없어질 금보다 더 귀하여 예수 그리스도의 나타나실 때에 칭찬과 영광과 존귀를 얻게 하려 함이라"(벧전 1:7)고 말한 것이다. 사람들의 온갖 더러운 죄와 이에 대한 하나님의 무서운 심판의 상징인 주님의 십자가를 사람들을 죄에서 구원하시는 도구로 바꾸신 하나님께서 사람들의 실패와 고통과 병마와 죽음과 심지어 죄악마저 선으로 바꾸시지 않겠는가? 그래서 바울은 "우리가 알거니와 하나님을 사랑하는 자 곧 그 뜻대로 부르심을 입은 자들에게는 모든 것이 합력하여 선을 이루느니라"(롬 8:28)"고 선언한 것이다.

그러나 이러한 성경적인 고난의 신학이 가계저주론에는 없다. 그 이유는 가계저주론자들은 사람의 불행과 고통을 죄와 저주의 결과로만 보고 이것을 해결하는 것만이 능사라고 보기 때문이다. 그들은 하나님의 능력을 눈에 보이는 외적인 형태로 나타내 보여줄 때에만 기독교의 참된 모습과 능력이 드러난다고 생각하는 경향이 강하다. 또한, 그들은 고난과 병고와 실패 등 부정적이고 약한 것들은 패배한 기독교의 모습이라고 보는 경향을 가지고 있다. 그래서 그들은 다음과 같은 이야기를 별로 좋아하지 않는다.

"기도의 사람이었던 데이비드 브레이너드의 이야기를 읽어 보라. 그리고 그가 얼마나 기도에 힘썼는지, 그의 믿음이 얼마나 강했는지, 그의 기도에 하나님께서 얼마나 놀랍게 응답하셨는지를 보라. 또한 그가 어떻게 서른 살이 되기도 전에 폐병으로 죽어가면서도 이것이 자신을 위한 하나님의 완전한 뜻이라고 확신하며, 자신이 받을 수 있는 최고의 승진이라고 생각하며, 완전히 만족한 상태에서 죽게 되었는지를 보라. 죄 많은 인류에게 따르는 다른 모든 것들처럼 질병은 하나님의 영광을 위해서, 혹은 하나님을 섬기는 일과 천국을 위해서 우리를 예비하는 일을 위해서 하나님에 의해서 쓰임을 받을 수 있다."[10]

가계저주론자들이 이러한 종류의 이야기를 좋아하지 않는 이유는 현세적이고 물질적인 복에 관심이 집중되어 있어서 고난과 고통 속에 포함되어 있는 경건의 유익함과 영원한 가치와 하나님의 목적에 대해서는 눈이 멀었기 때문이다. 권선징악의 사상과 기복신앙은 어느 종교에서나 찾아볼 수 있지만, 인간의 고통이 하나님의 영광과 선으로 승화될 수 있는 사상은 오직 기독교 신앙만이 가지고 있다. 이러한 유일무이한 영광스러운 기독교 사상이 가계저주론에서는 철저하게 외면당하고 있다.

가계저주론자들의 세계관은 죄와 저주 중심이므로 고통과 불행이 있을 때 우선 죄와 저주, 게다가 성경이 부정한 가계 저주까지 추가해서 불안감을 조성한다. 그들은 성경에도 없는 조상의 죄의 책임을 물어서 부당하고 불필요하게 사람들의 마음에 죄책감을 불어넣는다. 또한 고난이 지속되거나 불행이 한 사람이나 한 가정에 반복되면 가계에 내린 저주가 역사하고 있으니 조상의 죄를 회개하지 않으면 멸망한다고 서슬 퍼런 협박을 하고 있다.

이미 지적한 바와 같이 가계저주론자 데렉 프린스는 자신의 경험을 토대로 해서 작성해 놓은 7가지 저주 목록에 있는 현상들이 동시다발적으로 나타나거나 어떤 한 현상-예를 들어 자주 사고가 일어나는 경향-이 계속 반복된다면 저주의 가능성이 그만큼 높아진다고 주장한다.[11] 또 다른 가계저주론자 이윤호 목사는 이보다 한 걸음 더 나아가서 "케네디 가문의 이 모든 비극적 사건은 '케네디 가의 저주'를 증명하기에 충분하지 않은가"라고 확정적으로 저주의 못을 박는다.[12]

만약 이들이 주장하듯이 불행한 사건이 반복되는 것이 가계에 흐르는 저주 때문이라면 우리는 교회 음악 역사상 가장 은혜스럽고 아름다운 두 찬송가를 가지지 못했을 것이다. 전 세계 그리스도인들이 가장 애창하는 이 두 찬송가는 상상조차 할 수 없는 불행한 사건을 연속적으로 겪게 된 두 성도의 심령 깊은 곳에서 우러나오는 위대한 신앙의 표현이요, 성령의 뜨거운 감동의 산물이었기 때문이다.

지옥 같은 심연에서 천국의 영광스러운 빛을 경험한
호레이쇼 스패포드

"세상을 바꾼 다섯 개의 찬송가"(5 Hymns that changed the World)라는 비디오는 찬송가 저자들의 삶과 찬송가 저작의 동기를 사진과 영상으로 생생하게 담은 아름다운 비디오 작품이다. 여기서 우리는 호레이쇼 스패포드(Horatio Spafford, 1828-1888)라는 이

름과 함께 "내 평생에 가는 길"(It is Well with My Soul)이라는 찬
송가를 대하게 된다.[13] 저자 스패포드는 뉴욕에 거주하던 유능하고 성
공적인 법률가로서 남북전쟁 후 급속하게 팽창하던 시카고로 이주해
오게 된다. 그는 이곳에서 시카고 시민들의 칭송과 존경을 한 몸에 받
는 그리스도인 법조인으로 자리를 잡는다. 그는 자신의 교회에 열정
적으로 봉사했고, 당시 미국 최고의 전도자였던 무디의 전도 사역을
크게 돕는 후원자가 되기도 한다. 게다가 날로 번영하던 시카고 지역
의 부동산에 투자하여 성공적으로 재산을 증식시키게 되었고, 또한
사랑스러운 부인과 귀여운 1남 4녀가 있어서 복된 가정을 꾸미며 더
이상 부러울 게 없는 행복한 나날을 보내게 된다.

그러던 어느 날 그의 인생 한 구석에서 검은 먹구름이 일어나더니
급기야 그와 그의 가족의 생애를 온통 무서운 폭풍우 속으로 몰아가
게 된 사건이 일어난다. 1871년, 애지중지하던 외아들이 홍역으로 세
상을 떠나면서 스패포드와 그의 가정은 깊은 슬픔과 고뇌의 첫 잔을
마시게 된다. 그리고 수개월 후 300명의 목숨을 빼앗고 90,000명의
집을 앗아간 역사적인 시카고의 대화재가 발생함으로써 스패포드는
자신의 일터와 부동산을 하루 아침에 잃어버리게 된다.

1873년, 시카고가 아직 대화재의 충격과 파괴더미 속에서 깨어나
지 못하고 재기를 위해서 몸부림치고 있던 그 시기에 지치고 실망한
스패포드는 자신과 남은 가족들에게 잠시나마 쉼을 주기 위해 당시
영국으로 전도집회를 인도하기 위해 떠나는 무디와 동행을 하게 된
다. 당시로서는 가장 화려하고 좋은 기선인 Ville Du Havre의 가장
좋은 방을 자신의 가족을 위해서 예약하고 영국을 향해서 떠날 채비
를 하게 된다. 그런데 갑자기 사업에 관계된 일로 인해서 가족과 같이

떠나지 못하게 되자 부인을 강권해서 4명의 딸들과 함께 먼저 배에 태우고 영국으로 떠나보낸다. 곧 일을 마치고 영국으로 떠나기 직전에 스패포드는 부인과 아이들이 승선한 Ville Du Havre가 영국 남부 인근 해상에서 다른 배와 충돌하는 사고로 침몰했다는 비보를 전해 듣는다. 곧 이어 부인이 보낸 전보를 받았는데, 거기에는 "나 홀로 구출됨"(Saved Alone)이라는 말만이 보일 뿐이었다.

2년 전 외아들과 일터와 부동산을 모두 잃어버렸던 스패포드는 이제 남은 4명의 딸마저 모두 잃게 된 것이다. 망연자실해진 그는 급히 그의 아내를 만나기 위해서 영국으로 가는 배에 몸을 싣고 가던 중 Ville Du Havre가 침몰한 지점에 이르게 되었는데, 선장이 배의 침몰 지점을 그에게 가리켜 주었다. 깊은 슬픔과 충격 속에 자신의 4명의 사랑스러운 딸들이 숨진 그 검푸른 바다를 바라보던 중, 스패포드는 갑자기 자신의 심령에 밝은 빛줄기가 들어오는 것 같음을 감지했다. 그리고 그곳에서 펜을 들어 심령에서 우러나오는 시를 적어 내려가기 시작한다. 그 시는 아래와 같은데, 스패포드의 영문을 원문에 가깝게 번역해 보면 다음과 같다.

평화가 강물처럼 나의 길을 따를 때
슬픔이 바다의 물결과 같이 넘실거릴 때
나의 운명이 어떠하든지
당신은 내게 다음과 같이 말씀하십니다
내 영혼 내 영혼 평안해
사단이 나를 괴롭히거나 시련이 온다 해도
그리스도께서 나의 몸 둘 바 없는 상태를 아시고

내 영혼을 위해 그분 자신의 피를 흘려주셨다는

확신이 나를 사로잡게 하소서

내 영혼 내 영혼 평안해

나의 죄, 그 일부가 아닌 전부가

십자가에 못박혔으므로

내가 더 이상 그 죄를 짊어지지 아니한다는

이 영광스러운 생각이여

주님을 찬양하고 찬양하라 내 영혼아

구름이 두루마리 같이 말리며

나팔이 울려나고

주님이 오시는 그날

믿음이 실상이 될 바로 그날을 재촉하여 주소서

주님을 찬양하고 찬양하라 내 영혼아

스패포드는 이곳에서 숨져간 자신의 사랑스러운 딸들과 먼저 간 그의 아들을 주님 오실 때 다시 만날 것을 간절히 기대하면서 이 시를 적어 내려갔다. 이 시가 바로 오늘날 전 세계 그리스도인들이 애창하는 "내 평생에 가는 길"이라는 위대한 찬송가의 가사가 된 것이다. 1875년, 그로부터 2년 후에 스패포드는 당시의 유명한 찬송가 작곡가인 블리스(P. P. Bliss)를 만나서 이 찬송가의 가사를 내보였고, 블리스는 큰 감동 가운데 즉석에서 이 찬송의 곡조를 작곡해서 현재에 이르게 된 것이다.

상상조차 못했던 연속적인 불행과 고통 속에서 스패포드는 자신과 자신의 가정에 내린 하나님의 저주를 본 것이 아니었다. 오히려 환경을 초월해서 역사하시는 하나님의 사랑과 보혈로 구속하신 하나님의 은혜와 주님의 재림의 영광스러운 약속 위에 서서 슬픔과 고통을 기대와 확신과 찬양으로 승화시킨 것이다. 이것이 바로 성경에서 말씀하는 위대한 믿음의 본질이다.

극진한 슬픔과 고난의 골짜기에서 위대한 찬송의 시를 쓴 조셉 스크라이번

다른 하나의 위대한 찬송은 아일랜드 사람 조셉 스크라이번 (Joseph Scriven, 1819-1886)에게서 나온다.[14] 1844년, 스크라이번은 대학을 갓 졸업하고 장래가 촉망되는 새로운 삶을 더블린에서 시작하게 된다. 사랑하는 여인과 더불어 약혼한 그는 이제 내일로 다가온 그녀와의 결혼에 마음이 한껏 부풀어 있었다. 그러나 전혀 예상하지 않았던 불행이 그에게 다가오고 있었다.

그를 만나러 오던 약혼녀가 스크라이번의 눈앞에 들어오는 순간, 갑자기 강둑에서 미끄러져 강물 속으로 빠져 들어가며 기절을 했고, 황급히 뛰어간 스크라이번이 그녀에게 이르렀을 때에는 이미 그녀가 숨을 거둔 뒤였다. 스크라이번은 후에 이 비극적 사건을 회상하면서 그 때 자신의 세계의 밑바닥이 사라진 것 같았다고 당시의 충격을 표현했다.

그러나 그는 절망과 슬픔이 파도같이 밀어닥치던 이 시기를 하나님께 나아감으로 극복한다. 1845년, 그로부터 1년 후에 스크라이번은 캐나다의 온타리오 주로 이주하게 되었고 거기서 산상수훈의 말씀과 같이 살기로 작정한다. 그는 사람들에게 진정한 선한 이웃이 되었고,

자신에게 도움을 요청하러 온 사람들을 한 사람도 그냥 돌려보내지 않았다. 스크라이번은 온타리오 주 포트 호프(Port Hope)에서 살면서 주위 사람들에게 포트 호프의 사마리아인이라는 별명을 얻을 만큼 선행을 일과로 삼고 살았다. 그는 돈을 받고 나무를 잘라주는 법이 없었고, 오직 가난한 사람들만을 위해서 나무를 잘라 주었다고 한다.

1854년, 이처럼 선한 삶을 살아가던 그에게 다시금 열렬한 사랑의 기회가 찾아오게 된다. 그러나 이번에도 불행이 다시금 그의 길을 막고 서는데, 그가 사랑하던 여인이 결혼 1주일 전 폐렴으로 세상을 떠나게 된 것이다. 다시금 몰려든 인생의 먹구름 앞에서 스크라이번은 깊은 절망감에 빠져들었다. 그러나 그는 절망과 슬픔에 포로가 되지 않고 다시금 하나님께 나아감으로써 이 시련을 극복한다.

후에 아일랜드로 돌아와서 자신의 생애를 돌이켜 보면서 다음과 같은 아름다운 찬송시를 적어 내려가는데, 이 찬송시가 후에 그 유명한 찬송가 "죄짐 맡은 우리 구주"(What a Friend We Have in Jesus)가 된 것이다. 다음은 스크라이번의 영문을 필자가 원문에 가깝게 번역해 본 것이다.

> 예수님은 얼마나 좋은 친구이신지
> 우리의 모든 죄와 슬픔을 짊어지시네
> 하나님께 모든 것을 기도로 아뢸 수 있는 것은
> 얼마나 특별한 권리인가
> 하나님께 모든 것을 기도로 아뢰지 않기 때문에
> 얼마나 자주 평화를 상실하며
> 얼마나 불필요한 고통을 짊어지게 되는가

시험과 시련을 가지고 있는가
고난을 조금이라도 가지고 있는가
결코 낙심하지 말고
주님께 기도로 아뢰시오
우리의 모든 슬픔을 나눌 수 있는 친구를 찾을 수 있나
예수께서 나의 약함을 아시니
주님께 기도로 아뢰시오
약하며 무겁게 짐진 자 있는가
염려로 짓눌린 자 있는가
소중하신 구주는 여전히 우리의 피난처 되시니
주님께 기도로 아뢰시오
당신의 친구가 당신을 조롱하고 버린다 해도
주님께 기도로 아뢰시오
하나님께서 그분의 팔에 안아 주시고 보호하시리니
거기에서 위로를 발견케 될 것이오

이 은혜스러운 찬송시가 보여주듯이 스크라이번은 두 번에 걸친 결혼의 실패를 자신과 자신의 가계에 내린 하나님의 저주라고 보지 않았다. 오히려 그에게 있어서 실패와 절망과 고통은 하나님 앞에 더욱 가까이 나아가는 기회였고, 하나님의 위로를 찾는 시간이었다. 물론 죄로 말미암은 고난과 고통이 있을 수 있으며, 이 때에는 하나님 앞에 엎드려 회개하는 길 밖에 다른 길이 없다.

그러나 시련과 고통이 거듭 닥친다고 해서 하나님의 저주, 게다가 성경에도 없는 조상의 죄로 인해서 대물림된 가계에 흐르는 저주 때

문이라고 믿고 괴로워하고 불안해한다면 하나님께서 기뻐하시겠는
가? 또한 그렇게 하도록 비성경적인 죄책감과 공포감을 조성해서야
되겠는가? 죄를 경계하는 것은 아무리 해도 지나침이 없다지만, 성경
이 부정한 조상의 죄의 책임까지 추가해서 이미 가뜩이나 무거운 그
리스도인들의 어깨 위에 죄의 짐을 올려놓는 것을 과연 하나님께서
기뻐하시겠는가? "수고하고 무거운 짐진 자들아 다 내게로 오라"는
주님의 말씀 앞에 비추어 볼 때 가계저주론자들은 율법과 죄책감의
짐으로 사람들을 괴롭힌 바리새인들처럼 하나님 앞에 범죄하고 있다
는 것을 깨달아야 한다.

주:

1) 이윤호, 『가계에 흐르는 저주를 이렇게 끊어라』 (서울: 베다니출판사, 2000), 107.

2) Wendy Murray Zoba, "Bright Unto the End," *Christianity Today*, 1 Oct 2001, 58.

3) Ibid., 56. 영어 원문을 원하는 독자들을 위해서 여기 브라이트 박사의 말을 직접 인용한다. "James says to rejoice when you're having difficulties. Paul speaks of rejoicing when you suffer. I know the reality of what they were saying. They were rejoicing in their adversities, and they had a lot of it. The Bible says, 'Without faith, it is impossible to please God.' So when problems arise, we say 'Thank you' and—by an act of the will—rejoice. God then fulfills his promise, 'If you obey me I will reveal myself to you.' So the act of faith in saying, 'Thank you, Lord,' releases his presence in new dimensions."

4) Bernard Ruffin, *Fanny Crosby* (Uhrichsville: Barbour Publishing, Inc., 1987), 8.

5) Kathleen White, *Joni* (Minneapolis: Bethany House Publishers, 1993). 150-8.

6) Joni Eareckson Tada, *Glorious Intruder* (Portland: Multinomah, 1989), 30.

7) Joyce Vollmer Brown, *Courageous Christians* (Chicago: Moody Press, 2000), 75-7.

8) Ibid., 77.

9) David Ring, *David Ring's 8 Greatest Sermons*, videocassette.

10) John R. Rice, *Prayer: Asking and Receiving* (Wheaton: Sword of the Lord Publishers, 1942), 110.

11) Derek Prince, *Blessing or Curse You Can Choose* (Grand Rapids: Chosen Books, 1990), 45-6.

12) 이윤호, 『가계의 복과 저주전쟁에서 승리하라』 (서울: 베다니출판사, 2001), 94.

13) *Amazing Grace: 5 Hymns that Changed the World*, 70 min. (n.p.: n.p., n.d.).

14) Ibid.

결 론

모든 독자들께 호소함

1517년 10월 31일, 종교개혁자 마틴 루터는 자신을 파문하는 내용과 자신의 모든 책들을 불태워버리라는 명령이 담긴 당시 로마 교황 레오가 보낸 교서를 공개적으로 불태워버린다. 그와 함께 그가 천주교 교리를 주창하는 최악의 옹호자들이라고 불렀던 다른 책들도 불살라버린다. 이러한 루터의 행위는 당시의 정치, 역시, 종교, 사회적 정황에서 비추어 볼 때 자살 행위나 마찬가지였다. 그러면 그는 왜 이러한 무모한 행동을 했을까? 그 이유는 천주교의 교리가 비성경적이라는 확신에서 나온 루터의 항거와 용기에서 비롯된 것이다.

그로부터 약 500년이 지난 지금 우리는 당시 루터의 유럽과는 비교할 수 없는 다양성과 주관성을 존중하는 포스트모던 시대를 살아가고 있다. 그러나 성경은 변치 않으며, 성경을 대하는 우리의 자세 역시 변치 말아야 할 것이다. 루터가 담대하게 비성경적인 천주교의 교리를 불살라버렸듯이, 우리 역시 비성경적인 교리에 대해서 두려워하거나 주저할 필요 없이 불태워버려야 한다.

가계저주론은 성경이 부정하는 가계의 저주를 주장하는 교리이다. 가계저주론은 성경이 가르치는 죄책에 대한 개인적인 책임의 원리를 왜곡하고 부정하며, 또한 '집합적 인격'이라는 비성경적 개념을 토대로 세워진 교리적 신기루이다. 그리고 죄에 대한 강력한 경고를 발하는 성경의 메시지를 자신들의 왜곡된 신학적 관념에 맞추어 덧붙이고 과장하여 가르침으로써 비판적 능력이 부족한 사람들에게 두려움과 혼돈과 불필요한 죄책감을 유발시킨다.

이 책은 이러한 비성경적인 시도에서 비롯된 불필요한 두려움과 혼돈과 죄책감을 제거하고 독자들이 복음 안에서의 참된 능력과 자유를 향유하도록 촉구하기 위해서 쓰여졌다. 이 책을 읽는 독자 가운데 이 책의 저자가 죄의 책임을 소홀하게 취급하고 있다고 생각하는 사람이 있다면 이 책을 잘못 읽은 것이다. 죄에 대한 개인적인 책임의 원리를 강조하는 것은 곧 개인이 홀로 자신의 죄의 책임을 진다는 말이다. 달리 말해 당신은 자신의 죄의 책임을 당신의 조상이나 이웃이나 가족에게 미룰 수 없다는 말이다. 에스겔 18장 24절의 말씀처럼 당신은 "그 범한 허물과 그 죄로 인하여 죽게 될 것이다"라는 말이다. 당신의 저지른 죄에 대해서 그 죄값 전부를 당신이 담당해야 한다는 말이다. 거룩하신 하나님 앞에 심판을 받기 위해서 죄인으로서 홀로 서야하는 것처럼 두려운 일이 어디에 있겠는가! 그러므로 당신은 무서운 독사의 치명적인 공격을 피하듯 죄를 피해야 한다.

한편, 어떤 독자는 이 책의 저자가 가계에 미치는 죄의 영향력과 결과를 소홀히 다룬다고 판단할지도 모른다. 그러나 이러한 생각은 필자의 생각을 잘못 읽고 있는 것이다. 죄는 인류를 파괴하는 가장 무서운 힘이요 영향력이다. 그래서 그 죄는 파괴적인 전염성이 있다. 그리고 가정이나 사회의 중요한 위치에 있는 사람들의 죄의 경우, 그 파급 효과는 더욱 파괴적이다. 죄가 결코 한 사람을 파괴하고 그칠 것이라는 오판을 버리라. 300명의 목숨을 앗아가고 90,000명을 집 없는 사람으로 만들어 차가운 거리로 내몰았던 역사적인 시카고 대화재(1871년)는 믿을 만한 전통에 의하면 오리어리(O' Leary) 부인이 소유한 암소가 램프를 차는 바람에 불이 나면서 시작되었다고 한다.

당신이 램프의 불처럼 사소하게 생각하고 저지른 죄가 당신뿐 아니라 먼저는 가장 가까이 있는 가족들을 해칠 수 있는 대화재와 같은 재앙으로 돌변할 수 있다는 사실을 알아야 한다. 또한 그 악한 영향력이 출애굽기 20장 5절의 말씀처럼 삼, 사대에 걸쳐서 나타날 수도 있다. 뿐만 아니라 암소가 찬 램프로 온 시카고가 파괴되고 거덜난 것처럼 당신의 죄의 영향력과 결과가 당신 가족들과 이웃들과 동료들과 사회, 더 나아가서는 민족과 세계를 파괴하고 거덜낼 수 있다는 것을 알아야 한다.

그러나 동시에 우리는 죄가 제멋대로 돌아다니면서 파괴히고 저주를 불러와 마치 투탄카멘의 저주와 같이 범죄한 자와 그의 가족과 세계를 마음껏 유린하는 것으로 생각해서는 안 된다. 왜냐하면 만유를 다스리시는 전능하신 하나님께서 어제나 지금이나 영원토록 통치의 보좌에 앉아 계시기 때문이다. 또한 그분은 "자기 아들을 아끼지 아니하시고 우리 모든 사람을 위하여 내어 주신 이"(롬 8:32)가 되시기 때문이다. 뿐만 아니라 "죄가 더한 곳에 은혜가 더욱 넘친다"(롬 5:20)

는 하나님의 은혜로우신 약속이 있기 때문이다. 이에 더해서 "하나님을 사랑하는 자 곧 그 뜻대로 부르심을 입은 자들에게는 모든 것이 합력하여 선을 이루느니라"(롬 8:28)는 전화위복의 은혜를 가르치는 하나님의 영광스러운 약속이 있기 때문이다.

그러나 하나님의 비할 데 없는 사랑의 행위와 놀라운 약속들은 사람들의 책임을 도외시하지 않는다. 우주선을 타고 달을 탐사하기 위해 떠난 우주인이 우주복과 우주선을 버리고 제멋대로 유영을 시작한다면 그는 우주의 모든 파괴적인 힘과 세력에 의해서 처참하게 찢기고 부서질 것이다. 마찬가지로 당신이 죄와 저주가 한껏 당신을 유린하며 파괴할 수 있는 영역에서 그리스도 없이 살아가기를 고집한다면 아무도 당신을 도울 수 없다.

전화위복의 은혜를 가르치는 로마서 8장 28절은 '하나님을 사랑하는 자'에게만 해당되는 말씀이라고 말하고 있다. 또 본문은 '하나님을 사랑하는 자'는 곧 '그 뜻대로 부르심을 입은 자들'이라고 가르친다. '그 뜻대로 부르심'은 하나님이 주권적으로 하시는 일이고 '하나님을 사랑하는' 것은 사람의 몫이다. 그러면 어떻게 사람이 하나님을 사랑할 수 있는가? 그것은 하나님의 사랑에 관해서 듣고 그 사랑을 받아들임으로써 가능해진다. 당신이 이미 하나님의 사랑을 받아들였다면 하나님의 사랑을 더 깊이 깨닫고 하나님과 더 깊은 사랑의 교제 가운데 들어가기를 사모하라. 그러나 당신이 아직 하나님의 사랑을 모르고 있는 사람이거나 명목상의 그리스도인에 불과하다면 이제 당신을 위한 하나님의 사랑에 응답하라.

당신이 애지중지하던 외아들을 잃고 곧 이어 가산과 사업을 화재로 다 잃어버린 후, 마침내 사랑스러운 네 명의 딸마저 모두 잃어버린 아버지가 되었다고 가정해 보라. 극도의 슬픔과 절망에 휩싸인 채 사랑스러운 네 명의 딸들의 목숨을 앗아간 무정한 검푸른 바다를 바라보는 그 아버지의 심정이 과연 어떠했을까? 그러나 그 아버지가 하늘을 향한 원망과 탄식 대신에 자신의 마음 속 가장 깊은 곳에서 우러나오는 찬송시를 다음과 같이 읊조린다면 그는 가장 깊고 어두운 절망의 심연보다 더 높고 찬란한 소망의 언덕을 오르는 사람일 것이다.

사단이 나를 괴롭히거나 시련이 온다 해도
그리스도께서 나의 몸 둘 바 없는 상태를 아시고
내 영혼을 위해 그분 자신의 피를 흘려 주셨다는
확신이 나를 사로잡게 하소서

이 시의 저자 호레이쇼 스패포드는 자신의 슬픔과 절망보다 더 큰 하나님의 사랑을 확신하고 평안을 얻으며 찬양을 드렸다. 그 하나님의 사랑에 대한 자각은 '나의 몸 둘 바 없는 상태'를 깨닫는 것에서 비롯된다. 로마서 3장 23절은 "모든 사람이 죄를 범하였으매 하나님의 영광에 이르지 못하더니"라고 말씀하고 있다. 이 모든 사람 속에는 당신과 나 모두가 포함된다. 우리 모두는 하나님의 거룩한 법과 기대와 목직에 어긋난 삶을 살았다. 태어나면시부터 우리 인에 죄의 성품이 존재하고 있어서 하나님의 말씀과 뜻대로 살지 못하고 하나님을 거역하며 슬프시게 하는 삶을 살았다. 아담의 불순종 때문에 사람은 죄의 성품을 타고났으며, 그 죄의 성품의 열매인 죄의 행위를 맺으면서 살아가게 되었다.

로마서 5장 19절의 "한 사람의 순종치 아니함으로 많은 사람이 죄인 된 것 같이"라는 말씀은 이러한 의미이다. 그래서 사람은 죄의 행위로 인해 죄인 되기 전에 이미 죄의 성품을 소유한 것으로 인해서 죄인이 된 것이다. 이것은 사실을 부정적이고 비관적으로 관찰한 데서 비롯된 것이 아니라, 현실적이고 객관적으로 평가한 결과이다. 스패포드가 '나의 몸 둘 바 없는 상태'라고 한 말은 바로 죄의 성품에 매여서 노예와 같이 살 수밖에 없는 무력한 상태를 가리킨다. 그리고 사람은 죄로 말미암아 여러 가지 고통을 겪으며 살게 되지만 마침내 죽음의 고통이라는 대가를 치르게 된다. 그래서 로마서 6장 23절은 "죄의 삯은 사망이요"라고 말씀하고 있다.

그런데 여기서 말하고 있는 사망은 세상과의 분리를 의미하는 육신적인 사망만을 가리키는 것이 아니라 하나님과 영원히 분리되는 둘째 사망, 곧 영원한 지옥의 고통도 포함되어 있다. "사망과 음부도 불못에 던지우니 이것은 둘째 사망 곧 불못이라 누구든지 생명책에 기록되지 못한 자는 불못에 던지우더라"(계 20:14~15)는 말씀은 둘째 사망의 고통을 가리킨다. 이렇듯 죄의 성품에 매인 죄의 노예로서 결국은 죄의 값을 치러야 하는 상태를 스패포드는 '나의 몸 둘 바 없는 상태'라고 말한 것이다.

> 내 영혼을 위해 그분 자신의 피를 흘려 주셨다는
> 확신이 나를 사로잡게 하소서
> 내 영혼 내 영혼 평안해

그런데 이러한 나를 위해 '그 분 자신의 피를 흘려 주셨다'는 스패포드의 고백은 바로 하나님의 사랑의 절정을 확신하는 것이다. 그리고 이것은 로마서 5장 8절의 "우리가 아직 죄인 되었을 때에 그리스도께서 우리를 위하여 죽으심으로 하나님께서 우리에게 대한 자기의 사랑을 확증하셨느니라"는 가르침에 대한 깨달음에서 비롯되어진다. 전혀 죄를 모르시는 하나님의 아들 예수 그리스도께서 당신과 나와 같은 죄인의 자리를 대신해서 죄의 책임을 떠맡으시고 거룩한 속죄의 피를 흘려 주셨다는 이 어마어마한 진리! 본질상 하나님과 같으신 예수 그리스도의 피가 당신과 나 같은 죄인을 위해서 하나도 남김없이 다 흘려졌다는 이 감당키 어려운 사랑의 속삭임!

> 나의 죄, 그 일부가 아닌 전부가
> 십자가에 못박혔으므로
> 내가 더 이상 그 죄를 짊어지지 아니한다는
> 이 영광스러운 생각이여
> 주님을 찬양하고 찬양하라 내 영혼아

스패포드는 '나의 죄, 그 일부가 아닌 전부가 십자가에 못박혔다'고 하나님의 용서와 구속의 완전함을 확신하고 있다. 이 생각은 요한일서 1장 9절의 "만일 우리가 우리 죄를 자백하면 저는 미쁘시고 의로우사 우리 죄를 사하시며 모든 불의에서 우리를 깨끗케 하실 것이요"라는 말씀이 가르치는 진리에 기초하고 있다. 과거만의 죄가 아닌 현재와 미래의 모든 죄와 사소히 생각되는 죄에서 가장 중하고 어두운 죄까지와 의식하는 죄에서 의식하지 못하는 죄까지 다 망라하고 영혼만의 죄와 영육이 함께 저지른 죄 모두 및 고의로 지은 죄 뿐 아니라 무능함으로 지은 죄를 다 포함해서 용서하셨다는 말씀이다. 이러한 확신과 깨달음 때문에 스패포드는 "내가 더 이상 그 죄를 짊어지지 아니한다는 이 영광스러운 생각이여"라고 찬양하는 것이다.

오늘 당신은 이 위대한 사랑의 이야기를 전해들었다. 이제는 스패포드처럼 당신의 영혼 가장 깊은 곳으로부터 이러한 하나님의 사랑에 대해서 응답하라. 로마서 10장 9절은 "네가 만일 네 입으로 예수를 주로 시인하며 또 하나님께서 그를 죽은 자 가운데서 살리신 것을 네 마음에 믿으면 구원을 얻으리니"라고 약속하고 있다. 또한 로마서 10 장 13절에 "누구든지 주의 이름을 부르는 자는 구원을 얻으리라"고 재차 하나님의 사랑에 믿음으로 응답하도록 재촉하고 계신다. 그러므로 오늘 이 시간에 바로 당신이 있는 그 장소에서 하나님의 사랑에 응답하라.

당신이 하나님의 율법을 지킴으로 구원을 받을 수 있다면 그리스도께서 왜 십자가에서 못박히셨겠는가? 그래서 성경은 "내가 하나님의 은혜를 폐하지 아니하노니 만일 의롭게 되는 것이 율법으로 말미암으면 그리스도께서 헛되이 죽으셨느니라"(갈 5:21)고 말한 것이다. 당신은 율법을 지킨다고 해도 의로워지거나 구원받을 수 없다. 오히려 당신이 율법을 지킴으로 지킬 수 없는 사람이기 때문에 율법의 행위를 의지한다면 당신은 구원받을 사람이 아닌 저주받을 사람이 되고 만다. 그래서 갈라디아서 3장 10절은 "무릇 율법 행위에 속한 자들은 저주 아래 있나니 기록된바 누구든지 율법책에 기록된 대로 온갖 일을 항상 행하지 아니하는 자는 저주 아래 있는 자라 하였음이라"고 선언하고 있다. 이것은 당신만의 문제가 아니라 모든 사람이 동일하게 가지고 있는 문제이다. 그래서 갈라디아 3장 11절은 "또 하나님 앞에서 아무나 율법으로 말미암아 의롭게 되지 못할 것이 분명하니 이는 의인이 믿음으로 말미암아 살리라"고 선포하고 있다. 이 말씀은 갈라디아서 2장 16절에 있는 "사람이 의롭게 되는 것은 율법의 행위에서 난 것이 아니요 오직 예수 그리스도를 믿음으로 말미암는 줄 안다"고

한 선언과 동일하다. 그러므로 구원을 위해서 율법이 아닌 그리스도의 십자가를 의지한 그 사람들에게 갈라디아서 3장 13절은 "그리스도께서 우리를 위하여 저주를 받은바 되사 율법의 저주에서 우리를 속량하셨으니"라고 선언하고 있다. 따라서 주님의 십자가의 공로로 말미암아 율법의 저주에서 속량되었으니 이제 그리스도인들에게 있어서 저주는 원인 무효가 된다.

그리스도인들이 저주에서 해방되었다는 것은 근본적으로 하나님과의 관계가 정상화되었다는 것을 의미한다. 저주의 원인이 되었던 하나님과의 불화 관계가 종식되었으므로 이제 다시는 저주와 상관이 없게 되었다. 저주의 원인이 제거되었으므로 저주의 결과 역시 의미가 없어졌다. 그러므로 성경은 주님의 보혈로 구속하신 성도들과 관련해서 더 이상 저주라는 용어와 개념을 사용하지 않는다. 요한복음 5장 24절은 이와 관련해서 "내가 진실로 진실로 너희에게 이르노니 내 말을 듣고 또 나 보내신 이를 믿는 자는 영생을 얻었고 심판에 이르지 아니하나니 사망에서 생명으로 옮겼느니라"는 말씀으로 같은 생각을 다른 용어로 표현한다. 여기서 '심판'과 '사망'은 율법의 저주와 관련된 것으로서 성도는 더 이상 이러한 율법의 저주와 관련된 영역에서 영원히 벗어났다는 것을 선언한다. 그리스도의 십자가로 말미암아 저주는 원인 무효가 되고 효력을 상실하게 된 것이다.

그러나 가계저주론자들은 자신들의 저주관을 주입하기 위해서 기독교의 기둥 같은 이런 교리도 왜곡한다. 이윤호 목사는 그리스도인들이 위치·신분적으로는 저주에서 해방되었으나 실제적으로는 해방되지 않았다고 말하면서 주님의 십자가의 공로를 평가 절하해 버린다.[1] 그러므로 실제적으로 아직 저주 아래 있으니 이 저주의 결과를 계속 거두어들이든지 아니면 저주의 결과에서 해방되어야 된다고 가르치고 있다. 그리고 저주의 결과에서 해방되는 것을 성화의 과정이라고 함부로 주장한다.[2]

물론, 이윤호 목사의 주장은 자신의 사역 경험에 기초한 저주 관념을 주입하기 위해서 복음을 제멋대로 재정의하고 있는 것이다. 이윤호 목사의 주장이 비성경적인 것은 성경이 그리스도인들이 위치·신분적으로는 저주에서 해방되었으나 실제적으로는 해방되지 않았다고 가르치고 있지 않기 때문이다. 이윤호 목사는 "그리스도가 이미 정복한 저주를 믿음으로 정복하는 삶을 살아야 한다. … 우리는 본서의 제12장과 제 13장에서 저주를 정복하는 구체적 방법에 대해 상고해 보자"[3]라고 주장한다.

그러면 여기서 이윤호 목사가 말하는 저주란 무엇인가? 그 저주란 아담의 불순종으로 인해서 임한 보편적인 저주를 포함한다. 이윤호 목사는 "아무튼 어떻게 예수님의 죽으심이 아담과 이브의 범죄로 인해서 선포된 저주로부터 우리를 속량했는가?"[4]라고 말하면서 아담의 불순종으로 인해 임한 보편적인 저주를 '그리스도가 이미 정복한 저주'에 포함시키고 있다.

그러면 '아담과 이브의 범죄로 인해서 선포된 저주'란 무엇인가? 로마서 5장 12절은 "이러므로 한 사람으로 말미암아 죄가 세상에 들어오고 죄로 말미암아 사망이 왔나니"라고 말함으로써 아담의 죄로 인한 보편적인 저주로 인류에게 죄와 함께 사망이 임했음을 보여준다. 그렇다면 이윤호 목사의 말처럼 '그리스도가 이미 정복한 저주', 즉 사망-첫째 사망 및 둘째 사망-을 믿음으로 정복하는 삶을 살아야 하는가? 성경이 그렇게 가르치고 있는가? 성경이 이윤호 목사의 말처럼 그리스도인에게 있어서 사망이 위치적으로 극복되었고 실제적으로는 아직 정복되지 않았다고 가르치는가? 그렇다면 사망을 실제적으로 정복한다는 말은 무엇인가? 그 말은 궁극적으로는 우리 몸의 실제적인 부활을 말하는 것이 아닌가? 그렇다면 이윤호 목사는 우리가 실제적으로 부활하기 위해서는 믿음으로 사망의 저주를 정복해야 한다고 주장하는 것이다. 그렇다면 믿음으로 사망의 저주를 극복하지 못한다면 그리스도인들이 실제적으로 부활하지 못한다는 말인가? 과연 이것이 성경이 가르치는 것인가?

성경에 의하면 보편적인 저주로서의 사망은 정복해야 할 대상이 아니다. 사망은 이미 그리스도의 십자가로 정복된 것이다. "이 썩을 것이 썩지 아니함을 입고 이 죽을 것이 죽지 아니함을 입을 때에는 사망이 이김의 삼킨바 되리라고 기록된 말씀이 응하리라"(고전 15:54)는 말씀과 같이 우리가 할 유일한 일은 그저 부활의 날을 기다리기만 하면 되는 것이다. 사망을 정복하기 위해서 우리가 할 일이 아무 것도 없다. 사망의 저주는 오직 그리스도께서만 담당하실 수 있기 때문이다. **그러므로 그리스도가 위치적으로만 저주를 담당하셨고, 실제적으로는 우리가 그 저주를 담당해야만 한다는 말은 비성경적인 이단 사상이다.**

둘째 사망인 지옥의 경우도 마찬가지이다. 이윤호 목사의 주장대로라면 그리스도인들은 신분상 지옥에 가지는 않지만 실제적으로 정복하지 않으면 지옥에 간다는 말이 된다. 달리 말하면 **그리스도는 위치적으로 지옥을 정복했고, 실제적으로는 지옥을 정복하지 못했다는 말이 된다. 이러한 주장은 가계저주론이 이단 사상을 포함하고 있다는 것을 증명한다.** 이윤호 목사와 가계저주론자들은 자신들의 주장이 이러한 **이단 사상**을 포함하고 있다는 것을 모르고 있을지도 모른다. 그러나 이렇게 오류가 명백하게 드러났다면 이제 그들은 자신들의 주장을 철회하고 성경적인 위치로 돌아와야 한다!

그리스도인들은 육신과 사단과 세상을 상대로 영적 싸움을 하도록 부름을 받았다. 그러나 저주와의 싸움은 우리의 일이 아니라 그리스도만이 하실 수 있는 일이다. 저주를 정복하는 일은 그리스도께서 홀로 담당하실 몫인 것이다. 가계저주론자들은 자신들의 사역 경험을 바탕으로 가계에 흐르는 저주라는 가설을 세워서 수많은 신학적 오류와 혼돈과 허위를 범했다. 그러나 이들이 자신들의 비성경적인 교리를 옹호하기 위해서 **십자가의 복음의 참된 의미까지 변질시키는 순간, 이들은 이단 사상의 옹호자들이 되어버린 것이다.** 가계저주론자들은 그리스도의 십자가의 공로를 위치적으로만 인정하고 실제적으로 인정하지 않는다고 말함으로써 **그리스도의 구속의 참된 뜻을 부분 부정한 정도가 아니라 근본적으로 변질시켜 버린 것이다.**

그들은 사도 바울이 말씀한 **'다른 복음'**을 만들어 전하고 있다. 가계저주론자들은 더 이상 성경을 왜곡하고 변질시키며 하나님의 교회를 혼동시키고 이단 사상으로 이끌려는 노력을 전면 포기하고 하루 빨리 성경으로 돌아와야 한다! 그리고 진리를 수호할 책임이 있는 복음적인 하나님의 종들은 이들을 성경적인 위치로 돌아오도록 이에 합당한 조처를 취해야 할 것이다. 갈라디아서 5장 1절은 "그리스도께서 우리로 자유케 하려고 자유를 주셨으니 그러므로 굳세게 서서 다시는 종의 멍에를 메지 말라"고 그리스인들에게 그리스도 안의 자유를 지킬 것을 강력히 권면하고 있다.

그리스도인의 경험과 관련해서 더 이상 저주를 사용하는 것은 비성경적이다. 이러한 관점은 예수님을 영접하여 구원을 받은 후에도 사라지지 않고 지속되는 과거와 연관된 문제들을 다룰 때도 역시 동일하게 적용된다. 제리 팔웰 목사는 이와 관련하여 매우 적절한 예를 하나 전해 주고 있다. 그가 한번은 어느 교회에서 설교를 하게 되었는데, 설교 전에 헌금 시간이 먼저 있었다. 헌금이 진행되는 동안 그 교회의 담임 목사는 팔웰 목사에게 헌금위원 한 명을 가리키면서 그 사람이 최근에 주님을 영접했는데 그 이전에는 부도덕한 삶을 살면서 에이즈에 감염이 된 사람으로서 현재 천천히 죽어가고 있다고 말해 주었다. 팔웰 목사는 후에 이와 관련하여 죄는 용서받았지만 죄의 결과는 남는다고 말한 적이 있다.

그렇다. 죄 사함이 죄의 결과를 다 취소하는 것은 아니다. 하나님의 섭리 중에 어떤 때는 죄 사함과 동시에 죄의 결과가 취소되는 경우도 있다. 예를 들면, 믿기 전에 죄로 말미암아 얻은 병이나 죄의 습관이 예수님을 영접하면서 즉시로 떠나는 경우가 있다. 그러나 그렇지 않은 경우도 있다. 예수님을 영접하고 죄 사함을 받았지만 과거의 죄의 결과가 남아서 구원받은 성도에게 고통이 지속될 수도 있다. 그러면 우리는 이것을 저주의 결과라고 불러도 될 것인가? 물론 아니다. 왜냐하면 그리스도께서 성도를 저주에서 이미 해방하셨기 때문이다(갈 3:13). 그러므로 더 이상 그리스도인의 경험과 관계하여 저주라는 말과 개념은 사용하지 말아야 한다.

따라서 과거의 죄와 연관된 결과로 성도가 고통을 받는다면 우리는 그것을 죄의 결과라고 부르는 것이 타당하다. 왜냐하면 성경이 그렇게 말씀하고 있기 때문이다. 그러면 어떻게 이러한 죄의 결과를 처리할 것인가? 즉, 죄 사함 받은 신자가 구원받기 이전의 죄의 결과로 고통을 당할 때 어떻게 할 것인가?

구약에 나오는 다윗의 이야기가 이 질문의 실마리를 푸는 단서를 제공해 준다. 다윗이 성적인 죄와 살인을 범한 후 선지자 나단의 책망을 받았을 때 다윗이 나단에게 이르되, "내가 여호와께 죄를 범하였노라"(삼하 12:13)"고 고백하며 회개한다. 이 때 나단이 다윗에게 대답하기를 "당신의 죄를 사하셨나니 당신이 죽지 아니하려니와 이 일로 인하여 여호와의 원수로 크게 훼방할 거리를 얻게 하였으니 당신의 낳은 아이가 정녕 죽으리이다"(삼하 12:13~14)라고 말한다.

여기서 우리는 하나님께서 죄를 사하시면서도 그 죄에 대한 결과를 요구하시는 것을 본다. 그리고 즉시 하나님은 말씀하신 대로 행하시는데, 사무엘하 12장 15절은 이것을 "우리아의 처가 다윗에게 낳은 아이를 여호와께서 치시매 심히 앓는지라"라고 기록하고 있다. 다윗은 이러한 하나님의 말씀과 행위를 바꾸려고 시도해 본다. 사무엘하 12장 16절은 "다윗이 그 아이를 위하여 하나님께 간구하되 금식하고 안에 들어가서 밤새도록 땅에 엎드렸으니"라고 기록하고 있다. 그러나 다윗의 이러한 시도는 성공하지 못했다. 하나님은 결정하신 것을 번복하지 않으셨고, 결국 아이는 죽음을 맞이하게 된다. 즉, 다윗은 죄는 용서받았지만, 그 죄의 결과는 받고 만 것이다.

그러면 우리는 이것을 다윗이 하나님께 저주받은 결과라고 말해도 될 것인가? 물론 그럴 수 없다. 왜냐하면 성경이 그렇게 말씀하고 있지 않기 때문이다. 그러나 다윗은 하나님의 백성으로서 그의 죄로 말미암아 하나님께 징계를 받았다고 한다면 성경적인 해석이 될 것이다. 이와 같은 맥락에서 히브리서 기자는 "또 아들들에게 권하는 것같이 너희에게 권면하신 말씀을 잊었도다 내 아들아 주의 징계하심을 경히 여기지 말며 그에게 꾸지람을 받을 때에 낙심하지 말라 주께서 그 사랑하시는 자를 징계하시고 그의 받으시는 아들마다 채찍질하심이니라"(히 12:5~6)고 말한 것이다.

성경은 다윗이 아들의 목숨을 거두어 가시는 하나님의 무서운 징계의 채찍을 받을 때에 불평하거나 항거하지 않고 "일어나 몸을 씻고 기름을 바르고 의복을 갈아입고 여호와의 전에 들어가서 경배했다"(삼하 12:20)고 말하고 있다. 즉, 다윗은 죄의 결과에 대한 하나님의 징계를 겸손과 인내와 순종하는 마음으로 받아들였던 것이다. 그래서 히브리서 기자는 "너희가 참음은 징계를 받기 위함이라 하나님이 아들과 같이 너희를 대우하시나니 어찌 아비가 징계하지 않는 아들이 있으리요"(히 12:7)라고 말하고 있다.

하나님은 그분의 자녀를 징계는 하셔도 저주하지 않으신다. 이에 반하여 이윤호 목사는 저주의 결과를 정복해야 한다고 주장한다.[5] 그러나 성경에 의하면 우리가 죄의 결과를 정복하는 것도 아니며, 죄의 결과를 놓고 하나님과 더불어 쟁론하는 것도 아니다. 죄의 결과에 대해서 오직 겸손과 인내와 순종하는 마음으로 하나님의 결정을 따라야 한다. 왜 이렇게 해야 하는가? 그것은 "저희는 잠시 자기의 뜻대로 우리를 징계하였거니와 오직 하나님은 우리의 유익을 위하여 그의 거룩하심에 참예케 하시기"(히 12:10) 때문이다.

하나님께서 죄의 결과를 요구하시는 것은 하나님의 백성들을 저주하시려는 것이 아니라, 그들의 영적 유익을 위하시고 그들로 하여금 하나님의 거룩하심에 참예케 하기를 원하시기 때문이다. 그래서 이처럼 죄의 결과를 요구하시고 징계를 하실 때에 하나님은 더 좋은 결과를 기대하시는 것이다. 이러한 하나님의 기대에 대해 히브리서 기자는 "무릇 징계가 당시에는 즐거워 보이지 않고 슬퍼 보이나 후에 그로 말미암아 연달한 자에게는 의의 평강한 열매를 맺나니"(히 12:11)라고 기록하고 있다. 그러므로 죄 사함을 받은 후에도 하나님께서 죄의 결과를 요구하신다면, 이윤호 목사가 주장하는 바와 같이 하나님의 결정을 번복시키고 하나님의 뜻을 꺾고 정복하기 위해서 싸울 것이 아니라, 성경이 말씀하시는 바와 같이 겸손과 인내와 순종으로 하나님의 뜻을 받들어야 한다. 죄의 결과로 하나님의 징계를 받아 자식이 죽어가는 극한 상황일지라도 하나님의 뜻이라면 달게 받을 수 있어야 한다. 이러한 하나님의 뜻을 저주의 결과라고 해석하고 정복해야 한다고 말하는 이윤호 목사와 다른 가계저주론자들의 주장은 정면으로 하나님의 뜻에 도전하는 결과를 불러오는 것이다.

그러면 하나님께서는 결정하신 징계를 철회하시기도 하는가? 달리 말해 때로 하나님께서 그분의 뜻을 조정하시는 경우가 있는가? 즉, 하나님께서 사람의 기도를 들으시고 그의 의사를 반영해서 하나님의 결정하신 뜻을 철회하시거나 조정하시는 경우가 있는가? 성경은 이런 경우를 말씀하고 있는데, 이런 경우는 변치 않으시는 하나님의 절대적인 뜻을 말하는 것이 아니라, 조정과 변화가 가능한 하나님의 허용적인 뜻을 말하는 것이다.

이처럼 철회나 조정이나 변화가 가능한 하나님의 허용적인 뜻을 보여주는 한 예는 히스기야 왕의 발병과 회복에서 찾아볼 수 있다. 성경은 히스기야가 "이스라엘 하나님 여호와를 의지하였는데 그의 전후 유다 여러 왕 중에 그러한 자가 없었으니 곧 저가 여호와께 연합하여 떠나지 아니하고 여호와께서 모세에게 명하신 계명을 지켰더라"(왕하 18:6)고 히스기야의 경건함을 인정해 주고 있다. 그러나 이렇게 경건한 히스기야에게도 불행한 일이 일어나게 된다. 이 사건을 열왕기하 20장 1절은 "히스기야가 병들어 죽게 되매 아모스의 아들 선지자 이사야가 저에게 나아와서 이르되 여호와의 말씀이 너는 집을 처치하라 네가 죽고 살지 못하리라 하셨나이다"라고 묘사한다.

여기서 성경은 히스기야의 병이 그의 죄에서 비롯되었다고 밝히지 않는다. 그러므로 히스기야의 경우는 죄의 결과에 대한 하나님의 징계를 다루는 말씀으로 해석될 수 없다. 그러나 하나님께서 한 번 내리신 결정을 철회하시거나 조정하시는 문제를 논의하기 위해서는 적절한 예가 된다. 히스기야는 죽을 병에 대한 하나님의 뜻을 선지자 이사야로부터 전해 들었을 때 절망감 속에서 자포자기하지 않았다. 성경에는 그가 곧 "낯을 벽으로 향하고 여호와께 기도하여 가로되 여호와여 구하오니 내가 진실과 전심으로 주 앞에 행하며 주의 보시기에 선하게 행한 것을 기억하옵소서하고 심히 통곡하였다"(왕하 20:2)라고 말하고 있다.

그러므로 히스기야처럼 고난과 시련이 있을 때 그 문제를 기도로 하나님께 가지고 나아가 아뢰는 것은 분명 잘하는 일이다. 히스기야의 기도는 곧 하나님께 상달되어서 "여호와의 말씀이 내가 네 기도를 들었고 네 눈물을 보았노라 내가 너를 낫게 하리니 네가 삼 일 만에 여호와의 전에 올라가겠고 내가 네 날을 십오 년을 더할 것이며"(왕하 20:5-6)라는 응답을 받기에 이른다. 즉, 히스기야의 기도는 하나님의 마음을 움직였고 하나님의 결정하신 뜻을 철회하고 조정하는 주된 동인이 되었다.

그러면 하나님은 왜 히스기야의 뜻을 받아 주시고 하나님의 뜻을 철회하셨는가? 히스기야가 하나님의 뜻에 항거하고 도전하며 정복하겠다고 고집을 피우자 뒷걸음치신 것인가? 아니면 히스기야의 눈물을 보시고 갑자기 그가 불쌍하다는 생각이 들어서 심경에 변화를 일으키셨는가? 물론 이런 질문들은 하나님을 바로 이해하지 못하는 데서 나오는 어리석은 질문들이다. 하나님께서는 사람과 협상이나 거래를 하셔야 할 만큼 약한 분도 아니시며, 순간적 감정에 따라서 결정을 이리저리 바꾸시는 분도 아니다. 하나님은 영원한 지혜와 지식과 사랑 및 공의에 따라서 만사를 경영하신다. 그러므로 하나님께서는 히스기야에게 설득을 당하신 것도 아니고, 이미 결정하신 바가 너무 심했었다고 판단하시고 결정을 번복하신 것도 아니다. 하나님은 하나님의 결정에 대한 히스기야의 심령의 태도를 보시고, 그 태도에 따라서 하나님의 결정을 조정하신 것이다. 즉, 죽을 병에 대한 선고가 히스기야의 심령을 변화시켰고, 이것은 하나님의 뜻이 그의 삶에 이루졌다는 증거이다. 이로 말미암아 하나님의 경고는 소기의 목적을 이루었고, 따라서 하나님께서는 히스기야에 대한 이전의 결정을 바꾸신 것이다.

이처럼 어떤 경우 하나님께서는 기존의 결정을 조정하시는데, 이런 경우 대부분은 사람들의 심령이 하나님을 향해서 바로 향하기 때문이며, 이로 인해서 하나님의 뜻이 성취되었기 때문이다. 그리고 하나님께서 어떤 대상에 대한 기존의 결정을 바꾸신다 해도 하나님께서 그 대상을 위해서 준비하신 큰 밑그림은 손상을 입지 않게 역사하신다.

이러한 신학적 관념은 느헤미야의 경우에도 동일하게 적용된다. 오랫동안의 우상숭배와 여러 가지 죄악이 누적되어 그 영향력과 결과로 이스라엘 사람들이 앗수르와 바벨론(597/586 BC)에 포로로 끌려가서 고생을 하는 동안 하나님의 섭리는 이루어지고 있었다. 그리고 이스라엘은 고난의 풀무불 속에서 뼈저리게 영적 교훈을 배웠다. 이들의 운명은 바사 왕 고레스(559-530 BC)가 바벨론을 정복하면서 극적으로 바뀌기 시작하는데, 에스라는 "바사 왕 고레스 원년에 여호와께서 예레미야의 입으로 하신 말씀을 응하게 하시려고 바사 왕 고레스의 마음을 감동시키시매 … 바사 왕 고레스는 말하노니 하늘의 신 여호와께서 세상 만국으로 내게 주셨고 나를 명하사 유다 예루살렘에 전을 건축하라 하셨으니"(스 1:1)라고 이 극적인 전환점에 관해서 적고 있다.

수십 년 전 이스라엘이 적국에 사로잡혀 고향을 떠나서 타향살이를 하도록 역사하신 하나님은 이제 이스라엘이 고향으로 다시 향하도록 역사하고 계신다. 심판의 겨울이 지나고 회복의 봄이 시작되는 시점이 된 것이다. 성경에 의하면(학 1:1~15), 고레스의 칙령이 선포된 후에 일단의 무리가 두 그룹으로 나뉘어서 예루살렘으로 돌아와서 솔로몬의 성전이 있는 곳에 성전을 짓는다(516 BC). 이후 아닥사스다 왕 때에 두 그룹의 다른 무리가 예루살렘으로 돌아오게 되는데, 먼저는 에스라의 영도 하에 오게 되고(458 BC), 그 다음에는 느헤미야의 인도를 따라 오게 된다(445 BC).

회복의 역사는 시작되어 천천히 진행되고 있고, 하나님은 이미 예레미야를 통해서 예언하신 바와 같이 친히 이 역사를 이루시고 계셨다. 성경은 하나님이 친히 바사 왕 고레스의 마음에 말씀하시고, 이 회복의 시기를 시작하셨다고 말씀하신다. 심판의 겨울에 하나님의 섭리는 이루어지고 있었고, 이스라엘은 하나님의 교훈을 배우기 시작했다. 그리고 이제 하나님은 새로운 일을 시작하고 계신 것이다. 이런 시점에서 에스라의 회복의 역사도 가능했고, 느헤미야의 회개와 소원의 기도도 응답을 받게 되었다.

앞서 느헤미야의 기도에 관해서 상세하게 주석을 했기 때문에 여기서는 반복을 피하기 위해서 현재의 논의와 관계된 한 가지만 지적하기로 한다. 그것은 느헤미야가 하나님의 마음을 돌이키기 위해서 기도를 드린 것이 아니라는 것이다. 이미 하나님께서는 느헤미야의 기도가 있기 전 70년이나 앞서서 이스라엘의 회복의 역사를 시작하셨다. 하나님의 심판의 섭리는 목적을 이루었고 이스라엘은 교훈을 배웠으며, 따라서 하나님은 회복의 역사를 이루고 계신다.

다만 하나님은 이 회복의 역사를 위해서 황송하게도 사람들을 그분의 종이요 동역자로 세워 주시고, 느헤미야라는 사람을 부르시고 그를 통해서 회복의 역사의 일부분을 이루기를 원하셨다. 그래서 느헤미야는 자신의 몫을 감당하기 위해서 하나님 앞에 기도하면서 이스라엘의 곤경이 조상들과 자신들의 죄 때문에 비롯되었다는 것을 인정하며 하나님의 인도를 구한 것이다. 이미 앞서 상세하게 논의를 한 바와 같이 느헤미야의 고백의 기도는 그가 이스라엘의 조상-삼, 사대를 거슬러 올라가는 자신의 가계의 조상이 아니라 이스라엘 사람 전부를 포함한 조상-의 죄를 처리하기 위해서 죄를 인정하고 회개한 것이 아니라, 자신과 조상의 죄가 가져온 결과를 슬퍼하고 인정한 것이다. 느헤미야는 "나와 나의 아비 집이 범죄하여 주를 향하여 심히 악을 행하여 주의 종 모세에게 주께서 명하신 계명과 율례와 규례를 지키지 아니하였나이다 옛적에 주께서 주의 종 모세에게 명하여 가라사대 만일 너희가 범죄하면 내가 너희를 열국 중에 흩을 것이요"(느 1:7~8)라고 기도한다. 그러므로 느헤미야가 조상의 죄를 처리하기 위해서 조상의 죄를 인정하고 회개하는 기도를 드렸다고 주장하는 이윤호 목사의 주장은 성경적인 것이 아니다.[6]

느헤미야의 고백의 기도 이전에 하나님은 이미 이스라엘의 죄악을 사하시고 회복의 역사를 시작하셨다. 그 이유는 하나님의 심판이 효력을 발휘했고, 이스라엘은 교훈을 배웠기 때문이다. 하나님은 느헤미야의 기도가 있기 전까지 이스라엘을 용서하시는 것을 보류하신 것이 아니었다. 오히려 하나님께서는 느헤미야가 기도하기 전, 이미 70년 전에 이스라엘을 용서하시고 회복의 역사를 시작하셨다. 느헤미야가 조상의 죄를 처리하는 기도를 드렸기 때문에 이스라엘에 대한 하나님의 저주가 법적으로 처리되었다는 이윤호 목사의 말은 얼마나 성경을 모르고 왜곡하는 주장인가![7]

우리는 죄에 대한 결과를 물으시는 하나님의 결정을 일방적으로 취소할 수 없다. 죄에 대한 하나님의 용서는 일방적으로나 법적으로 강요할 수 있는 성질의 것이 아니다. 죄에 대한 결과를 결정하는 것은 하나님의 고유 영역이다. 죄의 결과에 대해서 사람은 단지 하나님 앞에 겸손하며, 하나님께 심령을 향하며, 하나님의 알려진 뜻을 따라 청원하며, 하나님의 결정을 기다릴 뿐이다.

느헤미야가 한 일이 바로 그것이다. 가계저주론은 저주를 법적으로 처리하거나 믿음으로 정복해야 한다고 주장한다. 그러나 느헤미야는 죄의 결과에 대한 하나님의 결정-이윤호 목사는 이것을 저주라고 부름-을 법적으로 취소하겠다거나, 믿음으로 죄의 결과에 대한 하나님의 결정을 정복하고 꺾어보겠다고 어리석게 나서지 않았다. 종이 주인의 뜻도 확인하지 않고 주인처럼 행세하는 것은 주제넘은 짓이며, 이런 일에 주인이 종을 따라야 할 아무런 이유도 책임도 없는 것이다.

독일인으로 튀빙겐 대학에서 신학박사를 받고 루터 교회의 목사요, 전도자로 사역하면서 비학(occult)을 연구해서 악령과 비술/마술로 인해서 고통 받는 사람들을 돕는 사역으로 5대주 65개국을 찾아다니는 사람이 있다. 그는 이미 오래 전 인도네시아의 부흥에 관한 책-한글 역본 표제는 『타오르는 부흥의 불길』-을 저술해서 한국 기독교인들에게도 잘 알려진 사람이다. 쿨트 코흐(Kurt E. Koch)라는 이름의 이 사역자는 그의 책 『비술로 인한 속박과 해방』(*Occult Bondage and Deliverance*)에서 주인의 뜻도 확인하지 않은 채 주인처럼 행세하다가 망신을 당하고 목숨까지도 잃을 뻔했던 사람의 주제넘은 행동에 대해 다음과 같이 지적하고 있다.

> "일전에 나는 싱가포르에서 일련의 집회를 인도하고 있었는데, 한 기독교 선교사가 오럴 로버츠(Oral Roberts)가 주관한 신유 집회에 관해서 말해 주었다. 로버츠가 한 젊은이에게 '예수의 이름으로 네가 나았다' 라고 선언했다. 그러나 이후에 이 젊은이가 치유되지 않은 것으로 판명되었다. 그러자 성미 급한 말레이시아 사람이었던 그의 아버지는 연발 권총을 빼들고 그가 '사기꾼 치료자' 라고 부르는 로버츠를 총으로 쏴 죽이려고 찾아갔다. 다행히도 그 때 오럴 로버츠는 이미 그 나라를 떠난 뒤였다."[8]

하나님은 하나님이시고 사람은 사람일 따름이다. 하나님은 주권자이시고 사람은 종일 뿐이다. 사람이 하나님의 결정을 좌우할 수 있는가? 사람이 하나님의 결정을 취소하고 정복하겠다고 덤벼들 수 있는가? 종이 주권자의 결정을 법적으로 취소하고 믿음으로 정복하겠다고 나서는 것이 과연 옳은가?

그러면 가계저주론자들이 왜 이런 허무맹랑하고 비성경적인 교리를 주장하고 있는가? 그 이유는 그들이 하나님의 뜻보다 사람의 뜻,

혹은 하나님의 주권보다 인간의 자유 의지를 더 강조하기 때문이다. 또한 하나님의 말씀을 바르게 해석해서 얻어지는 지혜와 지식보다 소위 자신들의 사역 경험을 통해서 얻었다는 의심스러운 상담자들의 말이나 그들을 조정하는 마귀의 말을 더 중요시하기 때문이다. 이로 말미암아 가계저주론자들은 자신들과 다른 사람들을 수많은 오류와 혼돈에 빠지게 만들고 있는 것이다.

그러므로 죄의 결과로 인해 하나님의 징계를 받고 고난을 당할 때 히브리서 12장의 교훈처럼 주의 징계하심을 경히 여기지 말고(죄와 죄의 결과를 두려워하며), 그분의 꾸지람을 받을 때에 낙심하지 말며(하나님이 당신에게 진노하고 계시다고 오해하지 말며), 인내하며(하나님의 정한 시간이 찰 때까지 기다리며), 하나님의 긍휼히 여기심을 기다려야 할 것이다. 그리고 이런 마음의 바탕 위에서 하나님 앞에 담대한 기도, 씨름하는 기도, 포기하지 않는 기도, 주장하는 기도, 결사적인 기도를 드리며 하나님의 결정을 기다려야 할 것이다.

여기서 포기하지 않고 씨름하며 주장하고 심지어 결사적인 기도를 한다는 것은 하나님과 쟁론한다거나 하나님의 뜻을 기어이 꺾어 볼 양으로 하나님과 겨룬다는 뜻이 결코 아니다. 이 말은 성경에 나타난 하나님의 뜻을 따라서 성령께서 하나님의 뜻을 기도자의 심령에 깨닫게 하시는 대로 간절하고 담대하게 하나님의 뜻을 주장한다는 뜻이다.

이런 맥락에서 기도에 관한 책으로 한국에도 잘 알려진 미국의 전도자 존 알 라이스 목사는 응답받는 기도를 위해서 하나님의 뜻 가운데 기도할 수 있어야 하는데, 그러기 위해서는 먼저 하나님의 뜻에 전폭적으로 순종하며, 하나님의 말씀을 심령으로 깨달으며, 성령의 인도함을 받아야 한다고 말한다.[9] 또한 적극적이며 담대한 기도를 한다

는 것은 하나님께서 사람들의 겸손, 회개, 기도, 믿음, 순종을 하나님
의 뜻을 결정하시는 일에 반영하시기로 작정하셨다는 것을 믿는 것을
뜻한다. 즉, 하나님께서는 허용적인 뜻을 행사하실 때 하나님의 뜻의
크고 기본적인 골격을 유지하시면서 동시에 사람들의 겸손, 회개, 믿
음, 순종, 소원, 결정 등이 반영될 수 있도록 허락하시며 의사 결정을
하신다는 것이다.

존 알 라이스 목사의 다음의 이야기는 비록 죄의 결과를 다루는 경
우는 아닐지라도, 하나님께서 어떻게 우리의 선택과 믿음과 결정을
그 분의 뜻을 이루시는데 반영하시는가를 잘 보여준다.

"수년 전에 나는 편도선염으로 고생을 했었다. 겨울만 되면 쑤시는
목과 신열로 고통스러운 시간을 보내야 했다. 그 때 나는 사람이 크
게 아프지 않으면서도 편도선염으로 죽을 것처럼 느낄 수 있다는 것
을 알았다! 나의 주치의는 나에게 편도선을 제거해야 한다고 권유했
다. 마침내 나는 마지못해 그 말에 동의했다. 수술을 하게 될 날이 잡
혀졌고, 그 날 아침에 나는 경건의 시간을 가지며 역대하 16장 말씀
을 읽고 있었다. 그런데 12~13절, 즉 '아사가 왕이 된 지 삼십구 년
에 그 발이 병들어 심히 중하나 병이 있을 때에 저가 여호와께 구하
지 아니하고 의원들에게 구하였더라 아사가 위에 있은 지 사십일 년
에 죽어 그 열조와 함께 자매' 라는 말씀을 읽고 얼마나 놀랐는지 모
른다. 나는 '그 열조와 함께 자매' 라는 말씀처럼 죽을 준비가 아직
되어 있지 않았다. 그래서 의사를 만나기 전에 먼저 하나님께 구해야
만 하겠다고 결정을 내렸다. … 즉시 나는 아내에게 내가 기도하지
않고 나의 건강에 대해서 어떤 결정을 내리는 죄를 범했다고 말했다.

나는 편도선 제거 수술을 연기했고, 나의 편도선을 위해서 하나님께 간절히 기도했다. 그 일이 있고 얼마 있지 않아서 한 진실한 그리스도인 의사와 대화할 기회가 있었다. 그는 내게 자신의 조언을 따르기만 하면 결코 편도선을 제거하지 않아도 된다고 말해 주었다. 그는 내게 식이요법을 권했다. 나는 튀긴 음식과 지방과 단 것들을 피하고, 과일 주스와 녹색 채소들을 더 많이 먹기 시작했다. 그리고 그날 이후 오늘까지 나의 편도선은 제거되지 않았다.[10]

이처럼 하나님께서는 라이스 목사의 선택과 결정과 소원과 필요와 기도에 응답하셔서 그의 편도선이 제거되지 않고 보존될 수 있게 하셨다. 그리고 하나님은 종종 사람들의 의사를 그의 결정에 반영하신다. 이런 의미에서 바울이 "우리는 하나님의 동역자들"(고전 3:9)이라고 담대히 말했던 것이다. 어거스틴이 하나님을 사랑하고 무엇이든 하라고 담대히 말한 것처럼, 하나님의 뜻에 민감하게 살아가는 훈련을 쌓은 사람들은 그들의 뜻이 하나님의 뜻과 밀접하게 연관이 되어 있다. 그래서 그들의 주장은 무의식적으로 종종 하나님의 뜻을 반영한다.

또한 하나님께서는 겸손하게 회개하는 심령에 하나님의 뜻을 보여주시며, 하나님과 동행을 하는 사람들에게 그분의 심중을 보여주신다. 이러한 뜻에서 바울은 "이와 같이 성령도 우리 연약함을 도우시나니 우리가 마땅히 빌 바를 알지 못하나 오직 성령이 말할 수 없는 탄식으로 우리를 위하여 친히 간구하시느니라"(롬 8:26)고 말했다. 그래서 하나님과 깊이 동행하는 사람들은 하나님의 깊으신 뜻을 바로 신속히 알게 되는 경우가 많다. 이럴 때 그 기도자는 하나님의 알려진 뜻을 따라서 담대히 어떤 선택을 주장하고, 심지어 산을 옮기는 것과 같이 불가능한 일들을 향해 명령을 발할 수도 있다.

그러나 이처럼 하나님을 간절히 찾고 기다린 후 하나님께서 당신의 고통의 원인-죄의 결과인 경우와 그러한 경우가 아닌 경우를 모두 포함해서-을 거두어 가신다면 하나님께 감사를 드리라. 그러나 하나님께서 당신의 고통의 원인을 거두시지 않을 때가 있다. 즉, 하나님께서 사람의 의사, 소원, 결정, 필요, 믿음을 하나님의 결정에 반영하시지 않는 때가 있다. 달리 말해 하나님의 뜻이 결정적으로 작용하기 때문에 사람의 뜻이 하나님의 뜻에 전혀 반영되지 않는 경우이다.

그러나 이러한 경우라도 하나님께 감사를 드리는 신앙을 가져야 한다. 왜냐하면 하나님이 고난을 거두어 가시지 않을 때에도 하나님의 선한 뜻이 계시기 때문이다. 그 어떠한 경우에라도 하나님의 선하심을 의지하고 하나님의 때와 계획을 기다려야 한다. 모든 것이 합력하여 선을 이루게 하신다는 로마서 8장 28절의 약속을 믿음으로 주장하라.

아마 이 책의 독자 가운데는 선친이 부도덕하고 방탕한 삶을 살아서 가산을 모두 탕진하고, 가족에게 오명을 뒤집어씌우고, 교육받을 여건과 기회를 앗아가고, 앞길을 막아서 어려움과 고통을 겪고 심한 분노를 느끼고 있는 분들이 있을지도 모른다. 그리고 하나님은 왜 나에게 이런 어렵고 힘든 삶을 주시는가 하고 하나님을 원망하고 선친에게 분을 품고 사는 사람들이 있을지 모른다. 어떤 독자는 아마 선친의 부도덕한 죄로 인해서 선친이 얻은 병-예를 들어 에이즈 같은 병-을 자신은 아무 잘못도 없는데 물려받아 고통당하는 분이 있을지 모른다. 그래서 왜 내가 아무런 잘못도 없는데 선친의 죄와 잘못 때문에 고난을 받아야 하는가 하면서 하나님의 공의에 대해 불만을 품거나 적개심을 가진 분들이 있을지 모른다.

그러나 당신의 선친의 죄가 당신의 삶에 부정적인 영향과 결과를 가져왔더라도 하나님께서 선친의 죄 때문에 당신을 저주하신 것도 아니며, 선친의 죄값을 당신에게 요구하시는 것도 아니다. 당신의 선친의 죄와 관련되어 당신이 당하는 고난은 단지 죄의 결과와 영향력일 뿐이며, 당신 자신에 대한 하나님의 저주나 심판이 아니다. 선친의 죄가 당신의 생애에 부정적인 결과로 작용했거나 혹은 현재 작용하고 있을지도 모른다. 그러나 그것이 하나님께서 당신의 생애를 저주하시거나 축복을 보류하고 계신다는 증거도 아니다. 당신이 비록 왜 이런 고난을 받아야 하는지에 대한 근본적인 이유를 모른다 해도 하나님께서 당신 편이시라는 것을 확신할 수 있을 것이다.

그러면 이처럼 고난과 고통의 상황 중에서도 하나님이 당신 편이시라는 것을 확신할 수 있는 근거는 무엇인가? 첫째로 당신의 고난은 단순히 죄의 결과와 영향력에서 비롯된 것이기 때문이다. 둘째로 하나님은 선친의 죄의 책임은 그에게 돌아가는 것이며, 후손인 당신에게 돌아가지 않는다고 선언하셨기 때문이다. 셋째로 하나님은 모든 죄의 결과와 영향력에 한계를 그어놓으셨기 때문이다. 다시 말해서, 하나님은 당신이 감당할 수 없는 시련과 고난을 허락하지 않으시기 때문이다(고전 10:13). 넷째로 하나님은 심지어 죄의 결과와 영향력마저 선으로 바꾸실 수 있고, 또 종종 그렇게 하시기 때문이다. 사람들의 가장 큰 죄의 결과인 그리스도의 십자가를 구원의 도구로 삼으신 하나님의 전화위복의 은혜가 그 대표적인 것이다(롬 8:28). 다섯째로 당신이 주 예수 그리스도를 믿어 구원받게 하셨기 때문이다. 참으로 하나님께서 선친의 죄 때문에 당신의 생애를 저주하기로 하셨다면 왜 구주를 보내시고 당신이 믿게 하시고 "그리스도 안에서 하늘에 속한 모든 신령한 복으로"(엡 1:3) 당신에게 복을 주셨겠는가? 여섯째로 하나님께서 자기 아들을 아끼지 아니하시고 우리 모든 사람을 위하여 내어주신 분으로서 그 아들과 함께 모든 것을 은사로 주실 것을 확신하기 때문이다 (롬 8:32). 일곱째로 하나님은 종종 최악의 가정에서 가장 위대한 성도나, 하나님에 의해서 가장 크게 쓰임 받는 종들을 불러 세우셨기 때문이다. 구약의 대선지자 사무엘은 무서운 반역자 고라의 후손이 아니던가? 그런데 사무엘이 소위 고라 가문의 저주를 처리하는 기도를 했다고 성경 어디에 기록되어 있는가? 하나님께서 2,000년 교회 역사상 은혜로 불러 세우신 최악의 가문 출신으로서 가장 위대한 성도와 주의 종의 반열에 오른 사람들이 소위 자신들의 가문의 저주를 처리하는 기도를 했다는 증거가 도대체 성경 어디에 있는가?

그러나 아직 당신이 예수 그리스도를 당신의 구주와 주님으로 영접하지 않았다면 당신은 하나님께서 당신 편이시라고 확신할 수 없을 것이다. 도리어 당신은 자신의 죄로 말미암아 불안하고, 미래에 대한 불확실성 때문에 염려하며, 인생의 의미를 확신하지 못하는 데서 오는 허무감에 시달리고, 제한된 당신의 능력에서 비롯되는 무력감에 빠져 있을 것이다. 또한 운이 나빠 이렇다라는 자포자기 심정에 종종 사로잡히며, 폭풍의 바다 속에서 아무 것도 잡거나 기댈 것 없는 것과 같은 혼돈과 방황 속에 있으며, 영원하신 하나님을 아버지로 모시지 못한 데서 오는 존재론적 불안감 속에 불안한 삶을 살고 있을 것이다. 당신은 오늘 이 상황을 극적으로 반등시킬 수 있는 기회를 맞이하고 있다. 당신은 아마 지금 인생의 최악의 상황에 직면해 있을지 모른다. 그러나 하나님은 당신을 최선의 인생으로 바꾸어 주실 것이다.

1944년, 유럽은 나치가 경영하는 거대한 포로 수용소였다. 그 중에 유대인들은 사형수 제 1순위에 놓여 있었다. 지난 몇 년의 짧은 기간 동안에 이미 600만 명이라는 어마어마한 숫자의 유대인들이 형장의 이슬로, 또는 가스실의 잿더미로 사라져 버렸다. 수용소에 아직도 살아 있는 유대인들은 시시각각으로 다가오는 처형의 순간을 기다리며 극도의 공포감과 굶주림과 잔혹스러운 고문과 학대에 시달리고 있었다.

이러한 그들에게 유일한 소망은 연합군의 유럽 침공과 해방이었다. 그해 1944년 6월, 연합군의 성공적인 노르망디 상륙 작전에 뒤이은 유럽의 점진적인 해방의 최대 수혜자는 처형을 목전에 둔 유대인들이었다. 필자는 한 다큐멘터리 필름에서 연합군들이 아우슈비츠를 접수하고 그때까지 살아 있던 유대인 수감자들을 해방시키는 장면을 본 적이 있다. 들것에 실려서 뼈만 앙상하게 남은 두 손을 기도하듯이 모아 자신을 해방시켜 주는 연합군을 응시한 채 한없는 감사를 드리던 한 유대인의 힘없는, 그러나 반짝이던 두 눈동자를 필자는 지금도 잊을 수 없다.

이처럼 당신은 죄의 결과와 영향력으로 인해서 형편없이 거덜나고 피폐한 인생의 유산을 물려받았을지 모른다. 그러나 아무 관계도 없지만 따뜻한 인간애로 지옥과 같은 고난의 화로에서 유대인들을 구해 주던 사람들처럼 구주 예수 그리스도께서 당신이 그분을 찾기 전에 먼저 황폐한 당신의 인생을 찾아오셨다. 그리고 지금 당신의 죄를 위해 못박히신 그분의 두 손바닥을 펼쳐 보이시며 가장 따스한 눈길로 당신을 구원과 영원한 복과 생명의 길로 초대하시고 있다.

이보다 더 큰 사랑이 있었던가

이보다 더 큰 은혜가 있었던가

거룩하신 하나님의 아들이 나 같은 죄인을 구원하시기 위해서

십자가의 형틀에서 피를 다 흘리시고 돌아가시다니

그 피로 속죄함 얻었네

그 피로 구원 받았네

그 피로 산소망 얻었네

그 피로 사망 권세를 이겼네

그 피로 영생을 얻었네

그 피로 모든 저주에서 해방되었네

그 피로 하늘에 속한 모든 신령한 복으로 복 받았네

그 피로 주님과 함께 거룩한 길을 걷게 되었네

그 피로 내 몸이 성령의 전이 되었네

그 피로 은혜의 보좌 앞에 담대히 나아가겠네

그 피로 열두 진주문 지나 하늘나라에 들어가겠네

그 피로 맑은 유리 같은 하늘의 정금길을 걷겠네

그 피로 하나님의 영광이 빛나는 새 예루살렘 성에서 길이 살겠네

당신이 아직 예수 그리스도를 영접하여 구원받지 못했다면, 그 죄와 멸망의 길을 버리고 오늘, 지금, 그 자리에서, 당신의 구주와 주님이신 예수 그리스도를 영접하라. 그리고 생명과 축복과 승리의 새 길을 걷기 시작하라. 당신이 지금 구원받기를 원한다면 간절한 마음으로 다음과 같은 구원의 기도를 하나님 앞에 드리기 바란다.

당신이 진심으로 이 구원의 기도를 드렸다면, 하나님께서 기꺼이 당신의 기도를 응답하셨음도 믿으라. 그리고 이제부터는 나머지 삶을 하나님과 그분의 백성들과 함께 살라. 매일 하나님의 말씀을 읽고 공부하며, 하나님께 기도하며, 교회에 정기적으로 나가 예배하며, 다른 그리스도인들과 성도의 아름다운 교제를 나누며, 당신을 구원하신 구주 예수님을 증거하며, 하나님께서 당신에게 주신 영적 은사를 따라 주의 몸된 교회를 섬기며, 하나님께서 당신에게 맡기신 사역을 감당하라. 그리고 주의 다시 오심을 소망하며 매일을 경건함과 하나님의 뜻 가운데 살아갈 것을 결심하라.

복음주의자들에게 호소함

　일전에 필자 내외는 현재 한국에서 활발하게 목회 사역을 하고 있는 C 목사를 만나서 대화를 나눈 적이 있다. 대화 중에 C 목사는 자신이 저술한 책을 한 권 필자에게 선물로 주었다. 잠시 후 옆에서 대화를 지켜보던 아내가 선물로 받은 책을 잠시 뒤적이다가 책 내용 중 한 부분을 지적하면서 대화의 화두가 잠시 바뀌게 되었다.

　필자의 아내가 지적한 부분은 "복음만이 가계에 흐르는 저주를 끊는다"라고 하는 제목을 가진 글이었다. 필자는 곧 가계저주론에 대해 반대하는 필자의 견해를 간단히 밝혔고, C 목사와 더불어 가계저주론에 대해서 의견을 나누기 시작했다. 그러나 대화를 나누자마자 곧 C 목사가 사용하는 '가계에 흐르는 저주'라는 말의 개념이 전형적인 가계저주론자들이 사용하는 개념이 전혀 아니라는 사실을 알게 되었다. 오히려 C 목사는 '가계에 흐르는 저주'라는 용어를 조상의 죄로 인해서 한 가계에 미치는 나쁜 영향력과 결과를 의미하는 것으로 사용하고 있다는 것을 알게 되었다. 필자는 C 목사와 같이 복음적이고 영향력 있는 분이 전형적인 가계저주론을 수용하지 않는다는 사실에 참으로 기뻤다.

　성경을 무오하며 영감 받은 하나님의 말씀으로 믿는 신실한 복음주의자들 가운데 '가계에 흐르는 저주'라는 용어를 성경적인 의미로 사용하면서 복음의 능력을 강조하고 있는 분들이 있다고 생각한다. 그러나 가계저주론자들이 자신들의 왜곡된 성경적·신학적 관점을 담아 고안해 낸 '가계에 흐르는 저주'라는 용어의 의미가 복음의 참된 능력을 왜곡하고 제한하며 또한 변질시키고 있다는 의미에서 가계의 저주라는 용어와 복음의 능력을 같이 사용하는 것은 이율배반적이라고 생각된다.

또한 가계저주론을 접한 일반 독자들의 마음에 각인된 '가계에 흐르는 저주'의 비성경적 관념이 이 용어의 무비판적인 사용으로 말미암아 더 고착되지 않을까 우려된다. 그러므로 복음을 사랑하며 한국 교회의 밝은 장래를 위해서 헌신하는 복음주의자들이 이 비성경적인 용어에 대한 사용을 일체 중지해 주실 것을 간곡히 호소한다. 이와 함께 복음주의자들과 복음적인 교회와 단체들이 설교나 저술이나 출판 및 매스미디어를 이용한 메시지, 토론, 세미나 등을 통해서 가계저주론의 잘못된 가르침을 비판함과 동시에 참된 진리를 조명해 주는 활발한 운동을 전개해 주시기를 부탁드린다.

한국 교회의 장래가 복음주의자들의 어깨에 걸려 있고, 한국 복음주의의 장래가 하나님의 말씀을 얼마나 바르고 충실하게 믿고 실천하는가에 달려 있다고 믿는다. 그렇다면 진리를 바로 세우는 이러한 운동에 함께 보조를 맞춘다는 것은 한국 교회의 밝은 미래를 위해서 얼마나 소망스러운 일이 될 것인가! 또한 한국의 복음주의자들의 이러한 노력이 현재 국제적으로 큰 문제가 되고 있는 이 사안에 대해서 범세계적으로 좋은 영향을 미칠 것을 간절히 기원해 본다.

주:

1) 이윤호, 『가계의 복과 저주전쟁에서 승리하라』 (서울: 베다니출판사, 2001), 215-8.

2) Ibid., 216-8.

3) Ibid., 226.

4) Ibid., 214.

5) Ibid., 226.

6) Ibid., 234.

7) Ibid., 234-6.

8) Kurt E. Koch, *Occult Bondage and Deliverance* (Grand Rapids: Kregel Publications, 1970), 54-5.

9) John R. Rice, *Prayer: Asking and Receiving* (Wheaton: Sword of the Lord Publishers, 1942), 57-65.

10) Ibid., 99.